电子商务平台
侵权法律实务与案例评析

汪涌　杨振中　孟斌　陈志兴 ◎ 著

E-COMMERCE PLATFORM

Legal practice and case analysis of infringement

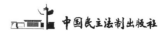
中国民主法制出版社

图书在版编目（CIP）数据

电子商务平台侵权法律实务与案例评析/汪涌等著
. —北京：中国民主法制出版社，2020.1
ISBN 978-7-5162-2156-3

Ⅰ.①电⋯ Ⅱ.①汪⋯ Ⅲ.①电子商务—侵权行为—案例 Ⅳ.①D912.290.5

中国版本图书馆 CIP 数据核字（2019）第 281534 号

图书出品人：刘海涛
出 版 统 筹：乔先彪
责 任 编 辑：逯卫光

书名/电子商务平台侵权法律实务与案例评析
DIANZISHANGWUPINGTAIQINQUANFALÜSHIWUYUANLIPINGXI
作者/汪　涌　杨振中　孟　斌　陈志兴　著

出版·发行/中国民主法制出版社
地址/北京市丰台区右安门外玉林里 7 号（100069）
电话/（010）63055259（总编室）　63057714（发行部）
传真/（010）63056975　63056983
http：// www.npcpub.com
E-mail：mzfz@ npcpub.com
经销/新华书店
开本/16 开　787 毫米×960 毫米
印张/17.25　字数/251 千字
版本/2020 年 3 月第 1 版　2020 年 3 月第 1 次印刷
印刷/北京天宇万达印刷有限公司

书号/ISBN 978-7-5162-2156-3
定价/62.00 元
出版声明/版权所有，侵权必究

序言一

Preface

　　2018 年 8 月 31 日,《中华人民共和国电子商务法》经过四次审议后通过,并于 2019 年 1 月 1 日起开始实施,其对中国电子商务发展而言具有里程碑意义。

　　我国电子商务起步晚于欧美国家,但后来者居上,尤其最近几年,可谓突飞猛进、发展速度惊人。目前,我国电子商务行业无论在交易规模、交易方式,抑或相关法律实践等方面,均在该领域处于领跑位置。据统计,2018 年我国电子商务的交易规模高达 30 万亿元,且到 2020 年其交易规模预计将超 40 万亿元。伴随着互联网技术,特别是移动互联网的快速发展,电子商务产业已成为我国重要经济领域之一,其不仅深刻影响并改变了传统商业模式,而且重新定义、塑造了人们的日常生活。

　　作为市场规模庞大、且仍处于高速发展期的新兴领域,电子商务迫切需要国家层面的统一立法规范。我国电子商务法的出台,可谓一场及时雨,填补了该领域的法律空缺,并以紧密结合电商实践的特点,及时回应了实践中的诸多问题、难题。同时,我国电子商务法不仅在宏观上肯定了电子商务的发展方向,而且注重平衡电商交易中的各方利益,具有较高的超前意识和科学性。在微观层面,我国电子商务法对电商平台的界定、类型区分,以及个人信息数据保护、平台审核义务及跨境电商交易责任等诸多问题都进行了科学的规定。

　　在电子商务实践中,我国电子商务法正是首部该领域的综合性立法,该法的出台实施,不仅会对我国电子商务发展起到规范促进作用,同时,亦会对域外电子商务立法提供有益的中国经验。

　　法律是一门实践性很强的学科，我国电子商务法仍然有待通过大量执法、司法实践进行完善。该法设定的权利、义务、责任边界，更有待于通过司法实践厘清、确定，比如消费者权益保护、避风港规则适用以及电子商务平台责任，等等。

　　本书作者汪涌律师在知识产权领域深耕多年，熟悉电子商务领域的商业逻辑和法律规则，曾代理过诸多电子商务领域的知名案件，具有丰富的实践经验。另外三位作者杨振中、孟斌、陈志兴都曾在法院从事知产审判工作多年，并在离职后继续从事律师服务工作，其对电商领域的理论及前沿问题，特别是相关的司法保护实践有较为深入的理解。他们共同出版本书，以理论和案例相结合的方式回顾、总结我国以往的电子商务司法保护实践，其对深入理解现行电商领域司法保护制度，特别是新出台的电子商务法都非常有意义。我国虽然不实行判例法制度，但司法实践中的裁判智慧始终是我国立法的重要智力资源，希望有更多作者能穿越岁月长河，在庞杂的司法判例中，寻找、提炼司法裁判智慧，勾勒新兴行业的法律轮廓，这对弥补快速发展、变动不居时代的法律滞后性，无疑意义非凡。

　　是为序。

（腾讯公司高级副总裁）

2019 年 6 月 9 日

序言二

Preface

　　律师作为我国法律共同体的重要组成部分，其重要作用不仅体现在维护当事人的合法权益，而且也是促进我国法治建设的重要力量之一。

　　近年来，随着我国律师行业的快速发展，特别是伴随着行业内分工的细化，我国律师的专业化水平不断提升，涌现出了一大批业务能力强、专业素养高，且在业界有一定影响力的知名律师。

　　律师分工的专业化，不仅有助于我国法律服务市场的繁荣，并提升高质量法律服务的供给能力，更为重要的是，大量专业化律师涌现，必然会对我国立法、执法、司法等领域产生深刻的影响。

　　由于律师既熟悉法律法规、谙习裁判规则，同时，又了解行业现状，属于法律共同体中"信息对称者"，故而律师的视角往往可直抵现实，溯及问题本源。对于新事物，尤其是新兴行业中的前沿法律问题，律师往往能最早感知，并秉承务实之态度寻求解决之道。

　　以电子商务为例，我国虽不是电子商务兴起最早的国家，却是电子商务发展得最为迅速的国家，甚至可谓一骑绝尘。电子商务的出现不仅改变了人们的生活方式，使"购物不出门、支付无现金"的科幻场景成为现实，同时，它也深刻改变了我们的社会秩序，人们在新的交易模式下，需要重新建构信任基础、道德秩序及行为规范。在此过程中，必然会涌现出大量前沿法律问题，并不断挑战原有的法律框架，甚至法学理论。

　　另外，由于我国电子商务行业处于领跑位置，故而其他法域的相关立法经验、司法判例，对解决上述前沿法律问题的借鉴意义也相对有限。对于电子商务、人工智能等新兴行业的法律难题，更多依赖于中国法律人"摸着石头过河"，寻找一条符合中国国情的解决之道。

我国电子商务行业虽已发展多年，但《中华人民共和国电子商务法》却刚刚施行不久，在此之前，我国监管、司法部门积累了大量的成功经验、成熟做法。这些"成功经验、成熟做法"虽部分已转化为电子商务法的具体条文，但剩余的绝大多数无疑仅能以背景形式存在，用于理解、解释电子商务法的立法目的、条文内涵。当然，这对准确适用该法、精准维权而言，无疑也大有裨益。

本书作者均在法律实务界，特别是知识产权法律服务领域深耕多年，深谙电子商务领域的法律沿革、维权策略及诉讼技巧。在我国电子商务法施行之际，本书作者能依凭自身工作经验，总结、提炼我国电子商务方面的成功经验、成熟做法，可谓意义非常。在本书付梓之际，本书作者邀我作序，我欣然应允。祝贺他们！

是为序。

薛军

（北京大学电子商务法研究中心主任、

北京大学法学院副院长、博士生导师）

2019 年 6 月 9 日

目　录

Contents

上篇　侵权法律实务

下篇　侵权案例评析

第八章　赔偿数额的确定／186

上 篇

侵权法律实务

第一章

电子商务综述

第一节　电子商务概述

技术进步推动着社会生产方式的变革，并最终影响到整个社会的经济关系、贸易关系，乃至人们的生活方式。历史上蒸汽机、电的发明对人们的日常生活、商业交易带来了革命性的变化。当今也不例外，我们正亲历着互联网技术的飞速发展，亲身经历着网络技术发展所带来的全方位的深刻变革。

电子商务不过是互联网技术发展背景下交易方式变革的一个方面，人们把交易的场所从现实的具体集市、商场，转移到了互联网上，并通过网络获得交易信息、订立合同，甚至履行合同。在当今社会的交易中，整个交易过程或者部分交易过程利用互联网进行已经成为一种趋势。有学者甚至认为"相比传统商务模式，电子商务具有时空优势、速度优势、成本优势、个性化优势和信息优势等优点，极大提高了商业活动的效率、效益，对传统商业模式造成了极大的冲击，已成为21世纪主流经济贸易方式之一"。[①]

电子商务是互联网爆炸式发展的直接产物，是网络技术应用的全新发展方向，但回顾电子商务发展的历史，我们不难发现，电子商务的形态、内容与模式都是伴随着技术进步与立法变化而不断发展的。有学者研究认为电子商务兴起于20世纪70年代，分为电子数据交换（EDI）

---

① 贺宁馨、肖尤丹：《促进电子商务知识产权保护的战略思考——基于行政管理的视角》，载《中国科学院院刊》2014年第6期，第677页。

电子商务时期与互联网电子商务时期两个阶段。[①] 国际社会关于电子商务的立法则兴起于 20 世纪 90 年代初期，1991 年联合国国际贸易法委员会下属的国际支付工作组，开始负责制定一部世界性的电子数据交换统一法。1996 年 12 月 16 日，联合国国际贸易法委员会第 85 次全体大会通过了《电子商务示范法》，该法成为世界上第一个电子商务的统一法规。1997 年 7 月，美国颁布了《全球电子商务纲要》，纲要中仅规定了两大商务类型：一类是企业对企业的电子商务；另一类是企业与个人的电子商务。1998 年 11 月，欧盟发表了《发展电子商务法律架构之指令》，统一了欧盟境内的电子商务业务。可以说正是从 20 世纪末期，电子商务才开始在全球兴盛并且不断地发展壮大。

我国的电子商务起步的时间相对较晚，一般认为我国电子商务的萌芽出现在 20 世纪 90 年代，1998 年 3 月，我国才成功完成了第一笔电子交易，发展至今已经步入了电子商务的高速发展阶段。《2018 年政府工作报告》将电子商务发展、"互联网＋"建设写入报告，作为重点发展产业，可以说电子商务已经成为我国当前战略性产业之一。

电子商务在我国发展不到 20 年的时间里，崛起成为了飞速发展的战略产业，主要原因在于电子商务与传统的商务模式相比具有非常高的优越性，更加高效便捷，信息更加透明。电子商务让消费者通过网络寻找商品信息、挑选商品、网上支付，极大地节省了消费者的时间，大大提高了交易的效率。目前随着电子商务交易的迅猛发展，人们甚至把电子商务称为第二生活，年轻一代的消费者把网络购物作为自己生活的一种体验。可以说电子商务改变了交易的方式，同时也改变了消费者的生活方式。

就在本书写作之际，适逢中国电子商务最大的节日——"双十一"刚刚结束，各大电子商务平台纷纷晒出自己"漂亮"的交易数据，最终 2018 年双十一天猫成交额为 2135 亿元，尤其是 2018 年 11 月 11 日 1 时 47 分时，成交额就达到了 1000 亿元。[②] 电商销售交易总额达到了 3100 亿元，京东成交额达到了 1598 亿元，阿里巴巴的交易额相比于 2009 年增长了

---

① 本书编委会编：《电子商务实践》，中国金融出版社 2000 年版，第 4 页。

② 参见《2018 双十一回顾：天猫销售额不到 2 小时破千亿》，http://tech.163.com/18/1111/00/E09Q7UBU00097U7R.html，访问时间：2018 年 11 月 18 日。

4000 多倍。①

但是回顾"双十一"的历史我们发现，双十一作为线上销售的重大节日，从 2010 年的 9 亿元，不到 10 年发展到了 2100 多亿元。这背后的原因正是电子商务交易的高速发展，据《中国互联网发展报告 2018》显示，2018 年中国网民数量达 7.72 亿。同时根据中国互联网络信息中心（CNN-IC）发布的第 42 次《中国互联网络发展状况统计报告》显示，截至 2018 年 6 月，我国网民规模达到约 8.02 亿。② 综合来看，我国网民数量在 8 亿元左右，孕育着一个庞大的市场群体。如图 1 所示：③

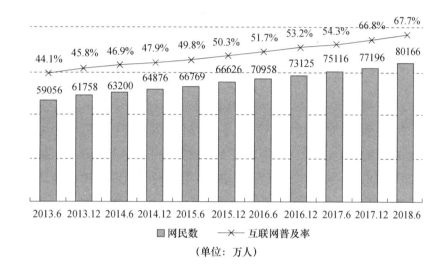

图 1 中国网民规模和互联网普及率

2017 年我国电子商务交易规模高速增长，国家统计局数据显示，2017 年全国电子商务交易额达 29.16 万亿元，比 2016 年增加了 11.7%；网上零售额 7.18 万亿元。截至 2017 年底，全国网络购物用户规模达到了 5.33

---

① 参见《双十一战报：电商总销售额破 3100 亿元，天猫、京东均破纪录》，https：//baijiahao. baidu. com/s？id＝1616946504208791468&wfr＝spider&for＝pc，访问时间：2018 年 11 月 30 日。
② 《第 42 次〈中国互联网络发展状况统计报告〉》，http：//www. cac. gov. cn/2018-08/20/c_ 1123296882. htm，访问时间：2018 年 12 月 10 日。
③ 数据见《中国互联网络发展状况统计报告》第 20 页，报告全文见国家互联网信息办公室官方网站 http：//www. cac. gov. cn/2018-08/20/c_ 1123296882. htm。

亿，电子商务直接从业人员和间接带动就业达 4250 万人（如图 2 所示①）。可以说中国的电子商务虽起步晚，但发展快、规模大，已经迅速成长为我国经济的支柱产业之一。

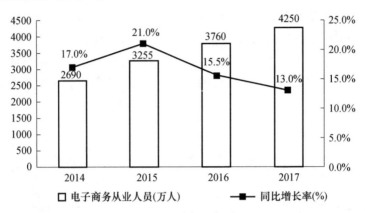

图 2　2014—2017 年中国电子商务从业人员及同比增长率

数据来源：电子商务交易技术国家工程实验室、中央财经大学中国互联网经济研究院测算

也正因如此，我国电子商务法首次明确将电子商务整体作为一种重要产业进行了规定，从法律上明确了国家对电子商务产业发展的鼓励与支持。电子商务法第三条规定："国家鼓励发展电子商务新业态，创新商业模式，促进电子商务技术研发和推广应用，推进电子商务诚信体系建设，营造有利于电子商务创新发展的市场环境，充分发挥电子商务在推动高质量发展、满足人民日益增长的美好生活需要、构建开放型经济方面的重要作用。"这也标志着我国在法律层面支持电子商务的发展，电子商务进入了法治化的新时代。

第二节　电子商务的概念

电子商务是个舶来词，英文表述为"Electronic Business"或者"Electronic Commerce"。电子商务是伴随着电子互联网的发展，兴起的新型的交易方式，本质上是在互联网上完成的交易的统称。② 如果电子商务作为新

---

① 中国电子商务协会、唐生主编：《中国电子商务发展报告（2016—2017）》，中国商务出版社 2017 年版，第 1 页。

② 袁雪石：《电子商务侵权法基本问题研究》，载《政法学刊》2005 年第 3 期，第 16 页。

的商务模式来理解，那么准确把握电子商务的概念需要了解电子商务与传统商务模式的区别。传统的商务模式需要在具体的空间内与交易相对方进行货物与货币之间的交换，包括合同签订、履行、运输、交易、验货与支付等环节，均在现实空间完成。而电子商务是在虚拟的网络空间中，以电子数据的方式进行。由于技术的不断发展与理解角度的不同，一般认为电子商务的概念有广义和狭义之分。广义的电子商务是指使用各种电子工具从事商务活动，包括采购、会谈、付款、签订合同、数据认证等各种活动；狭义电子商务主要是泛指各种利用互联网从事贸易与交易的活动。

1997 年 11 月 6 日至 7 日，国际商会在法国首都巴黎举行了世界电子商务会议，共同探讨了电子商务的概念问题。这也是当前被引用最为广泛的一个概念：电子商务是指实现整个贸易活动的电子化。从涵盖范围方面可以定义为：交易各方以电子交易方式而不是通过当面交换或直接面谈方式进行的任何形式的商业交易；从技术方面可以定义为：电子商务是一种多技术的集合体，包括交换数据（如电子数据交换、电子邮件）、获得数据（如共享数据库、电子公告牌）以及自动捕获数据（如条形码）等。这是国际社会较为权威的定义，其内涵上看也具有较高的弹性与解释空间。

我国有学者认为"电子商务系指电子化通信方式进行的交易活动。电子化通信方式是以互联网为主，还包括电报、传真等多种电子化方式。"① 也有研究建议区分狭义的电子商务概念与广义的电子商务概念，其中狭义的商事主体将其业务通过企业内部网（Intranet）、企业外部网（Extra net）以及局域网、广域网和互联网（Internet）进行商事交易，在这个过程中该商事主体及其职员、客户、供应商以及其相关的交通运输商、金融中介服务商、网络服务提供者（ISP）网络内容服务商（ICP）电子市场（EM）营运商等中介机构之间发生的各种交易活动就是电子商务活动。广义而言，电子商务是指一切通过电脑网络和电信网络方式进行的商品交易。②

北京市高级人民法院根据司法实践的需要，曾经将电子商务定义为"指根据信息网络公开传播的商品或服务的交易信息进行交易的活动。"同

---

① 李双元、王海浪著：《电子商务法若干问题研究（第二版）》，武汉大学出版社 2016 年版，第 1 页。

② 袁雪石：《电子商务侵权法基本问题研究》，载《政法学刊》2005 年第 3 期，第 16 页。

时规定"以信息网络作为交流通道、支付通道或交付通道，但交易信息不在信息网络公开传播的交易活动不属于本解答所述的电子商务。"①

从以上的定义的分歧主要在于界定电子商务所需的媒介不同，国际商会强调了交易中信息获得的电子性，除了当面交易、直接面谈的方式，只要以电子交易的方式进行交易就可以称为电子交易。而北京市高级人民法院的定义中，则将电子商务的信息获得渠道限定为网络。我国电子商务法第二条第二款规定："本法所称电子商务，是指通过互联网等信息网络销售商品或者提供服务的经营活动。"其概念较为简明，属于广义的定义，突出了当前电子商务以互联网为主的交易模式，也可以涵盖当前互联网中绝大部分的电子商务交易活动。

第三节　电子商务的类型

按照不同的标准，根据参与电子商务交易的主体不同可以将电子商务分为以下几种：

1. B2B（Business-to-Business）是指企业与企业之间的电子商务活动，通过专用网络进行数据信息的交换、传递，开展交易活动的商业模式，这也是最早得到发展的电子商务模式。它将企业内部网和企业的产品及服务，通过 B2B 网站或移动客户端与客户紧密结合起来，通过网络快速传播信息，为客户提供更便捷的服务，从而促进企业的业务开展。

2. B2C（Business-to-Customer）其中文简称为"商对客"。"商对客"是电子商务的一种模式，也就是通常说的直接面向消费者销售产品和服务的商业零售模式，这是我国当前最为普遍、规模最大与用户数量最多的电子商务模式。

B2C 电子商务模式中电子商务起到了类似商场的作用，消费者可以购买音乐产品、图书、家电等各种商品，并且还能购买服务，B2C 模式具有商品数量多、客户量大、参与度高等特点。B2C 模式具有很大的优点，产品种类繁多，一站购物，有客户评价反馈机制、互动性强，通常客服服务态度很好，是当前电子商务中消费者首选的模式。但是由于 B2C 模式交易发生在互联网空间，存在的问题也比较多，诸如平台的管理义务无法落

---

① 《北京市高级人民法院关于审理电子商务侵害知识产权纠纷案件若干问题的解答》第 1 条。

实、信息量巨大、实际经营者难以监管等，而这些也正是电子商务法需要重点规制的内容。

3. C2C（Consumer-to-Consumer）是个人与个人之间的电子商务。其中"C"指的是消费者，因为消费者的英文单词是"Customer"，因此 C2C 的意思就是消费者个人间的电子商务行为。比如一个消费者有一部手机，通过网络进行交易，把它出售给另外一个消费者，此种交易类型就称为 C2C 电子商务模式。

C2C 交易模式类似于现实世界中的跳蚤市场，由于电子商务发生在网络空间，缺少像跳蚤市场中的监督者与管理者，因此交易安全与交易平台的保障作用就显得非常关键。如果没有一个知名度高、受买卖双方信任的交易平台将买卖双方的交易信息聚集在一起，并且扮演监督与管理的职责，那么双方单靠在网络上漫无目的地搜索是很难发现彼此的，并且也会失去很多的机会。因而 C2C 的模式，核心的问题是平台的监管与管理，确保交易安全。

4. O2O（Online-Offline）是指将线下的商务机会与互联网结合，让互联网成为线下交易的平台。O2O 的电子商务模式最早来源于美国，具有较高的包容性，交易过程既涉及线上，又涉及线下，具有较强的互动性。当前一般认为，只要整个交易过程中有线上、线下交易的共同参与，都可以称为 O2O 模式。现实中 O2O 模式主要是指在线上发布信息、线上支付，但实际消费要到线下实体店铺。

一般认为 O2O 模式需要包括引流环节、转化阶段、消费、反馈与存留客户五个部分。引流环节促使消费者在线上寻找商品与消费的信息并作出消费意愿；转化阶段是客户根据线上的信息、产品介绍或者线上的支付购买情况，到线下店铺进行实际体验；消费则是消费者结合线上与线下的商品或服务信息，实际到经营场所进行消费或者接受商业服务；反馈是消费者将消费体验反馈到线上平台，帮助其他消费者作出消费判断与决策；存留客户则是线上与线下的沟通，是指电子商务平台的经营者与平台内的经营者之间进行沟通，改进服务、完善交易规则、维护与消费者的关系，使消费者可以重复消费或引流更多的人来增加消费。O2O 模式具有非常高的生命力，既利用了电子商务的优点，又集合了传统交易的商业体验，是当今非常重要的电子商务模式。

上述电子商务交易的模式，仅是常见的四种类型，目前电子商务的类型已经远不止这些，各种电子商务模式之间相互交融也日益增多。近年来相继出现了 P2C（Production-to-Consumer）模式，即商品和顾客模式，产品从生产企业直接送到消费者手中，中间没有任何的交易环节。B2G（Business-to-Government）模式，即企业对政府的模式等。随着互联网技术的进步，市场需求与供给的变化，未来必然会出现更多新型的电子商务模式。

第四节　电子商务的特点

电子商务是一种依托现代信息技术和网络技术，集金融、管理、商贸、运输为一体的交易模式，可以实现物流、资金流与信息流的和谐统一。电子商务在互联网基础上，突破传统的时空观念，缩小了生产、流通、分配、消费之间的距离，大大提高了物流、资金和信息流的有效传输与处理，为制造者、销售者和消费者提供了能更好地满足各自需求的交易模式。概括而言，电子商务具有以下特点：

第一，便捷性。与传统的交易模式相比，电子商务环境中人们极大地克服了地理因素的限制，大幅度地缩减了交易的沟通时间与交易成本。在传统的交易模式中，人们获得的商品数量，商品的信息，能够比较的商品范围、价格都非常有限。有时候受制于地理条件与运输工具的限制，大量的商品消费者实际无法获得。比如，中国历史上著名的丝绸之路，尽管是封建时期传统贸易发达的证据，但也从反面说明了，人们从事跨地域商品交易的辛苦程度。无数的人可能为了运输商品、交易商品，长途跋涉耗费大量的时间，甚至要遭遇各种危险。这种情况在电子商务时代已经一去不复返了，人们可以在电子商务交易的平台上快捷地发布商品信息、获得商品信息、比较商品信息，并通过国际物流运输商品，极大地缩短了交易的周期，也降低了交易的风险。因此，电子商务具有便捷性、种类多、耗时少、过程简单的特点，这也正是电子商务迅速普及并高速发展的重要原因。

第二，商务性。就商务性而言，可以理解为盈利性与商业性两个层面。所谓盈利性是指电子商务的开展是以降低成本、获得更多的利润为目标，这与传统的商品交易模式是相同的，不论电子商务中的平台经营者还是平台内经营者，也不论任何电子商务模式，营利性是它们共同的特征。商业性是指电子商务本质上是一种商业活动，参与电子商务的任何一方都是为了在商品交易中互通有无，即便在 C2C 模式，即消费者之间的交易模式中，交易平台也具有典型的商业化性质。电子商务平台的经营者以电子商务的方式扩展市场、增加客户数量，通过网络与大数据，电子商务经营者可以跟踪客户的访问数量、销售数量以及客户消费偏好等，这些手段都是为了获知客户的需求，用于完善自己的经营计划、改进自己的产品和改善自身的服务，更好地满足客户的需要。

逐利性既然是电子商务的目的，那么也往往会导致消费者的利益受到侵犯，尤其在大数据的背景下，消费者可以说是毫无隐私可言。个人信息、消费习惯、消费能力、消费偏好无不在电子商务中被采集与保存。实践中不断有案例出现，在电子商务中泄露、利用消费者的个人信息从事不法的活动，这也正是电子商务法立法所规制的重点内容。

第三，跨地域性。不论电子商务还是传统的交易模式，都是货币与商品之间的交换，电子商务与传统交易方式的区别就在于电子商务能够利用新的技术，突破地域对交易的限制，不同国家的商品交易、洲际之间的商品流通，正是电子商务的优势。人类历史上的商品交易，极大受制于信息沟通不畅与交通运输落后，一件商品只能在有限的主体、时空范围内进行交易。而且交易主体的信息不对称，交易成本极高，稀缺商品的交易，甚至会引发暴力冲突。我国的丝绸之路、鸦片战争，世界史上的大航海运动，都是传统贸易扩张的表现形式。这种交易方式成本高、周期长、效率低、有时甚至要以武力进行贸易。但在电子商务领域，电子商务的优势凸显得淋漓尽致，跨境交易者、国际贸易者是电子商务的最大受益者，跨地域的交易频率不断提高，电子商务交易的安全便捷性也极大地促进了商品与货币的流通。

我们从国际社会当前的电子商务趋势中，也能真切感受到电子商务的跨地域性特征，大量的商品在国家之间运输，代购、跨境电商、跨境电子商务平台与国际物流的发展，使得跨境电子商务早已走入了寻常百姓家。

第四，整体性。电子商务的整体性又叫作电子商务的集成性，是指电子商务不单纯是一种产品交易，它在交易的过程中必须集合、调动更多的资源协同参与。电子商务的发展必须有信息技术与计算机技术作为支撑，还应当包含网络建设、网络安全。在商品层面，必须包含生产、宣传、物流等多种因素。在支付层面，则更区别于传统的交易情景，需要有专门的支付、担保与结算系统。因此我们可以看到，电子商务交易便捷性的背后，实际上是技术发展支撑下多种部门的集合。可以说正是生产技术的进步、电子商务的发展、推广涉及的范围扩大，决定了技术与资源在电子商务领域必须集中，而信息、安全、运输、支付等技术也必须更加具有整体性。

第五节　电子商务经营者

电子商务经营者是对从事电子商务主体的统称，不同的电子商务主体根据参与电子商务的方式不同，享有不同的权利并承担不同的义务。我国电子商务法第九条第一款规定："本法所称电子商务经营者，是指通过互联网等信息网络从事销售商品或者提供服务的经营活动的自然人、法人和非法人组织，包括电子商务平台经营者、平台内经营者以及通过自建网站、其他网络服务销售商品或者提供服务的电子商务经营者。"

我国电子商务经营者的定义，立法上采取了概括与列举并用的方式，概括而言只要是通过互联网从事商品销售或者提供服务的主体都属于电子商务经营者。具体而言，根据现在社会中存在的经营者类别分为了四类：

第一，电子商务平台经营者。如我国的淘宝、京东、苏宁易购等电子商务平台，这类平台不论是自营的平台，还是对第三方开放的平台，只要从事电子商务交易都可以统称为电子商务平台经营者。实践中电子商务平台的概念可能更加广泛，涉及的领域也会很多，诸如金融平台、汽车交易平台、汽车租赁平台、借贷平台、药品销售平台，等等。

第二，平台内经营者。即在电子商务平台上从事商品交易或提供服务的直接经营者。平台内经营者与电子商务平台经营者是一对相互关联的概念，权利义务上关系密切。二者共同参与电子商务交易，但功能上存在区别，电子商务平台是平台的提供者。而平台内经营者是在平台上注册、登记，直接从事电子商务交易的主体。二者根据参与电子交易的方式、程度与作用，负有不同的法律义务，并承担相应的法律责任。常见的类似京东平台，第三方交易主体也可以在京东平台销售商品，京东平台则是电子商务平台经营者，而第三方的销售者则属于平台内经营者。

在大量的侵权案件中，区分电子商务平台经营者与平台内经营者是确定过错与责任的前提，平台内经营者在电子商务中是实际交易的主体，需要承担直接的侵权责任。而电子商务平台的经营者则会根据自身不参与直接交易的平台性质，而享有法律赋予的抗辩权。

第三，自建网站经营者。顾名思义就是公司通过自建的网站进行电子商务交易，自建网站的经营者一般既是平台经营者，又是产品的直接提供者，也是责任的直接承担者。随着电子商务的兴起，很多公司也开始重视电子商务的经营，通过自建网站进行电子商务交易。尤其多的是大量的电子产品公司、大型的企业选择在自己建设的网站从事电子商务经营，在新兴的电子产品领域，通过自有平台发布最新的电子产品并直接销售产品，已经成为了电子商务中的一种潮流。例如2018年9月13日凌晨1点，苹果公司召开新品发布会，在苹果官网与各大平台同时发布最新产品，引发了全球苹果用户的关注。[①] 目前我国的很多科技公司小米、华为、联想等也均有自建网站，直接从事电子商务交易。

第四，其他电子商务经营者。其他电子商务经营者立法中并没有明确列举，因此只能是立法技术上的列举，作为兜底条款。立法上的考虑是鉴于互联网发展过于迅速，不同电子商务模式之间的交流融合速度加快，当今之立法可能无法穷尽全部的电子商务经营者，或者随着新技术的进步，未来可能出现新的电子商务经营者。从立法技术上看，这种兜底条款还是非常有必要的，未来随着技术的进步或者商业模式的发展，电子商务必然会扩展到更多的领域，也必然会出现新的经营模式。

第六节　电子商务平台经营者及其法律义务

一、电子商务平台经营者的理解

电子商务平台经营者，是指在电子商务中为交易中的双方或多方提供网络经营场所、发布交易信息、促成交易完成等服务，供交易双方或者多方独立开展交易活动的法人或者非法人组织。我们可以从以下三个方面理解平台经营者：首先，电子商务平台是一个电子商务交易场所，是经营者与消费者在网络空间提供交易机会、开展交易活动、达成交易的电子商务

---

① 参见"直击苹果2018秋季新品发布会，这一次有什么惊喜？"，http：//www.ce.cn/cysc/tech/ gd2012/201809/13/t20180913_ 30289341.shtml，2019年12月7日浏览。

平台。其次，电子商务平台经营者可能直接参加交易，也可能不参与交易，但必须通过提供信息、资金、交易担保、交易监管、参与物流等方式参与到交易过程中来。最后，电子商务平台经营者需要根据在交易中的起到的功能与作用承担相应的法律责任。电子商务平台经营者的责任与义务，我们将在下文中专门讨论。

二、电子商务平台的法律义务

随着电子商务平台购物深入到众多消费者的日常生活中，电子商务平台交易也因其虚拟经营等特点给消费者权益保护带来了大量的新问题。我国已经出台了一系列法律规定来规制这些问题，例如现有的侵权责任法、消费者权益保护法、产品质量法等来规定电子商务平台的义务与责任。2019 年 1 月 1 日起开始实施的电子商务法，对统一我国电子商务管理标准，明确电子商务平台的义务与责任，增进消费者维权、政府监管以及电子商务合规管理的力度均具有重大意义。

（一）审核经营资质义务

由于电子商务的虚拟性，容易导致信息公开不充分，产生侵犯消费者权利的事情。电子商务法规定，电子商务平台负有对平台内经营者资质审核的义务，避免不符合资质要求的经营者进入商务平台，实施侵权行为。

其中电子商务法规定的经营资质审核义务包含三个方面：

第一，是电子商务平台审核的内容。电子商务法第二十七条第一款进行了明确规定，"电子商务平台经营者应当要求申请进入平台销售商品或者提供服务的经营者提交其身份、地址、联系方式、行政许可等真实信息，进行核验、登记，建立登记档案，并定期核验更新。"明确了电子商务平台审核经营资质的范围，当电子商务平台允许经营者进驻的时候，必须对经营者的信息进行审核。在特殊规定中，法律也有特殊的要求可以使用特殊的法律法规进行特殊的审核，如 2017 年出台的《网络餐饮服务食品安全监督管理办法》对餐饮行业的审核进行了单独的规定，"网络餐饮服务第三平台提供者和入网餐饮服务提供者应当在餐饮服务经营活动主页面公示餐饮服务提供者的食品经费许可证。食品经营许可等信息发生变更的，应当及时更新。"电子商务平台对于餐饮服务的行业拟进行电子商务交易的资质审核，并要求餐饮服务经营者提供食品经营许可证等特殊证件。

因此从立法层面看，电子商务法可以理解为对全体进入电子商务平台经营者的审核义务，法律有特殊行业特殊规定的，可以进行特殊的规定。但审核经营者的义务，必须是电子商务平台前置的程序，应该在经营者入驻平台的流程里明确体现，否则视为电子商务平台未尽到审核义务，并可能因此承担法律责任。

第二，是未尽到审核义务的民事责任形态。电子商务法第三十八条第二款规定，"对关系消费者生命健康的商品或者服务，电子商务平台经营者对平台内经营者的资质资格未尽到审核义务，或者对消费者未尽到安全保障义务，造成消费者损害的，依法承担相应的责任。"电子商务平台的法律责任一直是立法中热议的焦点，每次修改讨论，学者、专家关心的重点也在于电子商务平台的责任形式上。最终我国立法采取了比较有利于电子商务平台的形式，仅当电子商务平台经营者未尽到审核义务、未对消费者尽到安全保障义务，主观存在过错的时候才承担责任。

实际上这也是我国司法实践多年形成的经验与惯常做法，如最高人民法院在指导案例第83号适用过错责任归则原则，电子商务平台对被诉商品采取的必要措施应当秉承审慎、合理原则，以免损害被投诉人的合法权益，电子商务平台未履行审查义务采取必要措施，导致损害扩大的对损害扩大部分承担连带责任。[1]

第三，是未尽到审核义务产生的行政责任。电子商务法第八十三条规定，"电子商务平台经营者违反本法第三十八条规定，对平台内经营者侵害消费者合法权益行为未采取必要措施，或者对平台内经营者未尽到资质审核义务，或者对消费者未尽到安全保障义务的，由市场监督管理部门责令限期改正，可以处五万元以上五十万元以下的罚款；情节严重的，责令停业整顿，并处五十万元以上二百万元以下的罚款。"电子商务平台具有非常大的开放性，因此如果电子商务平台未尽到审核义务，可能会造成一批不符合生产经营资质的主体进驻电子商务平台，从事电子商务交易，进而影响到不特定人的利益。而且从电子商务自身逐利的属性看，电子商务平台有很大的动机放松审核的标注，让更多的平台内经营者进驻平台，进而提升自己的交易数量与利润。因此电子商务法在规定了电子商务平台的

---

[1] 最高人民法院指导案例第83号，浙江省高级人民法院（2015）浙知终字第186号民事判决书。

义务与民事责任之外，还专门规定了电子商务平台的行政责任，通过行政执法的方式督促电子商务平台履行法定义务。

（二）公示交易规则义务

电子商务平台通常涉及多方交易，一次交易过程中会出现消费者、电子商务平台、平台内经营者、商品运输者或物流、资金结算方、交易担保方、保险提供者等多方主体。对这些主体之间的关系必须有一定的规则进行约束，这些规则就是电子商务平台自行制定的交易规则。我们以滴滴平台为例，一次交易中乘客、私家车主、滴滴平台三方，这里面涉及计费方式、收费分成、消费者安全保障、投诉、车主退出平台等一列的规则。电子商务法赋予了电子商务平台公示交易规则的义务，对于公示交易规则的义务，电子商务法第三十三条规定，"电子商务平台经营者应当在其首页显著位置持续公示平台服务协议和交易规则信息或者上述信息的链接标识，并保证经营者和消费者能够便利、完整地阅览和下载。"公示电子商务平台的交易规则首次有了明确的规定，必须在显著位置公示，同时能够保证消费者可以轻易完整地获得。对于公示交易规则应当从以下两个方面准确把握：

第一，对交易规则的基本要求。电子商务平台都会有自己的规则，但是什么样的规则才是符合法律规定的规则，并被认定为是有效的规则，电子商务法对此进行了明确的规定，电子商务法第三十二条规定，"电子商务平台经营者应当遵循公开、公平、公正的原则，制定平台服务协议和交易规则，明确进入和退出平台、商品和服务质量保障、消费者权益保护、个人信息保护等方面的权利和义务。"

电子商务平台规则的内容与制定过程必须遵循公开、公平、公正的原则，不能损害其他主体的利益。其中尤其重要的是，为贯彻公平、公正的原则，电子商务平台不得利用自己的技术优势或者谈判上的强势，来损害其他主体的利益。如电子商务法第三十五条规定，"电子商务平台经营者不得利用服务协议、交易规则以及技术等手段，对平台内经营者在平台内的交易、交易价格以及与其他经营者的交易等进行不合理限制或者附加不合理条件，或者向平台内经营者收取不合理费用。"

对于公开的要求，主要指规则的公示方式与可获得性。电子商务平台的规则，必须是任何人都可以随时得到的，电子商务平台必须是在显著的位置进行公开。电子商务法的要求是"电子商务平台经营者应当在其首页显著位置持续公示平台服务协议和交易规则信息或者上述信息的链接标识，并保证经营者和消费者能够便利、完整地阅览和下载。"①

同时从平台规则的内容看，必须包括进入与退出平台的方法，明确平台对商品、服务质量的保障、明确保护消费者的权利义务、明确对个人信息的保护，从内容上看这些属于基本的要求，也是法律对平台规则内容的规范。

第二，电子商务平台规则的效力。电子商务平台的规则经过一定的程序制定、公示之后，对电子商务平台、平台内经营者与消费者而言具有约束力。平台规则的效力问题，我国司法实践领域早就有过探讨，当前通常的意见认为，电子商务平台的规则如果不违反法律行政法规的强制性规定，电子商务平台确定的权利义务关系属于合法有效，各方应当遵守。如在蔡振文诉淘宝案②中，一二审法院均认为淘宝交易平台设置的平台规则合法，淘宝公司有权利依据平台规则对用户实施限制行为。

平台内公示的规则，包括利益分配、责任分配等均具有约束力。如电子商务法第四十六条规定，"除本法第九条第二款规定的服务外，电子商务平台经营者可以按照平台服务协议和交易规则，为经营者之间的电子商务提供仓储、物流、支付结算、交收等服务。……"平台交易的各方，必须按照平台的服务协议和交易规则进行电子商务交易。如果电子商务平台的规则中包含了争议解决条款，则产生纠纷后各方均必须按照约定的方式处理纠纷。电子商务法第六十三条规定，"电子商务平台经营者可以建立争议在线解决机制，制定并公示争议解决规则，根据自愿原则，公平、公正地解决当事人的争议。"司法实践中电子商务平台也会利用平台规则的有效性，事前约定管辖法院或选择仲裁的方式解决争议。

（三）监督守法经营义务

电子商务平台的性质我们前文已经有了部分的论述，它具有复合性的身份与性质，它既是电子商务市场的经营者，又是交易活动的监督者。电子商务平台通过发布交易信息、提供交易机会、担保交易安全等方式，从交易中获得利润。同时又负有责任保障电子商务平台上的交易是合法的，

---

① 参见电子商务法第三十三条。
② 该案一审案号：（2015）佛南法狮民二初字第567号；二审案号：（2016）粤06民终3872号。案件分析见刘凯湘、刘晨：《互联网第三方平台服务协议效力的判断原则及其意义——评蔡振文诉淘宝案》，载《中国应用法学》2017年第3期，第143—152页。

不侵犯第三人利益。电子商务法正是认识到这一特性，才赋予了电子商务平台以监督的义务。

　　总体而言，监督经营者守法经营的义务是电子商务平台的基本义务，尤其在滴滴等出行平台出现不法分子利用平台实施犯罪活动后，① 立法更是需要明确电子商务平台对平台内的交易活动进行合法监督与保障的义务。监督守法经营义务有两种，一种是主动监督，另一种是配合政府有关部门的监督。

　　主动监督要求电子商务平台经营者主动地通过制定规则、检查与处罚等方式，维持商务平台内交易的合法性。电子商务法第五条规定，"电子商务经营者从事经营活动，应当遵循自愿、平等、公平、诚信的原则，遵守法律和商业道德，公平参与市场竞争，履行消费者权益保护、环境保护、知识产权保护、网络安全与个人信息保护等方面的义务，承担产品和服务质量责任，接受政府和社会的监督。"其中概括要求了平台内的活动遵守法律与商业道德，也在具体的法律层面上罗列了各种部门法律规范，诸如环境、知识产权、个人信息、网络安全等。

　　电子商务平台配合监督守法经营的义务，是指电子商务平台经营期间，配合行政机关——主要是市场监管部门检查、监督平台的经营活动依法进行。目前随着电子商务的发展，海量的数据，多种多样的行业与平台被卷入到电子商务中，电子商务经营者自身可能为了盈利而放任部分违法行为的存在。因此监督守法经营的义务除了电子商务平台的自我监督与保障，也离不开市场监管部门的检查与执法。电子商务法第二十八条明确了电子商务平台配合监督的义务，其中规定，"电子商务平台经营者应当按照规定向市场监督管理部门报送平台内经营者的身份信息，提示未办理市场主体登记的经营者依法办理登记，并配合市场监督管理部门，针对电子商务的特点，为应当办理市场主体登记的经营者办理登记提供便利。"②

---

① 参见《滴滴顺风车司机杀人案开审》，http：//news. sina. com. cn/o/2019-01-06/doc-ihqfskcn 4455515. shtml，2019 年 1 月 6 日浏览。

② 有兴趣的读者可以以"滴滴"相关的案件进行阅读，滴滴顺风车司机利用滴滴平台载客杀人事件发生后，交通部为首的 10 部门进驻滴滴，对滴滴公司进行检查监督。相关新闻见《交通部等 10 部门人员组成检查组进驻滴滴程维反思安全底线》，http：//finance. ifeng. com/a/ 20180906/16488880_ 0. shtml，2019 年 1 月 3 日浏览。

在监督守法经营的义务下，平台经营者依然有大量的作为义务，包括报送平台内经营者的身份信息——主要是特殊的一些行业，诸如食品、旅店等。对于电子商务平台内未办理登记或者存在违法经营情况的消费者，要求他们办理相关的登记，或对违法行为进行处罚。①

（四）保护知识产权义务

电子商务法从立法上要求电子商务经营者加大对知识产权的保护，成为了本次立法的亮点，意味着知识产权保护成为电子商务活动中的普遍义务，这在我国立法史上还是首次。电子商务法第五条规定，"电子商务经营者从事经营活动，应当遵循自愿、平等、公平、诚信的原则，遵守法律和商业道德，公平参与市场竞争，履行消费者权益保护、环境保护、知识产权保护、网络安全与个人信息保护等方面的义务，承担产品和服务质量责任，接受政府和社会的监督。"知识产权保护义务是与消费者保护义务、环境保护义务、安全保护义务同等重要的电子商务平台保障义务。

电子商务平台知识产权保护义务，体现在电子商务平台预防平台内的知识产权侵权、制止侵权行为与未尽到监管义务的法律责任等方面。电子商务平台预防平台内的知识产权侵权，是指在实践层面电子商务平台内部需要明确保障知识产权的规则与责任。原则规定需要规则来具体地落实，电子商务平台的知识产权保障义务的落实对于电子商务平台经营者而言，是指电子商务平台经营者有义务设定公平合法的规则，来保护知识产权。电子商务法第四十一条规定，"电子商务平台经营者应当建立知识产权保护规则，与知识产权权利人加强合作，依法保护知识产权。"其中要求电子商务平台加强与知识产权权利人的合作，并且建立保护规则。从法律义务的角度看，意味着电子商务平台经营者有阻止平台内侵权行为的义务，有配合知识产权权利人打击侵害知识产权行为的义务。

尤其在知识产权权利人发现平台内的侵权后，有权利通知电子商务平台经营者采取必要的措施制止侵权行为。电子商务法第四十二条第一款规定，"知识产权权利人认为其知识产权受到侵害的，有权通知电子商务平台经营者采取删除、屏蔽、断开链接、终止交易和服务等必要措施。通知

---

① 通过处罚的方式来保证平台的守法经营规定在电子商务法第三十六条："电子商务平台经营者依据平台服务协议和交易规则对平台内经营者违反法律、法规的行为实施警示、暂停或者终止服务等措施的，应当及时公示。"

应当包括构成侵权的初步证据。"

电子商务平台经营者拒不履行保护知识产权义务的时候，构成法律上的过错，可能会根据其过错承担法律责任。拒不履行知识产权保护义务的民事责任是指电子商务平台经营者需要与直接侵权人承担连带责任。电子商务法第四十二条规定了电子商务平台经营者采取必要措施，保护知识产权，打击平台上存在的侵权行为。电子商务法第四十五条随即规定了电子商务平台经营者知道或者应当知道平台内经营者侵犯知识产权的，应当采取删除、屏蔽、断开链接、终止交易和服务等必要措施；未采取必要措施的，与侵权人承担连带责任。电子商务平台经营者知道或应当知道平台内经营者侵犯知识产权，其中的知道就包括权利人告知电子商务平台经营者，而经营者未采取必要措施的情况。

电子商务平台经营者的行政责任，是指电子商务平台经营者实施侵犯知识产权行为后，可能受到行政机关的处罚。电子商务法第八十五条规定，电子商务经营者违反法律规定，销售的商品或者提供的服务实施侵犯知识产权、侵害消费者权益等行为的，依照有关法律的规定处罚。体现了行政机关对电子商务市场运行的监管与调控。

因此，知识产权保障义务可以理解为一种概括的原则性的规定，在具体的规则层面需要电子商务平台经营者有作为义务，通过设立规则、采取必要措施制止侵权行为，否则就需要依法对侵权行为承担民事责任、行政责任。

（五）保存交易信息义务

保存交易信息的义务是电子商务法中的新规定，这一义务完全是为了解决纠纷与对电子商务实施监管而规定的。我们都知道，近些年电子商务的发展异常迅速，几乎当前所有的行业都卷入到电子商务的浪潮中来，这种大规模的发展自然是有利于社会发展和进步，但是也产生了很多新的社会问题与法律问题，诸如电子商务平台的侵权问题、电子商务平台内经营者的税收监管问题、消费者权益保护问题等。在电子商务的领域里，这些问题的解决根本上有赖于原始数据与信息的保留。

电子商务法第三十一条对电子商务平台经营者的保存义务进行了详细的规定，包括保存的范围、保存的标准与保存的时间。第三十一条规定，"电子商务平台经营者应当记录、保存平台上发布的商品和服务信息、交易信息，并确保信息的完整性、保密性、可用性。商品和服务信息、交易信息保存时间自交易完成之日起不少于三年；法律、行政法规另有规定的，依照其规定。"其中明确要求保存的信息为电子商务平台发布的商品和服务信息、交易信息。要求信息必须完整、保密以及具备可用性。我们从上述立法的目的来看，其目的主要是为了解决电子商务平台虚拟性与技术不对称带来的问题，电子商务平台中的交易记录实际上是电子数据，容易被擦除和改变，不利于纠纷的解决与监管部门事后的监督。因此电子商务平台交易记录保存的义务，实际上是为了事后监督，防止电子商务平台利用自身的技术优势，删除、篡改数据，损害消费者、经营者或者逃避政府监管部门的监管。

因此，法律对拒不履行保存交易信息义务的电子商务平台经营者规定了较高的处罚，如果电子商务平台经营者未按照规定保存商品和服务信息、交易信息，主管部门可以要求其限期改正并对拒不改正者处以罚款。①对于拒不让消费者评价，或者删除消费者评价记录的，根式可以直接处以处二万元以上十万元以下的罚款。可见电子商务法意识到了记录与数据保存的重要性，对信息与数据的保存非常重视。

电子商务平台的法律义务当然并不局限于本文上面的罗列与解释的义务，上述义务仅是法定的较为主要的义务。实际上电子商务平台种类繁多，涉及的领域也不断增加，使得电子商务平台的法律义务内容变得非常广泛。从不同的角度不同的立场来看，都可能有不同的义务。比如，强调消费者权利的研究者，会将保护消费者权利作为基本义务；强调个人信息保护的研究者，会认为平台有保护消费者信息的基本义务；而研究网络安全的学者，则可能重视网络安全的义务。因此，电子商务平台的法律义务是电子商务立法中的基本问题，在涉及不同的行业，不同的消费群体或经营模式时，其义务都会随之调整，这需要在理解电子商务法中电子商务平台经营者义务时需要灵活把握的。

三、电子商务平台内经营者

平台内经营者是电子商务法中提到的一个新的概念，以往对平台内经

---

① 根据电子商务法第八十条第一款第四项的规定，不履行本法第三十一条规定的商品和服务信息、交易信息保存义务的，由有关主管部门责令限期改正；逾期不改正的，处二万元以上十万元以下的罚款；情节严重的，责令停业整顿，并处十万元以上五十万元以下的罚款。

营者有不同的称呼，诸如实际经营人、第三方经营者，网络卖家等等。北京高院直接称为网络卖家，并定义为"指利用电子商务平台经营者提供的网络服务提供商品或服务的交易方。"① 电子商务法对这些杂乱的概念进行了统一的界定，称之为电子商务平台内经营者，更加科学与统一。电子商务法第九条第三款规定，"本法所称平台内经营者，是指通过电子商务平台销售商品或者提供服务的电子商务经营者。"这一定义中包含了常用的一对概念，无论理解概念还是区分平台内经营者、电子商务平台经营者的权利、义务，都有非常重要的关系。

从法律性质上看，平台内经营者是直接的销售者，在电子商务中是商品或服务的直接提供方，因此也是最终的法律责任承担者。而与之相对的电子商务平台经营者是平台的经营者，可能参与直接交易，也可能间接地参与交易。但当与平台内经营者并列使用时，它一般指提供电子商务平台，通过提供交易信息、介绍交易机会促成消费者与平台内经营者达成交易，而自身不直接参与交易。

大量的电子商务交易中至少会存在三方主体的关系，一是电子商务平台的经营者，二是平台内经营者，三是消费者。因此电子商务平台中的权利义务与纠纷也基本围绕着这三者展开，电子商务平台根据是否直接提供商品分为自营业务与平台业务，并根据不同的业务产生不同的义务与法律责任。对于自营业务，电子商务法第三十七条规定，"电子商务平台经营者在其平台上开展自营业务的，应当以显著方式区分标记自营业务和平台内经营者开展的业务，不得误导消费者。电子商务平台经营者对其标记为自营的业务依法承担商品销售者或者服务提供者的民事责任。"② 因此，电子商务法与时俱进吸收了当前电子商务中的新类型，即电子商务平台的自营业务，由于自营业务是平台业务也是直接销售的行为，从立法上就明确了电子商务平台的特殊义务与责任。从立法上看，立法者将自营业务参照了直接销售者的责任来认定，首先要求电子商务平台必须对自营业务作出显著的区分和标记，其次对于标记自营的销售行为承担连带责任。

---

① 参见《北京市高级人民法院关于审理电子商务侵害知识产权纠纷案件若干问题的解答》第1条。

② 这一规定实际来自我国《网络交易管理办法》中的第二十九条，"第三方交易平台经营者在平台上开展商品或者服务自营业务的，应当以显著方式对自营部分和平台内其他经营者经营部分进行区分和标记，避免消费者产生误解。"

当前的立法规定明确了自营的法律性质，避免了电子商务平台借"自营"的名义吸引消费者，而在责任纠纷中却辩称自己是电子商务平台未参与实际交易，逃避法律责任的现象。我国由于长期立法对于电子商务平台自营的性质与责任没有明确界定，导致司法实践中存在一些分歧。有人认为自营等同于电子商务平台自我销售，要承担连带责任，也有人认为自营仅是交易的一种，平台如果实际未参与交易，依然可以免责。① 同时在司法实践当中，对于电子商务平台自营的责任与纠纷也从未停止过，部分案件即便标明是"自营"的产品，法院也不支持消费者的请求。如在北京市朝阳区人民法院（2017）京 0105 民初 4035 号民事判决书中，原告购买了京东自营的商品，但是产品不符合产品质量法的规定，消费者向法院主张连带责任的时候，被法院驳回。法院的观点就认为自营并不等于自己经营，京东没有欺诈行为不承担连带责任。但最后法院考虑到平台中问题的普遍性，可能会影响到广大消费者的利益，向京东公司发放了司法建议，建议京东公司明确自营的含义，避免误导消费者。②

在非自营业务中，当电子商务平台经营者纯粹作为平台参与交易时，平台内经营者在交易中的作用就显得非常重要了，他成为了实际的交易者与责任的承担者。从法律责任看，平台内经营者是第一责任人，而电子商务平台经营者仅承担过错责任，只有在知道或者应当知道平台内经营者销售的商品或者提供的服务不符合保障人身、财产安全的要求，或者有其他侵害消费者合法权益行为，未采取必要措施的，才与该平台内经营者承担连带责任。

从与电子商务平台的法律关系看，平台内经营者要受到电子商务平台的监督，遵守电子商务平台制定的规则，同时电子商务平台有对违法、违规的电子商务平台内的经营者进行警示、暂停或中止服务的权利。③ 因此平台内的经营者作为实际的经营者，实际上是受到电子商务平台的监管与约束。

---

① 参见《自营不等于自己经营——偷换概念京东被警告整改尚无时间表》，载《中国产经新闻报》，http：//mini.eastday.com/a/180126131634128-2.html，最后访问日期为 2019 年 2 月 21 日。
② 参见《法院向京东发出司法建议：明确"自营"概念》，https：//baijiahao.baidu.com/s？id=1556909148890143&wfr=spider&for=pc，最后访问日期为 2019 年 1 月 3 日。
③ 电子商务法第三十六条规定："电子商务平台经营者依据平台服务协议和交易规则对平台内经营者违反法律、法规的行为实施警示、暂停或者终止服务等措施的，应当及时公示。"

第二章

电子商务平台经营者的侵权责任

对于电子商务平台经营者，电子商务法第九条第二款明确将其界定为"在电子商务中为交易双方或者多方提供网络经营场所、交易撮合、信息发布等服务，供交易双方或者多方独立开展交易活动的法人或者非法人组织。"这一概念区别于电子商务法第九条第三款规定的"平台内经营者"，即"通过电子商务平台销售商品或者提供服务的电子商务经营者"。如果类比于线下的交易模式，电子商务平台经营者是市场管理者，平台内经营者则是市场内一个个的商铺。当有侵权行为发生时，例如，商铺（平台内经营者）销售的商品侵害他人的商标权，其承担的是直接侵权责任，而市场管理者（电子商务平台经营者）仅在有过错的情况下承担间接侵权责任。正是由于二者承担的侵权责任形态不同，电子商务法第九条第二、三款将电子商务平台经营者和平台内经营者区别对待。

随着电子商务的发展，有些电子商务平台经营者虽然名义上是平台经营者，但在某些情形下也充当着平台内经营者的角色，例如，某些平台有部分"自营"业务。这也就是电子商务法第三十七条规定的，"电子商务平台经营者在其平台开展自营业务的，应当以显著方式区分标记自营业务和平台内经营者开展的业务，不得误导消费者。电子商务平台经营者对其标记为自营的业务依法承担商品销售者或者服务提供者的民事责任"。因此，对于电子商务平台经营者的侵权责任判定，其前提在于电子商务平台经营者的法律定性，而且是要着眼于具体的被控侵权行为，以确定其在特定的案件中究竟是电子商务平台经营者还是平台内经营者。如果电子商务平台经营者确实仅承担电子商务平台经营者的角色，则需要进一步考查其对涉案被控侵权行为的过错，以明确其需要承担的民事侵权责任。

第一节　电子商务平台经营者的性质

对于什么是电子商务平台经营者，电子商务法第九条第二款有明确规定，即"在电子商务中为交易双方或者多方提供网络经营场所、交易撮合、信息发布等服务，供交易双方或者多方独立开展交易活动的法人或者非法人组织。"根据该规定，电子商务平台经营者仅提供平台服务，而非商品销售者或者服务提供者。当有侵权行为发生时，电子商务平台经营者也仅承担平台责任。

随着电子商务的日渐发展，很多电子商务平台呈现出混合型的特征，既为第三方交易提供平台服务，也直接作为交易当事方参与交易，也即兼具"平台经营者"和"平台内经营者"的双重角色。对于具有混合特征的电子商务交易平台而言，当其在自有平台销售商品或者提供服务时，其实质上充当的是平台内经营者的角色；只有当其仅提供平台服务时，其性质才为平台经营者。

之所以要辨别电子商务交易平台实际从事的行为，是因为当侵权行为发生时，平台经营者和平台内经营者需要承担的法律责任是不同的，一个是平台责任，一个是直接侵权责任。因此，需要对电子商务平台经营者的行为进行准确定性。

【范某诉京东商城案】①

范某分三笔订单在京东商城购买四款京东自营的真力时手表，总价款147759元。购买时网页商品说明显示表镜材质为蓝宝石水晶，但是范某将手表送至珠宝玉石检测中心进行检测，检测结果为人工合成蓝宝石。范某认为，网站宣传构成欺诈，故将京东电子商务公司诉至法院，要求退还货款147759元、赔偿检测费400元，同时索要三倍赔偿金443277元。京东电子商务公司辩称，双方不存在买卖合同关系，尽管涉案产品属京东自营，但该公司仅提供网络交易平台，未参与买卖行为。经审理查明，京东商城网站所有者为京东电子商务公司。该公司曾与天津京东海荣贸易有限公司（简称京东海荣公司）签订《平台服务协议》，约定：京东海荣公司

---

① 参见北京市朝阳区人民法院（2017）京0105民初4035号民事判决书。

自愿向京东电子商务公司申请使用网络交易平台，京东电子商务公司仅提供产品信息展示的平台服务，不从事产品交易事宜，不对产品交易事宜负责，京东海荣公司提供用于推广的产品信息，其上传产品信息应当真实合法，不得侵害消费者合法权益，京东海荣公司每年支付平台使用费2万元。京东电子商务公司提交了3张电子发票，发票显示销售方为京东海荣公司。范某表示，对上述电子发票的情况并不知晓。法庭现场演示，登录范某的京东商城账户，查看相应订单、下载电子发票，与京东电子商务公司提交的发票一致。

法院审理认为，范某购买的京东自营商品，销售主体为京东海荣公司，京东电子商务公司仅为网络交易平台的所有者，其已通过电子发票形式对销售者真实名称、地址和有效联系方式进行了公示。范某购买产品的发票均显示已开具，可以认定其已知悉商品销售者，且无证据证明京东电子商务公司明知或应知销售者利用其平台侵害消费者合法权益，故范某应向京东海荣公司索赔，京东电子商务公司并非适格被告。法院一审裁定驳回了范某的起诉。宣判后，双方均未上诉。

在该案审结后，法院向京东电子商务公司发出司法建议，建议该公司在网站页面显著位置对"自营"等专有概念作出明确解释，所有商品销售页面均应披露销售者详细信息，并将销售授权书在明显位置予以公示，从而避免消费者产生误解，误导商品的选择，同时也便于在权利受损时正确选择维权主体。

范某诉京东商城案说明，对于兼具"平台经营者"和"平台内经营者"双重角色的电子商务交易平台而言，须对其实施的行为作出实质性分析，这样才能找出侵权行为的真正实施主体，以免出现误诉被告的情况出现。

正是基于电子商务交易平台混合型的特征，电子商务法第三十七条规定，"电子商务平台经营者在其平台上开展自营业务的，应当以显著方式区分标记自营业务和平台内经营者开展的业务，不得误导消费者。电子商务平台经营者对其标记为自营的业务依法承担商品销售者或者服务提供者的民事责任。"

此外，根据电子商务法第八十一条的规定，对于电子商务平台经营者"未以显著方式区分标记自营业务和平台内经营者开展的业务的"，由市场监管部门责令限期改正，可以处2万元以上10万元以下的罚款；情节严重的，处 10 万元以上 50 万元以下的罚款。这个其实是针对电子商务平台的行政处罚。

但实务中可能会出现的问题是，如果电子商务平台经营者未以显著方式区分标记自营业务和平台内经营者开展的业务，当有侵害消费者权益的行为或者其他民事侵权行为发生时，该电子商务平台经营者究竟是作为"平台内经营者"还是"平台经营者"来对待，继而承担直接侵权责任还是平台责任？

有观点认为，如果在通常情况下，一个正常的理性人仍然不能判断相关的业务究竟是自营还是第三方经营的，应该推定是平台自营业务，由平台承担商品销售者和服务提供者的法律责任。[①] 也就是说，在各方均已充分举证的情况下，仍无法判断电子商务交易平台从事的是自营业务还是非自营业务的情况下，将其行为定性为自营，让其承担商品销售者和服务提供者的直接侵权责任。

第二节　电子商务平台经营者的过错认定

侵权责任法第三十六条第二款规定，"网络用户利用网络服务实施侵权行为的，被侵权人有权通知网络服务提供者采取删除、屏蔽、断开链接等必要措施。网络服务提供者接到通知后未及时采取必要措施的，对损害的扩大部分与该网络用户承担连带责任。"该条第三款进一步规定，"网络服务提供者知道网络用户利用其网络服务侵害他人民事权益，未采取必要措施的，与该网络用户承担连带责任。"可见，对于电子商务平台经营者[②]而言，针对其平台内经营者提供商品或者服务的行为，一般在两种情况下承担间接侵权责任，一是接到侵权通知后，未及时采取必要措施；二是知道侵权事实的存在，而未采取必要措施。

司法实务中的情况是，在电子商务平台经营者已经采取相应措施的情况下，一般都不承担侵权责任。例如，在一份由北京市西城区人民法院知

---

① 电子商务法起草组编著：《中华人民共和国电子商务法解读》，中国法制出版社 2018 年版，第 181—182 页。

② "电子商务平台经营者"为"网络服务提供者"之一。

识产权庭法官作出的《关于涉电商平台知识产权侵权案件的调研报告》①中，有如下论述：

"在我院审理的京东公司和网店经营者作为共同被告的案件中，均判定京东公司不承担赔偿责任。在上述案件中，作为权利人的原告起诉称，网店经营者通过在京东商城上销售商品的行为侵犯了其知识产权，而京东公司未尽到相应的审查义务，因此主观上存在过错，应当与网店经营者承担连带责任。对于原告的起诉主张，京东公司的主要抗辩是：其面对海量的商品信息，事前无法承担过高的注意和审查义务；并且在接到通知后，已经对涉案商品采取了下架等相关措施，不应承担赔偿责任。法院认为，在原告没有证据证明京东公司知道被诉网店经营者的侵权行为存在、并且能够确认京东公司在接到起诉状后对涉案商品及时采取下架措施等事实的基础上，法院判定京东公司不承担赔偿责任。"

可见，根据侵权责任法第三十六条的规定，对于电子商务平台经营者侵权责任的判定，关键在于其对于平台内经营者所从事的涉案被控侵权行为有无过错。只有在确实有过错的情况下，电子商务平台经营者才需要承担侵权责任。

侵权责任法第三十六条的上述规定在电子商务法中也得到延续。电子商务法第四十二条第二款规定，"电子商务平台经营者接到通知后，应当及时采取必要措施，并将该通知转送平台内经营者；未及时采取必要措施的，对损害的扩大部分与平台内经营者承担连带责任。"第四十五条规定，"电子商务平台经营者知道或者应当知道平台内经营者侵犯知识产权的，应当采取删除、屏蔽、断开链接、终止交易和服务等必要措施；未采取必要措施的，与侵权人承担连带责任。"

一、明知或应知

考察侵权责任法第三十六条的规定，第三款将网络服务提供者与网络用户承担连带责任的要件设定为"知道网络用户利用其网络服务侵害他人民事权益""未采取必要措施的"，其中"知道"为主观过错要件，"未采取必要措施"为客观行为要件。但是，对于"知道"的理解可能会存在分

---

① 吴献雅、赵克南：《关于涉电商平台知识产权侵权案件的调研报告》，载《法律适用（司法案例）》2017 年第 12 期。

歧，即这里的"知道"除包括"明知"外，是否还包括"应知"？

对此，杨立新教授在《〈侵权责任法〉规定的网络侵权责任的理解与解释》①一文中有相应的陈述，比较充分，本书在此将相关内容引述如下：

"如何解释第三十六条第三款规定的'知道'概念，存在较大的分歧。有人认为，'知道'应当包括'已知'和'应知'。②因此，确定本款规定的网络服务提供者的连带责任时，包括应当知道在内。这个理解并不正确。

该条文在侵权责任法起草过程中，长期使用的是'明知'，直至第二次审议稿还是'明知'，第三次审议稿才改为'知道'。在对《侵权责任法》的解释中，绝大多数学者将该'知道'解释为明知。③也有的学者将这个'知道'解释为'推定知道'，以区别于'明知'。④

依我所见，本款规定的'知道'应当是已知。已知与明知是有区别的，明知应当是能够证明行为人明确知道，故意而为；已知是证明行为人只是已经知道了而已，并非执意而为，基本属于放任的主观心理状态。因此，知道是有证据证明的行为人对侵权行为已经知道的主观心理状态，而并非执意追求侵权后果。因此，侵权责任法第三十六条第三款的措辞是非常有分寸的。知道一词的表述内容更接近于明知的概念，距离推定知道的概念距离稍远，但不包括应知在内。因此，学者将第三款解释为'明知规则'，并非曲解法律规定，而是出于善意的解释，是基本准确的。当然，解释为已知更为准确。"

不过，也有相反的观点。对此，冯术杰教授在其《论网络服务提供者间接侵权责任的过错形态》⑤一文中也有梳理总结，本书在此引述如下：

"但也有人认为这里的'知道'包括'明知'和'应知'，网络服务提供者在故意和过失的过错形态下都要承担责任。⑥在'应知'的情况下，

---

① 杨立新：《〈侵权责任法〉规定的网络侵权责任的理解与解释》，载《国家检察官学院学报》，2010年第2期，第8—9页。

② 王胜明主编：《中华人民共和国侵权责任法解读》，中国法制出版社2010年版，第185页。

③ 王利明主编：《中华人民共和国侵权责任法释义》，中国法制出版社2010年版，第159页；杨立新：《中华人民共和国侵权责任法条文释解与司法适用》，人民法院出版社2010年版，第220页。

④ 陈现杰主编：《中华人民共和国侵权责任法条文精义与案例解析》，中国法制出版社2010年版，第125页。

⑤ 冯术杰：《论网络服务提供者间接侵权责任的过错形态》，载《中国法学》2016年第4期。

⑥ 孔祥俊：《网络著作权保护法律理念与裁判方法》，中国法制出版社2015年版，第224—226页。

网络服务提供者承担一定的注意义务，采取措施来预防和阻止侵权行为的发生，这样才有利于保护民事权益①，而且适当的注意义务并不会加重其负担②。司法实践经验表明，就网络用户侵害他人权益的行为，如果一概免除网络服务提供者的注意义务，则有失公平。比如，在网络人身权侵权领域，无论是最高人民法院的司法解释还是处理侵权纠纷的司法判决都认定：网络服务提供者就网络用户的侵权行为应根据具体情形承担一定范围和程度上的注意义务③。

上述两种观点都有其各自的道理，基于法律条款的文本解读和逻辑推理，将'知道'解释为'明知'更加符合文义。但是，如果仅仅是在'明知'的情况下才追究网络服务提供者的连带责任，可能无法回应复杂的司法实践。"

司法实务中，在某些案件中法院也将"应知"纳入网络服务提供者过错认定的范围。例如，在浙江淘宝网络有限公司与衣念（上海）时装贸易有限公司等侵害商标权纠纷案④中，法院认为，上诉人作为淘宝网的经营者，其在本案中为杜某某销售侵权商品提供网络交易平台，其未直接实施销售侵权商品的行为，而属于网络服务提供者。网络服务提供者对于网络用户的侵权行为一般不具有预见和避免的能力，因此，并不因为网络用户的侵权行为而当然须承担侵权赔偿责任。但是如果网络服务提供者明知或者应当知道网络用户利用其所提供的网络服务实施侵权行为，而仍然为侵权行为人提供网络服务或者没有采取适当的避免侵权行为发生的措施的，则应当与网络用户承担共同侵权责任。又如，在王思杰等与浙江淘宝网络有限公司等生命权、健康权、身体权纠纷案⑤中，对于淘宝公司是否应对王思杰等诉请的涉案损失承担连带赔偿责任的问题，法院认为，淘宝公司经营的淘宝网系网络交易平台提供者，为淘宝买家和卖家交易提供服务，其本身并不参与涉诉交易。淘宝公司作为网络交易平台提供者，确已提供了文术球食品店及文术球本人的真实名称、地址和有效联系方式，不存在违反

---

① 程啸：《侵权责任法教程（第三版）》，中国人民大学出版社 2014 年版，第 176 页。
② 王胜明主编：《中华人民共和国侵权责任法释义》，中国法制出版社 2010 年版，第 194—195 页。
③ 杨临萍、姚辉、姜强：《〈最高人民法院关于审理利用信息网络侵害人身权益民事纠纷案件适用法律若干问题的规定〉的理解与适用》，载《法律适用》2014 年第 12 期。
④ 参见上海市第一中级人民法院（2011）沪一中民五（知）终字第 40 号民事判决书。
⑤ 参见天津市宝坻区人民法院（2017）津 0115 民初 8277 号民事判决书。

上述法律的情形。同时，王思杰等未提交证据证实淘宝公司在本案中存在明知或者应知文术球食品店利用淘宝网侵害消费者合法权益未采取必要措施的情形，故对于二人要求淘宝公司承担连带赔偿责任的请求不予支持。

对于"知道"的理解，《北京市高级人民法院关于审理电子商务侵害知识产权纠纷案件若干问题的解答》（以下简称《解答》）有更加细则性的规定。根据《解答》第4条的规定，"电子商务平台经营者知道网络卖家利用其网络服务侵害他人知识产权，但未及时采取必要措施的，应当对知道之后产生的损害与网络卖家承担连带赔偿责任。"可见，《解答》使用的也是"知道"，与侵权责任法第三十六条保持一致，只不过《解答》认为该"知道"包括"明知"和"应知"。《解答》第5条规定，知道包括明知和应知。明知指电子商务平台经营者实际知道侵权行为存在；应知是指按照利益平衡原则和合理预防原则的要求，电子商务平台经营者在某些情况下应当注意到侵权行为存在。第6条规定，同时符合以下情形的，可以认定电子商务平台经营者知道网络卖家利用其网络服务侵害他人知识产权：（1）明知或应知被控侵权交易信息通过其网络服务进行传播；（2）明知或应知被控侵权交易信息或相应交易行为侵害他人知识产权。可以看出，《解答》将"知道"解释为"明知"和"应知"。

虽然司法实践中法官都倾向于将"应知"纳入"知道"的范围，但对于侵权责任法第三十六条规定的"知道"究竟该作何解，也确实存在分歧。不过，这一分歧随着电子商务法的正式发布而得到消解。电子商务法第四十五条规定，"电子商务平台经营者知道或者应当知道平台内经营者侵犯知识产权的，应当采取删除、屏蔽、断开链接、终止交易和服务等必要措施；未采取必要措施的，与侵权人承担连带责任。"也就是说，电子商务法在侵权责任法的基础上，明确将"应当知道"纳入电子商务平台经营者过错认定的范畴。

二、通知与过错认定

在明确电子商务平台经营者的过错包括"明知"和"应知"这两种情形的基础上，需要进一步考察的是，对于"明知"和"应知"该怎样认定？

电子商务法第四十二条第一、二款规定，"知识产权权利人认为其知识产权受到侵害的，有权通知电子商务平台经营者采取删除、屏蔽、断开链接、终止交易和服务等必要措施。通知应当包括构成侵权的初步证据。电子商务平台经营者接到通知后，应当及时采取必要措施，并将该通知转送平台内经营者；未及时采取必要措施的，对损害的扩大部分与平台内经营者承担连带责任。"

也就是说，根据电子商务法第四十二条的上述规定，知识产权权利人的"通知"是判断电子商务平台经营者是否"明知"或者"应知"的一个重要方面。如果权利人事先没有"通知"，则不能判定电子商务平台经营者"明知"或者"应知"，也即不存在过错。例如，在广州骏翱礼品有限公司与杭州阿里巴巴广告有限公司（以下简称阿里巴巴公司）、上海裕存国际贸易有限公司侵害商标权纠纷案①中，法院就认为，销售被控侵权产品的网店经被告阿里巴巴公司审查已将相关销售主体的经营资质等信息材料在其网站上予以披露，原告未能提供证据证实该披露信息存在虚伪情况，且在诉前原告并未向被告阿里巴巴公司发送权利通知或予以书面投诉，原告亦未能提供证据证实被告阿里巴巴公司在诉前已知其运营网站中的商品中存在侵权商品，结合被告阿里巴巴公司在收到本案诉状后，已就相应涉嫌的侵权信息进行处理，相应的侵权信息已未在网站中予以出现的情况，法院确认本案中被告阿里巴巴公司已履行其网站服务条款及法定的审查和注意义务，不存在过错亦不构成帮助侵权。

那么，"通知"需要满足哪些要件？

电子商务法第四十二条第一款规定，通知应当包括构成侵权的初步证据。北京市高级人民法院《解答》第 6 条针对"对权利人的通知有何要求"的问题，明确指出，通知应当包含下列内容：（1）权利人的姓名（名称）、联系方式和地址等信息；（2）足以准确定位被控侵权交易信息的具体信息；（3）证明权利归属、侵权成立等相关情况的证据材料；（4）权利人对通知的真实性负责的承诺。权利人发送的通知不符合上述条件的，视为未发出通知。

对于《解答》中"通知"的这些要件，最为关键的就是证明侵权成立等相关情况的证据材料。电子商务法第四十二条第一款也明确规定，通知应当包括构成侵权的初步证据。那么，什么是"构成侵权的初步证据"，尤其是在侵犯专利权案件中，该"构成侵权的初步证据"是否包括"侵权

---

① 参见广东省佛山市禅城区人民法院（2016）粤 0604 民初 13131 号民事判决书。

比对表"？

在肇庆市衡艺实业有限公司（以下简称衡艺公司）与杭州阿里巴巴广告有限公司、建阳顺意贸易有限公司侵害发明专利权纠纷案①中，二审法院认为，上诉人在接到投诉通知后，要求投诉人补充"授权材料"及"侵权的初步证明材料"，因本案涉及的投诉并非权利人自己行使，而是委托律师代为行使，因此上诉人要求投诉人补充授权材料及侵权的初步证明材料是符合电子商务当前的交易实际的。在投诉人未补齐上述两个方面的材料的情况下，应当认定衡艺公司的投诉通知是一个无效的通知，上诉人未及时断开有关链接没有过错，原审法院认定上诉人"明显存在过错"应属适用法律错误，上诉人的上诉有理，法院予以支持。

为什么要求投诉人提交"构成侵权的初步证明材料"？二审法院认为：

当前，电子商务迅猛发展，伴随而来的是知识产权权利人通过网络平台投诉越来越多，其中滥用投诉、错误投诉也占有相当比例。由于发明专利侵权判断具有高度的专业性，作为网络服务提供商要求发明专利投诉人还需提供"构成侵权的初步证明材料"具有一定的合理性，因为发明专利权利人提出投诉必然要先行侵权比对，判断网络商户销售的商品的技术特征与其发明专利的技术特征是否相同或者等同，然后决定是否投诉的。根据法院补充查明的事实，网络服务提供商要求发明专利的权利人在网络上填写"侵权的初步证明材料"，因权利人决定向网络服务提供商提出投诉前，必然要先行专利侵权的技术比对，因此，并不会额外增加发明专利权利人的负担，相反，在当前恶意投诉和不当投诉海量增加的情况下，网络服务提供商要求专利权利人提交"侵权的初步证明材料"，可以在形式上过滤掉部分的不当投诉及滥用投诉，从而将合格的投诉及时传递给网络商户，以便根据网络商户的反应，采取进一步的措施，提高投诉质量，达到在网络环境下既维护知识产权保护的基本价值，又在一定程度上达到维护网络服务商及网络商户的合法利益，最终让广大消费者受益，促进电子商务的健康发展。

可见，根据该案的裁判规则，在专利案件中，"侵权的初步证明材料"至少包括侵权比对表。但是，也有法院对此要求更为宽松。例如，在威海嘉易烤生活家电有限公司（以下简称嘉易烤公司）诉永康市金仕德工贸有

---

① 参见福建省高级人民法院（2016）闽民终 1345 号民事判决书。

限公司、浙江天猫网络有限公司（以下简称天猫公司）侵害发明专利权纠纷案①中，二审法院认为，发明或实用新型专利侵权的判断往往并非仅依赖表面或书面材料就可以作出，因此专利权人的投诉材料通常只须包括权利人身份、专利名称及专利号、被投诉商品及被投诉主体内容，以便投诉接受方转达被投诉主体。在本案中，嘉易烤公司的投诉材料已完全包含上述要素。至于侵权分析比对，天猫公司一方面认为其对卖家所售商品是否侵犯发明专利判断能力有限，另一方面却又要求投诉方"详细填写被投诉商品落入贵方提供的专利权利要求的技术点，建议采用图文结合的方式一一指出"。该院认为，考虑到互联网领域投诉数量巨大、投诉情况复杂的因素，天猫公司的上述要求基于其自身利益考量虽也具有一定的合理性，而且也有利于天猫公司对于被投诉行为的性质作出初步判断并采取相应的措施。但就权利人而言，天猫公司的前述要求并非权利人投诉通知有效的必要条件。况且，嘉易烤公司在本案的投诉材料中提供了多达5页的以图文并茂的方式表现的技术特征对比表，天猫公司仍以教条的、格式化的回复将技术特征对比作为审核不通过的原因之一，处置失当。

对照上述裁判规则，本书认为，就侵犯专利权投诉而言，侵权比对表应该属于"构成侵权的初步证据"中的必要部分。但是，此处"侵权比对表"指向的是能够证明侵权比对的事实，至于说其采取怎样的形式，并不重要。

但是，对于"通知"和"过错认定"的关系，尤其是对于"构成侵权的初步证据"，在商标、著作权等案件中往往需要更加综合性的考虑。例如，在浙江淘宝网络有限公司与衣念（上海）时装贸易有限公司等侵害商标权纠纷案②中，法院认为，被上诉人的投诉函明确了其认为侵权的商品信息链接及相关的理由，虽然被上诉人没有就每一个投诉侵权的链接说明侵权的理由或提供判断侵权的证明，但是被上诉人已经向上诉人提供了相关的权利证明、投诉侵权的链接地址，并说明了侵权判断的诸多理由，而且被上诉人向上诉人持续投诉多年，其所投诉的理由亦不外乎被上诉人在投诉函中所列明的几种情况，因此上诉人实际也知晓一般情况下的被上诉人投诉的侵权理由类型。上诉人关于被上诉人未提供判断侵权成立的证

① 参见浙江省高级人民法院（2015）浙知终字第186号民事判决书。
② 参见上海市第一中级人民法院（2011）沪一中民五（知）终字第40号民事判决书。

明，其无法判断侵权成立的上诉理由不能成立；上诉人在处理被上诉人的投诉链接时，必然要查看相关链接的商品信息，从而对于相关商品信息是否侵权有初步了解和判断。因此，通过查看相关链接信息，作为经常处理商标侵权投诉的上诉人也应知道淘宝网上的卖家实施侵犯被上诉人商标权的行为。

对于"通知"的要求，本书认为，需要结合专利、商标、著作权等具体知识产权侵权判定的难易程度，综合考察权利人的投诉通知是否足以让电子商务平台经营者明知或者应当知道在其平台上存在被投诉的侵权行为。如果能够满足这一要求，则权利人的投诉就是合格的，此时如果电子商务平台经营者仍未采取删除、屏蔽、断开链接、终止交易和服务等必要措施，其就有过错，应该对损失的扩大部分承担连带责任；相反，如果无法满足这一要求，则无须承担连带责任。

第三节　电子商务平台经营者的侵权责任

根据立法惯例，制定法文本中基本上都会有"法律责任"条款。电子商务法也不例外，其专设第六章规定"法律责任"。第八十四条规定，"电子商务平台经营者违反本法第四十二条、第四十五条规定，对平台内经营者实施侵犯知识产权行为未依法采取必要措施的，由有关知识产权行政部门责令限期改正；逾期不改正的，处五万元以上五十万元以下的罚款；情节严重的，处五十万元以上二百万元以下的罚款。"显然，该条规定的是电子商务平台经营者实施侵犯知识产权行为的行政责任，然而，除此之外，第六章"法律责任"部分中的其他条款并未就电子商务平台经营者实施侵犯知识产权行为的民事责任作出规定。

一、"未及时采取必要措施"的理解与适用

对于电子商务平台经营者实施侵犯知识产权行为的民事责任问题，还要参照电子商务法第四十二条、第四十五条的规定。第四十二条第二款规定，"电子商务平台经营者接到通知后，应当及时采取必要措施，并将该通知转送平台内经营者；未及时采取必要措施的，对损害的扩大部分与平台内经营者承担连带责任。"第四十五条规定，"电子商务平台经营者知道或者应当知道平台内经营者侵犯知识产权的，应当采取删除、屏蔽、断开

链接、终止交易和服务等必要措施；未采取必要措施的，与侵权人承担连带责任。"可见，电子商务平台经营者实施侵犯知识产权行为的民事责任附着于平台内经营者，只有在平台内经营者承担民事侵权责任的前提下，电子商务平台内经营者才附条件地承担连带责任。

所谓的"附条件"，根据电子商务法第四十二条第二款和第四十五条的规定，主要是指"知道或者应当知道"① "未及时采取必要措施"。当然，这两个要件并不是电子商务法的首创，而是沿袭自侵权责任法。该法第三十六条第二款规定，"网络用户利用网络服务实施侵权行为的，被侵权人有权通知网络服务提供者采取删除、屏蔽、断开链接等必要措施。网络服务提供者接到通知后未及时采取必要措施的，对损害的扩大部分与该网络用户承担连带责任。"第三款进一步规定，"网络服务提供者知道网络用户利用其网络服务侵害他人民事权益，未采取必要措施的，与该网络用户承担连带责任。"

对于"知道或者应当知道"，需要特别注意区分电子商务法第四十二条第二款和第四十五条的规定，二者的侧重点还是有所不同。第四十二条第二款规定的是"通知—删除"规则，而第四十五条规定的是一般性注意义务。

对于该两款的内涵，《中华人民共和国电子商务法条文释义》中有阐述②：

电子商务法第四十五条规定的过错责任，其基础在于电子商务平台经营者是平台的治理者，负有制止平台内知识产权侵权的一般性注意义务，违反此义务，则有过错（包括故意与重大过失），均应承担法律责任。

平台经营者拥有平台的治理权，有权依据平台服务协议与交易规则对平台内经营者违反知识产权保护的法律、法规的行为予以制止与处罚。平台经营者不论是否收到知识产权人的通知，均应尽一般性注意义务，否则就有过错。

知识产权人的"通知"固然可以让平台经营者"知道"平台内侵权行为的存在，但是没有"通知"并不等于平台经营者就可以逃避一般性注意

---

① 电子商务法第四十二条第二款中的"通知"可佐证电子商务平台经营者"知道或者应当知道"。
② 全国人大财经委员会电子商务法起草组编著：《中华人民共和国电子商务法条文释义》，法律出版社 2018 年版，第 136—137 页。

义务，对平台内的侵权行为视而不见、置之不理。

本书非常赞同电子商务法起草组专家的上述解读。理解电子商务法第四十二条第二款和第四十五条，必须立足于二者不同的制度设计。虽然它们都针对电子商务平台经营者的主观状态和客观行为作出规定，但第四十二条第二款其实是平台治理措施，即"通知—删除"，而第四十五条则是一般性注意义务。

在理解电子商务法第四十二条第二款和第四十五条不同的制度设计的基础上，我们就能够更好地适用该两款中的"未及时采取必要措施"。第四十二条第二款规定，"电子商务平台经营者接到通知后，应当及时采取必要措施，并将该通知转送平台内经营者；未及时采取必要措施的，对损害的扩大部分与平台内经营者承担连带责任。"文本解读上讲，只要接到权利人的通知，电子商务平台就"应当及时采取必要措施"，否则，对损害的扩大部分要承担连带责任。对于该条款中的"应当及时采取必要措施"，有观点认为，"电子商务平台经营者通过自动信息系统收到知识产权的通知后，仅须通过系统进行形式审查，无须对通知内容进行法律上的判断，也无须对通知指控内容进行调查，就应当及时根据通知要求，对平台内经营者采取删除、屏蔽、断开链接、终止交易和服务等必要措施。有人主张因著作权、商标权、专利权等知识产权类型的不同，而对其通知区别对待。此种观点显然是对平台经营者的地位与作用的误解。平台经营者不能以缺乏实质审查的资源或侵权判断的能力为借口，拒绝依照通知及时采取措施。"①

不过，对于这种解读，也有观点表示异议，其核心观点是，电商平台权力大、影响大、责任大，不是也不可能仅仅是"信使"。该论者认为，电商平台实际上行使了相当大的"准司法权""准执法权"、甚至"准立法权"。如果电商平台本着不负责任的态度，机械、盲目、片面地套用"通知—删除—转通知—恢复"程序，可能给知识产权权利人和平台内经营者造成严重后果，并引发经营混乱。从事实上看，对于形形色色的通知和反通知（不侵权声明），电商平台不可能不进行审查，也不可能不作出自己的判断。从法理上讲，根据权力与责任相一致的原理，电商平台不是

---

① 全国人大财经委员会电子商务法起草组编著：《中华人民共和国电子商务法条文释义》，法律出版社 2018 年版，第 129—130 页。

也不可能仅仅是"信使"。①

而且，考察电子商务法实施之前的司法实践，法院大体上也是准许电子商务平台经营者享有一定的审查权。在济南佐康商贸有限公司（以下简称佐康公司）诉浙江淘宝网络有限公司（以下简称淘宝公司）侵害商标权纠纷案②中，法院认为，并非权利人发出有效通知后，第三方交易平台即应当立即采取删除、屏蔽、断开链接的技术措施。事实上，由于网络商品经营者才是商标侵权行为的直接实施者，如果权利人没有事先固定有效证据，或者在侵权事实是否成立尚未确定的情况下，直接要求第三方交易平台采取上述技术措施可能会给其造成不必要的法律风险，也为权利人进一步维权带来困难。因此第三方交易平台在接到权利人的有效通知后，应当本着审慎态度，对于相关情况进行调查、核实，并可向工商行政管理部门报告，亦可将调查核实的情况向权利人反馈并提供相关信息。只有在侵权事实能够确定的情况下，为防止损失的扩大，权利人方有权要求第三方交易平台采取删除、屏蔽、断开链接的技术措施。佐康公司向淘宝公司发送通知时未提供侵权的初步证据，即便二审中提供了相关证据，在侵犯商标权行为尚未进行最终认定的情况下，应当由淘宝公司在调查核实后根据情况决定是否采取相应的技术措施。

因此，对于电子商务法第四十二条第二款中"未及时采取必要措施"的理解和适用，本书也赞同电子商务平台经营者不仅仅是"信使"的观点。而这一点在电子商务法第四十五条就表现得更为明显。该条规定，电子商务平台经营者知道或者应当知道平台内经营者侵犯知识产权的，应当采取删除、屏蔽、断开链接、终止交易和服务等必要措施；未采取必要措施的，与侵权人承担连带责任。该条的适用前提是，知道或者应当知道平台内经营者侵犯知识产权的。然而，什么是侵犯知识产权行为？肯定是离不开适当的审查和判断。正如有论者指出的，在知识产权领域，有些案件的侵权认定一目了然、毫无争议，有些案件的侵权认定比较复杂、争议很大。以商标案件为例，侵权判断可能涉及近似商标、类似商品、驰名商标、相关公众、一般注意力、混淆可能性、描述性使用、指示性使用、先用权抗辩、平行进口、商业标记权利冲突等问题，在法律判断上具有较强

---

① 蒋强：《电商平台不仅仅是"信使"》，载《知产力》公众号，2018 年 10 月 31 日。
② 参见山东省济南市中级人民法院（2017）鲁 01 民终 3439 号民事判决书。

的复杂性和模糊性，需要秉持中立立场，从专业角度认真分析，才能得出相对准确的结论。从动机上看，"知识产权权利人"有维权的需要，也有谋取自身利益最大化的需要，还有一些"知识产权权利人"的动机比较复杂。从专业能力上看，"知识产权权利人"并不当然就是知识产权专业人士。受立场和专业能力的限制，权利人作出的侵权判断可能出现偏差。[①]

在刘向东诉纽海电子商务（上海）有限公司（以下简称纽海公司）等侵害外观设计专利权纠纷案[②]中，法院认为，由于专利权的特殊性，仅凭网络交易平台上的商品信息一般无法判断是否构成专利侵权，因此，对于网络服务提供者而言，通常对于网络用户侵犯专利权的行为不具有预见和避免的能力。本案中，依现有证据无法认定被告纽海公司存在明知或应知达客公司在其网站上实施侵权行为，但仍然为该公司提供网络交易平台服务的情形。原告也未向纽海公司发送过要求删除、屏蔽、断开相关链接的通知。因此，原告关于被告纽海公司的行为构成帮助侵权的主张，缺乏事实和法律依据，法院不予支持。而在肇庆市衡艺实业有限公司（以下简称衡艺公司）诉深圳摩炫科技有限公司（以下简称摩炫公司）、浙江淘宝网络有限公司（以下简称淘宝公司）侵害发明专利权纠纷案[③]中，法院认为，淘宝公司通过第三方交易平台淘宝网为网络用户提供网络服务，且在接到衡艺公司律师函及一审诉讼材料，即能够证明摩炫公司涉嫌侵权的初步证明材料之后，并掌握或者能够获取摩炫公司名称、联系方式、地址、侵权产品名称（Levi 磁悬浮音箱）、侵权产品网页链接地址等（一审法院当庭登录演示，可以获知被诉侵权产品、店铺名称、网址）情况下，仍以案涉专利技术特征比对及内部结构，而律师函没有本案专利技术与被投诉商品的侵权对比信息为由，未履行诸如删除、屏蔽、断开链接以及将衡艺公司律师函转送摩炫公司等义务，客观上为摩炫公司本案侵权行为提供了帮助，致使损失进一步扩大。因此，淘宝公司应当就衡艺公司损害的扩大部分与摩炫公司承担共同侵权的法律责任。

可见，对于电子商务平台经营者需要怎样"及时采取必要措施"，一方面，即使是有电子商务法第四十二条第二款、第四十五条的规定，但对

[①] 蒋强：《解读电子商务法第四十二条第三款：无过错责任》，载《知产力》公众号，2018 年 10 月 12 日。

[②] 参见上海市第一中级人民法院（2014）沪一中民五（知）初字第 151 号民事判决书。

[③] 参见广东省高级人民法院（2016）粤民终 1038 号民事判决书。

该规定还是存在理解与适用上的分歧，而且这种不同认识可能还会在一段时间内存在，需要通过司法实践进一步明确；另一方面，对于"及时采取必要措施"的理解和适用，需要在具体的个案中作出综合判断，而不宜采用"一刀切"的判断标准。

另外，对于什么是"及时"，也需要在个案中作出判断。在知钱（北京）理财顾问有限责任公司（以下简称知钱公司）诉浙江淘宝网络有限公司（以下简称淘宝公司）、王超侵害著作权纠纷案①中，法院认为，淘宝公司称其至少于 2010 年 5 月 26 日已删除涉及王超"channa"小店中的侵权链接，知钱公司对此予以认可，法院对此也不持异议。但是，法院认为，知钱公司于 2010 年 4 月 23 日向淘宝公司发送了涉及王超"channa"小店侵权链接地址的投诉通知，至 2010 年 5 月 26 日淘宝公司删除侵权链接已有一个月的时间，显然超过合理期限。淘宝公司作为网络交易平台的提供者，在收到知钱公司发送的通知后，未在合理期限内及时删除王超"channa"小店中的侵权链接，导致知钱公司受到的损害进一步扩大，淘宝公司对此存在过错，应当对损害的扩大部分承担相应的法律责任。

二、停止侵害与赔偿损失

对于民事责任的承担，民法总则第一百七十九条规定，"承担民事责任的方式主要有：（一）停止侵害；（二）排除妨碍；（三）消除危险；（四）返还财产；（五）恢复原状；（六）修理、重作、更换；（七）继续履行；（八）赔偿损失；（九）支付违约金；（十）消除影响、恢复名誉；（十一）赔礼道歉。法律规定惩罚性赔偿的，依照其规定。本条规定的承担民事责任的方式，可以单独适用，也可以合并适用。"侵权责任法第十五条规定，"承担侵权责任的方式主要有：（一）停止侵害；（二）排除妨碍；（三）消除危险；（四）返还财产；（五）恢复原状；（六）赔偿损失；（七）赔礼道歉；（八）消除影响、恢复名誉。以上承担侵权责任的方式，可以单独适用，也可以合并适用。"

侵犯知识产权民事诉讼中主要涉及"停止侵害"和"赔偿损失"的适用。

正如上文已经指出的，对于电子商务平台经营者而言，其仅在主观上

---

① 参见北京市第一中级人民法院（2011）一中民终字第 2223 号民事判决书。

"知道或者应当知道"，客观上"未及时采取必要措施"的情况下，才对平台内经营者实施的侵害知识产权的行为承担连带性质的民事侵权责任。此时，电子商务平台经营者首先要承担的就是停止侵害的民事责任。因为其系平台经营者，故对其而言，"停止侵害"主要是指删除、屏蔽、断开链接、终止交易和服务等。至于"赔偿损失"，在第四十二条第二款和第四十五条的情形下是不一样的。根据第四十二条第四款规定，电子商务平台经营者在接到知识产权权利人的通知后未及时采取必要措施的，其是对损害的扩大部分与平台内经营者承担连带责任，也即仅在损害扩大的范围内承担连带赔偿责任。而根据第四十五条规定，电子商务平台经营者知道或者应当知道平台内经营者侵犯知识产权，未采取必要措施的，与侵权人承担连带责任，也即对全部的侵权损害均承担连带赔偿责任。这一点要注意区分。当然，在具体的案件中，电子商务平台经营者究竟在多大的损害赔偿数额范围内承担连带责任，主要在于权利人的举证和电子商务平台经营者的抗辩，需要个案分析。

第三章

电子商务平台侵害知识产权的保护路径

第一节 综 述

伴随着电子商务的快速发展，大量商品或服务交易由线下转移至线上，故侵犯知识产权的行为难免向线上集聚。为有效保护知识产权权利人的合法权益，目前，从法律层面创设了三种救济渠道，即，知识产权权利人若发现电子商务平台中存在侵害其著作权、专利权、商标专用权等知识产权的情形，既可自行向电子商务平台经营者进行投诉，亦可向国家管理机关进行行政投诉，同时，还可向人民法院提起民事诉讼，通过司法途径进行维权。上述三种救济途径，在维权程序、效率、成本等方面各有利弊，权利人在选择维权路径时，仍应结合具体侵权行为及自身情况进行综合考量。

第二节 向电商平台投诉模式

电子商务法第四十二条规定："知识产权权利人认为其知识产权受到侵害的，有权通知电子商务平台经营者采取删除、屏蔽、断开链接、终止交易和服务等必要措施。通知应当包括构成侵权的初步证据。

"电子商务平台经营者接到通知后，应当及时采取必要措施，并将该通知转送平台内经营者；未及时采取必要措施的，对损害的扩大部分与平台内经营者承担连带责任。

"因通知错误造成平台内经营者损害的，依法承担民事责任。恶意发出错误通知，造成平台内经营者损失的，加倍承担赔偿责任。"

电子商务法第四十三条规定："平台内经营者接到转送的通知后，可以向电子商务平台经营者提交不存在侵权行为的声明。声明应当包括不存在侵权行为的初步证据。

"电子商务平台经营者接到声明后，应当将该声明转送发出通知的知识产权权利人，并告知其可以向有关主管部门投诉或者向人民法院起诉。电子商务平台经营者在转送声明到达知识产权权利人后十五日内，未收到权利人已经投诉或者起诉通知的，应当及时终止所采取的措施。"

电子商务法第五十九条规定："电子商务经营者应当建立便捷、有效的投诉、举报机制，公开投诉、举报方式等信息，及时受理并处理投诉、举报。"

通过上述规定可知，电子商务法建构了一整套"通知—删除"及"反通知"规则，知识产权权利人若发现电子商务平台上存在侵害其知识产权的行为，可通过"通知—删除"的救济途径，向电子商务平台经营者发送侵权通知或律师函，要求其立即采取删除、屏蔽、断开链接、终止交易等有效措施，及时制止侵权行为。

"通知—删除"救济模式在我国最早创设于《信息网络传播权保护条例》①，该条例第十四条至第十七条借鉴了美国1998年《千禧年数字版权法》的相关规定。②

由于该"通知—删除"规则仅规定在《信息网络传播权保护条例》中，故其仅为著作权领域的维权依据。对于在商标、专利领域能否采用该

---

① 《信息网络传播权保护条例》第十四条规定："对提供信息存储空间或者提供搜索、链接服务的网络服务提供者，权利人认为其服务所涉及的作品、表演、录音录像制品，侵犯自己的信息网络传播权或者被删除、改变了自己的权利管理电子信息的，可以向该网络服务提供者提交书面通知，要求网络服务提供者删除该作品、表演、录音录像制品，或者断开与该作品、表演、录音录像制品的链接。通知书应当包含下列内容：（一）权利人的姓名（名称）、联系方式和地址；（二）要求删除或者断开链接的侵权作品、表演、录音录像制品的名称和网络地址；（三）构成侵权的初步证明材料。权利人应当对通知书的真实性负责。"第十五条规定："网络服务提供者接到权利人的通知书后，应当立即删除涉嫌侵权的作品、表演、录音录像制品，或者断开与涉嫌侵权的作品、表演、录音录像制品的链接，并同时将通知书转送提供作品、表演、录音录像制品的服务对象；服务对象网络地址不明、无法转送的，应当将通知书的内容同时在信息网络上公告。"
② 王迁：《网络环境中的著作权保护研究》，法律出版社2011年版，第208页。

"通知—删除"规则，始终众说纷纭、莫衷一是。直至2009年侵权责任法①出台后，才使在商标、专利领域适用"通知—删除"规则进行维权，有了一个相对明确的法律依据。

然而，虽侵权责任法第三十六条从宏观上创设了"通知—删除"规则，但由于该规定过于笼统、原则性较强，且后续亦未出台详细的配套规定，故在实践操作层面仍存在诸多模糊点，比如，关于侵权通知的格式、内容、发送方式等，均缺乏明确的操作规范，实务界对此亦争论不休。在电子商务法出台之前，针对电子商务平台中存在的侵害专利权、商标专用权等行为，权利人通常会比照《信息网络传播权保护条例》的相关规定向电子商务平台经营者发送侵权通知或律师函，对于电子商务平台经营者应负的法律责任，一般也参照《信息网络传播权保护条例》的相关规定进行处理。

相比侵权责任法第三十六条，电子商务法不仅对"通知—删除"规则作了细化，可操作性大大增强，更为重要的是，其为商标、专利等领域的维权提供了相对明确的法律依据。当然，电子商务法的相关规定并非尽善尽美，仍有令人遗憾之处，比如，该法关于侵权通知内容、初步证据等方面的规定较为概括、模糊，可以预见在后续实践中仍会存有争议，因此，在相关实施细则、司法解释尚未出台之前，关于"通知—删除"及"反通知"规则的认定，仍须参照《信息网络传播权保护条例》的相关规定。

一、"侵权通知"的具体要求

"侵权通知"是权利人向电子商务平台经营者主张权利的重要载体，其应载明权利人的权利依据、具体侵权行为及相应的救济要求等信息，然而，在侵权责任法、电子商务法中，关于"侵权通知"的内容、格式及发送方式等要求，尚缺乏明确的规定。目前，在现行法律法规中，仅《信息网络传播权保护条例》对此作了相对具体的规定，该条例第十四条明确规定侵权通知书应包括：权利人的姓名（名称）、联系方式和地址；要求删

---

① 侵权责任法第三十六条规定："网络用户、网络服务提供者利用网络侵害他人民事权益的，应当承担侵权责任。网络用户利用网络服务实施侵权行为的，被侵权人有权通知网络服务提供者采取删除、屏蔽、断开链接等必要措施。网络服务提供者接到通知后未及时采取必要措施的，对损害的扩大部分与该网络用户承担连带责任。网络服务提供者知道网络用户利用其网络服务侵害他人民事权益，未采取必要措施的，与该网络用户承担连带责任。"

除或者断开链接的侵权作品、表演、录音录像制品的名称和网络地址；构成侵权的初步证明材料。

（一）权属证据

权利人向电子商务平台经营者发送侵权通知时，首先应向电子商务平台经营者证明其为知识产权权利人，并据此有权要求电子商务平台经营者立即停止其网络平台上的侵权行为。因此，在知识产权权利人发送"侵权通知"时，有义务向电子商务平台经营者提供其为涉案专利、版权、商标等知识产权的权属证据，用以证明其为上述知识产权的权利人。

由于知识产权类型不同，在权属证据方面也存在较大差距。商标、专利须经国家行政机关审查合格后方可授权，并会颁发相应的商标注册证、专利证书，因此，若电子商务平台上的侵权信息仅涉及商标、专利，权利人仅须在"侵权通知"的正文标明涉案商标号、专利号，并将商标注册证、专利证书作为"侵权通知"的附件一并发送给电子商务平台经营者，即可用以证明其针对所投诉内容享有知识产权，有权向电子商务平台经营者发送"侵权通知"。

与商标、专利相比，著作权并非源自行政管理机关的授权，而是伴随作品创作完成后自动产生。同时，我国并未采用作品强制登记制度，故而在实践中，绝大多数作者未向著作权管理机关进行版权登记，因此，权利人在向电子商务平台经营者发送"侵权通知"时，无法像商标、专利一样提供有效的官方证明文件。

根据著作权法第十一条的规定，如无相反证据，在作品署名的作者一般被推定为著作权人，所以，如果著作权人与作品上署名的作者恰好一致，著作权人仅须将载有作者名称的作品封面或版权页作为侵权通知附件一并发送给电子商务平台经营者即可。但是，在实践中，涉案作品著作权的归属往往较为复杂，单纯依据作品封面或版权页无法判断真正的著作权人，因此，若存在涉案作品署名与著作权人不一致的情形时，著作权人应将著作权转让、许可合同一并作为侵权通知附件发送给电子商务平台经营者。当然，因著作权转让、许可合同往往涉及交易价格、其他授权作品等商业秘密，著作权人一般不愿向电子商务平台经营者进行提供，但鉴于权属证据是"侵权通知"的重要组成部分，且直接决定最终的投诉结果，故著作权人对上述著作权许可、转让合同的部分信息采取遮挡、删除措施后，仍应作为权属证据向电子商务平台经营者提交。

（二）侵权信息及网络地址

及时、准确定位侵权信息是电子商务平台经营者履行保护知识产权义务的前提。然而，随着电子商务的快速发展，电子商务平台提供的商品或服务信息数量非常庞大，即使通过电商平台内嵌的搜索引擎往往也很难寻找、定位具体侵权信息。因此，权利人在向电子商务平台经营者发送"侵权通知"时，应尽量详细描述涉案侵权信息，并提供准确的网络地址，否则，电子商务平台经营者很难准确定位该侵权信息，进而难以及时采取有效保护措施。

另外，由于图形商标、外观设计专利等相关的侵权信息具有较强的视觉特征，通过语言形式往往难以准确描述，因此，权利人向电子商务平台经营者发送"侵权通知"时，应将包含有该侵权信息的网页进行截屏，并将该截屏信息及网页地址一并提供给电子商务平台经营者，以便其能准确、快速定位侵权信息。

在实践中，若权利人发送的"侵权通知"中未包含上述侵权信息和网络地址，电子商务平台经营者会主动与发函者取得联系，要求其补充提供该信息。电子商务平台经营者一般不会主动检索、筛查该侵权信息，客观上也难以操作。

（三）构成侵权的初步证据

由于权利人向电子商务平台经营者投诉的主要理由是他人未经许可擅自在网络平台上实施侵权行为，因此，权利人向电子商务平台经营者发送"侵权通知"时，理应提供初步的侵权证据，用以证明电子商务平台上的相关信息存在高度侵权可能性。根据电子商务法第四十二条规定，投诉人在发送侵权通知时，须提供构成侵权的初步证据。

然而，由于商标、专利、版权等知识产权表现形式各异，且侵权判定规则、难度也各不相同，因此，针对不同类型知识产权客体的初步侵权证据自然亦存在差异。一般而言，商标、外观设计专利等权利客体较为具象，其侵权判定难度也相对较低，故针对该类权利客体投诉时，权利人通常无须进行侵权比对或侵权构成论证，仅须将侵权网页信息作为"构成侵权的初步证据"即可。电子商务平台经营者接到该侵权通知后，通过自行比对涉案权利客体与侵权网页信息，即可判断涉案网络信息构成侵权的可能性。

当然，与商标、外观设计专利等权利客体相比，发明专利、技术秘密等权利客体则较为复杂、抽象，电子商务平台经营者往往难以直观判断其侵权的可能性。因此，在针对发明专利、技术秘密等权利客体向电子商务平台经营者进行投诉时，权利人应针对权利客体和涉案网络信息作初步的侵权比对工作，并论证涉案网络信息构成侵权的可能性。

（四）联系方式

在权利人向电子商务平台经营者发送"侵权通知"时，往往会出现权属证据缺失、网络地址不明确、难以准确定位侵权信息等问题。电子商务平台经营者收到上述瑕疵"通知"后，一般会与投诉人取得联系，要求其补充提交相应证据或材料，以便其及时采取保护措施。然而，如果权利人在发送"侵权通知"时未提供联系方式，或者提供的联系方式不准确，则电子商务平台经营者往往无所适从，难以及时有效采取删除、屏蔽等保护措施，对于涉案侵权信息的继续传播亦不应归咎于电子商务平台经营者。

更为重要的是，在"反通知"制度架构中，若权利人发送侵权通知时未提供准确联系方式，电子商务平台经营者将无法将平台内经营者提供的"反通知"有效地送达权利人，最终会架空"通知—删除—反通知"制度，使该保护机制难以有效运转。

二、电商平台收到侵权通知后的法律义务

电子商务法第四十二条第二款规定："电子商务平台经营者接到通知后，应当及时采取必要措施，并将该通知转送平台内经营者；未及时采取必要措施的，对损害的扩大部分与平台内经营者承担连带责任。"

通过上述规定可知，电子商务平台经营者收到"侵权通知"后，应针对侵权行为及时采取删除、屏蔽等必要措施，然而，对于何为"及时"，以及是否需要对"侵权通知"进行审查等问题，现行法律法规、司法解释并未作明确规定，需要在个案中具体判定。

（一）何为"及时"

在司法实践中，对于电子商务平台经营者收到权利人发送的侵权通知后，应当在多长时间内采取删除、屏蔽等必要措施，始终是原、被告双方争议的焦点。对原告方而言，其往往希望电子商务平台经营者收到"侵权通知"后立即采取删除、屏蔽等保护措施。然而，对于电子商务平台经营者而言，则往往需要经历邮件传递、法律风险评估等内部流程，然后，才

能向技术部门发出指令，要求其采取删除、屏蔽相关网络信息的技术措施。

当然，部分电子商务平台经营者基于营收、网络流量等因素的考虑，不排除收到侵权通知后迟迟不采取删除、屏蔽等技术措施的可能性。电子商务平台经营者若接到权利人的有效通知后，仍不愿意及时采取必要措施，应属于明知平台内经营者实施侵权行为，但放任该侵权行为持续，电子商务平台经营者应对该侵权行为造成的损害扩大部分承担连带责任。

在司法实践中，法院判断电子商务经营者接到权利人发送的"侵权通知"后，是否及时采取了必要保护措施，主要根据侵权通知书写是否规范，权属、侵权证据是否完备，提供的侵权信息网络地址是否准确等因素，最终进行综合判断。如果电子商务平台经营者收到有效侵权通知后，明显迟延采取必要保护措施，法院可据此认定其怠于履行法律义务。当然，由于在知识结构、特别是对电子商务的熟悉程度不同，裁判者对上述"及时性"的理解和认定上难免存在一定程度的主观差异。

（二）"侵权通知"的审查标准

在电子商务法出台前，电子商务平台经营者收到权利人发送的侵权通知后，其应采取什么标准审查，或者是否应当审查，各界始终争论不休，司法层面对此亦缺乏明确指引。

在实践中，针对发明专利、技术秘密等较为复杂、侵权判定难度高的知识产权客体，电子商务平台经营者通常难以进行侵权可能性判断。若让电子商务平台经营者一律承担实质审查侵权通知的义务，不但有违电子商务平台经营者的审查能力，无法保证审查结果的准确性，更为重要的是，电子商务平台经营者很可能会以经审查不构成侵权为由搪塞权利人，进而使该侵权通知石沉大海，难以发挥及时制止侵权行为的作用。

针对上述问题，电子商务法虽未正面回答，但根据该法第四十二条、第四十三条的规定可知，电子商务平台经营者针对侵权通知仅须承担"形式审查"的法律义务，即侵权通知只要符合法律规定的形式要件，电子商务平台经营者就有义务采取删除、屏蔽侵权信息等必要措施，及时停止侵权行为。这不仅有利于明确平台经营者的职责、及时制止侵权行为，同时，也极大提高了自行投诉后果的可预期性。

三、"反通知"的性质及其要求

为了平衡权利人与平台内经营者之间的权利义务关系，电子商务法在设置"通知—删除"规则之时，还参照《信息网络传播权保护条例》第十六条的规定，设置了"反通知"制度，以便平台内经营者能及时针对投诉行为进行申辩。[①]

根据电子商务法第四十三条的规定，电子商务平台经营者将权利人发送的侵权通知转送给平台内经营者后，平台内经营者若认为该侵权通知失实，或未实施侵权通知中所称的侵权行为，其有权向电子商务平台经营者发送"反通知"。该"反通知"作为平台内经营者出具的申辩材料，应详细载明平台内经营者不构成侵权的事实及理由，并提交相应的反驳证据，用以证明其提供的商品或服务确实未损害投诉人的合法权益。

四、"反通知"后的制度安排

电子商务法第四十三条第二款规定："电子商务平台经营者接到声明后，应当将该声明转送发出通知的知识产权权利人，并告知其可以向有关主管部门投诉或者向人民法院起诉。电子商务平台经营者在转送声明到达知识产权权利人后十五日内，未收到权利人已经投诉或者起诉通知的，应当及时终止所采取的措施。"根据上述规定，电子商务平台经营者收到平台内经营者送达的"反通知"后，有义务将该反通知及时转送知识产权权利人，以便权利人采取进一步维权措施，如行政投诉、提起民事诉讼等。

然而，根据《信息网络传播权保护条例》第十七条的规定，若内容提供者向网路服务提供者送达"反通知"后，网路服务提供者应立即解除删除、屏蔽、断开链接等技术措施。故在实践中，内容提供者很容易通过"反通知"机制抵消"侵权通知"的影响，从而使得"通知—删除"机制在保护知识产权方面的作用大打折扣。

针对《信息网络传播权保护条例》第十七条蕴含的"反通知"抵

---

① 电子商务法第四十三条第一款规定："平台内经营者接到转送的通知后，可以向电子商务平台经营者提交不存在侵权行为的声明。声明应当包括不存在侵权行为的初步证据。"

消"侵权通知"的不良效应，电子商务法作了较大程度的调整，在该法第四十三条中，立法者对解除必要措施的条件设置了一个明确的限制，即在知识产权权利人接到"反通知"十五日后，仍未向行政机关投诉，亦未向人民法院提起民事诉讼的情况下，电子商务平台经营者才有权利终止所采取的必要措施。这种制度架构无疑大大提高了知识产权的保护力度，将是否解除必要措施的权限完全赋予了知识产权权利人。当然，若严格按照该制度实行，相当于实质上赋予了权利人一项自行启动诉前行为禁令的权利，这无疑有违现行民事诉讼法关于诉前行为禁令的规定。

五、"通知—删除"制度的优缺点

"通知—删除"制度自 2006 年引入中国以来，其在保护知识产权权利人的合法权益方面发挥了重要作用。"通知—删除"制度简单、明了，便于操作，通过"通知—删除—反通知"机制，不但明确了知识产权权利人、平台内经营者以及电子商务平台经营者的权利义务关系，而且便于司法机关查明电子商务平台经营者是否"明知"或"应知"侵权行为存在，并据此判定侵权责任。

在实践中，由于上述"通知—删除"制度能发挥快速制止侵权行为的效果，且成本极低，因此，权利人发现电子商务平台上存在知识产权侵权行为时，一般都自行或委托律师向电子商务平台经营者发送侵权通知，一则为及时制止侵权行为，二则也为后续可能发生的民事诉讼收集证据，即电子商务平台经营者若接到上述侵权通知后，仍置若罔闻，则该侵权通知可作为后续民事诉讼的重要证据，用以证明电子商务平台经营者"明知"或"应知"侵权行为存在。

电子商务法的出台，不但承继了侵权责任法与《信息网络传播权保护条例》中的"通知—删除"规则，同时，还从保护知识产权的角度，强化了该制度。例如，即使电子商务平台经营者收到平台内经营者出具的"反通知"，亦不必然解除删除、屏蔽、断开链接等必要措施。若知识产权权利人接到转送的"反通知"十五日内，向行政机关进行了投诉，或向司法机关提起了民事诉讼，电子商务平台经营者仍有义务继续采取上述必要措施，不得擅自解除。这对保护知识产权而言，无疑力度空前。

当然，针对电子商务法中的"通知—删除—反通知"机制，在具体操作层面存在被滥用的风险，部分人可能将其视为打击竞争对手的利器。在司法实践中，权利人获得司法机关颁发的"诉前行为禁令"的概率较低，且须提供严格的财产担保。相比之下，通过电子商务法第四十三条设置"反通知"机制，权利人获得上述"诉前行为禁令"的难度、成本将大大降低，这难免会对现行诉讼禁令制度造成冲击。

另外，虽然电子商务法第四十二条第三款规定："因通知错误造成平台内经营者损害的，依法承担民事责任。恶意发出错误通知，造成平台内经营者损失的，加倍承担赔偿责任。"但是，由于电子商务平台体量庞大，每年收到的投诉通知数以万计，加之民事诉讼周期长、成本高，因此，很难有效遏制权利人利用"通知—删除"规则进行恶意投诉。可以预见，在电子商务法实施过程中，电子商务平台经营者很可能会对侵权通知采取实质审查标准，对经审查明显不构成侵权的投诉，可能会不采取删除、屏蔽、断开链接等技术措施，避免因恶意投诉冲击电商平台的经营秩序，并进而损害平台内经营者的合法权益。

第三节　行政保护模式

一、行政保护综述

在知识产权保护方面，我国一直采用所谓"双轨制"模式，即行政保护与司法保护并行。与司法保护模式相比，行政保护模式在成本、效率、便捷性等方面优势很大，所以，在实践过程中，相当一部分知识产权维权案件是通过行政保护模式处理的。当然，行政保护模式也存在其自身缺陷，比如，非终局性、专业性不强、缺乏有效对抗程序，等等。因此，行政保护模式虽在我国知识产权保护中发挥了重要作用，但因其存在上述缺陷，始终饱受争议。

（一）行政投诉定义

《中华人民共和国商标法实施条例》第七十七条规定："对侵犯注册商标专用权的行为，任何人可以向工商行政管理部门投诉或者举报。"

根据上述规定可知，就知识产权自力救济而言，存在两种启动行政保护程序的方式，即行政投诉和举报。举报是指公民、法人或者其他组织为维护正常市场秩序，维护公共利益，向行政管理部门举报他人侵害知识产权、破坏市场竞争秩序、损害公共利益，并要求得到行政管理部门的处理的行为。举报人不同于被侵权人和利害关系人，其对被侵权客体不享有知识产权。因此，举报人对知识产权侵权行为进行举报的目的并非维护自身利益，而是为了维护社会公共利益。①

由于举报人不是知识产权权利人或利害关系人，故一般很难向行政管理部门提交涉案知识产权的权属证明、侵权鉴定报告等法律文件。虽可通过举报形式启动行政保护程序，但由于其存在上述固有缺陷，故在实践中通过举报形式启动行政保护的案件相对较少，更多行政保护程序是通过知识产权权利人或利害关系人行政投诉途径启动的。

所谓行政投诉，是指公民、法人或者其他组织向行政机关检举控告违纪、违法和犯罪活动，请求保护个人合法权益，行使自身民主权利的行为。② 与举报相比，在行政投诉程序中，投诉人均为知识产权权利人或利害关系人，其启动行政保护程序后，一般应向行政管理部门提交知识产权权属证据、侵权鉴定报告等法律文件。

（二）行政保护启动程序

1. 商标权行政保护

商标法第六十条规定："有本法第五十七条所列侵犯注册商标专用权行为之一，引起纠纷的，由当事人协商解决；不愿协商或者协商不成的，商标注册人或者利害关系人可以向人民法院起诉，也可以请求工商行政管理部门处理。"

商标法实施条例第八十二条规定："在查处商标侵权案件过程中，工商行政管理部门可以要求权利人对涉案商品是否为权利人生产或者其许可生产的产品进行辨认。"

根据上述规定可知，知识产权权利人或利害关系人发现商标侵权、商标假冒、非法印制或者买卖商标标识等违法行为后，有权向工商行政管理部门进行投诉，同时，在行政投诉时，投诉人一般应向商标行政管理机关提交商标权属证明文件、商标侵权初步证据等，必要时，还应按照商标行

---

① 杨勇：《举报在著作权行政执法中的作用探讨》，载《中国版权》2014 年第 2 期，第 40、41 页。

② 杨勇：《举报在著作权行政执法中的作用探讨》，载《中国版权》2014 年第 2 期，第 40、41 页。

政管理部门的要求，辨认侵权产品。

商标行政管理部门若认为投诉情况属实，依法构成商标侵权的，商标行政管理部门应出具处罚决定书，并责令被投诉人停止侵权，甚至可以采取没收、销毁侵权商品和主要用于制造侵权商品、伪造注册商标标识的工具、没收违法所得、罚款等强制措施。但是，商标行政管理机关无权责令被投诉人赔偿权利人因商标侵权行为遭受的经济损失。针对赔偿数额问题，投诉人与被投诉人仅能自行和解，若和解不成或存在争议，双方均可请求工商行政管理部门进行调解。经工商行政管理部门调解后，若调解不成或调解书生效后不履行的，投诉人还可向人民法院提起民事诉讼。

2. 专利权行政保护

专利法第六十条规定："未经专利权人许可，实施其专利，即侵犯其专利权，引起纠纷的，由当事人协商解决；不愿协商或者协商不成的，专利权人或者利害关系人可以向人民法院起诉，也可以请求管理专利工作的部门处理。管理专利工作的部门处理时，认定侵权行为成立的，可以责令侵权人立即停止侵权行为，当事人不服的，可以自收到处理通知之日起十五日内依照《中华人民共和国行政诉讼法》向人民法院起诉；侵权人期满不起诉又不停止侵权行为的，管理专利工作的部门可以申请人民法院强制执行。进行处理的管理专利工作的部门应当事人的请求，可以就侵犯专利权的赔偿数额进行调解；调解不成的，当事人可以依照《中华人民共和国民事诉讼法》向人民法院起诉。"

根据上述规定可知，专利行政保护程序与商标类似，即专利权人或利害关系人若发现侵权专利权行为均可向专利行政管理部门进行投诉，经审查后，若符合行政立案条件，专利行政管理部门会依法立案处理。

关于专利行政投诉案件的立案条件，国家知识产权局出台的《专利行政执法办法》第十条作了明确规定，即要求投诉人须为专利权人或者利害关系人，且应提供申请书、侵权线索或证据等。同时，与商标行政保护模式相同，若专利行政投诉理由成立，专利行政管理部门仅能责令被投诉人停止侵权，而不能责令被投诉人赔偿投诉人因涉案专利侵权行为所遭受的经济损失。当然，根据投诉人或被投诉人的申请，专利行政管理部门可针对赔偿金额问题进行调解，若调解不成，投诉人只能向人民法院提起民事诉讼。

3. 著作权行政保护

著作权法第四十八条规定："有下列侵权行为的，应当根据情况，承担停止侵害、消除影响、赔礼道歉、赔偿损失等民事责任；同时损害公共利益的，可以由著作权行政管理部门责令停止侵权行为，没收违法所得，没收、销毁侵权复制品，并可处以罚款；情节严重的，著作权行政管理部门还可以没收主要用于制作侵权复制品的材料、工具、设备等；构成犯罪的，依法追究刑事责任；……"

通过著作权法第四十八条规定可知，启动著作权行政保护程序的条件与商标法、专利法有类似之处，当然，亦有明显不同。相比之下，著作权法增加了一个特殊要件，即该侵犯著作权行为"同时损害公共利益"，而商标、专利行政保护程序则无此规定。

对于何为"同时损害公共利益"，除著作权法之外，并无其他具体规定，故针对该问题实务界始终争论不休，至今缺乏统一的判断标准。2006年，国家版权局在《国家版权局关于查处著作权侵权案件如何理解适用损害公共利益有关问题的复函》中称："就如何认定损害公共利益这一问题，依据《中华人民共和国著作权法》规定，第四十七条所列侵权行为，均有可能侵犯公共利益。就一般原则而言，向公众传播侵权作品，构成不正当竞争，损害经济秩序就是损害公共利益的具体表现。"然而，令人遗憾的是，国家版权局在该复函中仍未针对"如何认定损害公共利益"问题，提供相对明确且有操作性的判断标准。

在实践中，对于著作权侵权行为是否同时损害了公共利益，一般由具体执法者进行个案判断，故主观性较强。

二、行政投诉材料

根据现行知识产权行政管理规定，投诉人针对商标、专利、著作权侵权行为向行政管理部门投诉时，所须提交的投诉材料大致类似，一般包括申请书和证明材料。其中，申请书与民事起诉状的结构、内容类似，均应包括申请人主体信息、请求处理事项及其相关事实理由等，同时，证明材料一般应包含权属证据、初步侵权证据等处理案件所需的证据材料。[①]

当然，由于商标、专利、著作权等知识产权客体在权利来源、表现形式、管理机关等方面存在诸多差异，故在启动行政保护程序时，各行政管理机关所要求的投诉材料亦有明显不同。比如，专利权人或利害关系人针对实用新型专利、外观设计专利向专利行政管理部门进行投诉时，因实用新型专利、外观设计专利授权时未进行实质审查，稳定性相对较差，故一般须向行政管理部门提交针对该涉案专利作出的专利评价报告，用以证明涉案专利符合专利法的相关授权条件，具有较强稳定性。[②]

三、行政保护模式的优点及不足

（一）行政保护模式的优点

在我国知识产权"双轨制"保护模式下，知识产权行政保护与我国现阶段经济发展状况高度契合，行政管理机关提供的知识产权行政保护，极大满足了权利人的维权需求。可以预见，我国现行的知识产权行政保护模式将长期存在，并能与司法保护形成极强的互补效应。与司法保护相比，行政保护模式在维权成本、效率等方面优势明显，具体如下：

1. 立案手续简便、审查标准相对宽松。相比之下，司法保护程序中的立案手续则较为严格，特别是当权利人具有涉外因素时，立案手续尤为繁琐，权利人不仅需要提交主体资质、授权手续等法律文件，而且还须对该法律文件进行公证认证，由此致使民事诉讼立案周期长、成本高。

2. 处理效率高。一般而言，在行政保护模式下，行政管理机关自受理投诉申请后三个月内，均能作出处罚与否的处理结果，这对于及时制止侵权、避免给权利人造成扩大损失而言，意义重大。然而，根据民事诉讼法

---

① 《著作权行政处罚实施办法》第十二条规定："投诉人就本办法列举的违法行为申请立案查处的，应当提交申请书、权利证明、被侵权作品（或者制品）以及其他证据。申请书应当说明当事人的姓名（或者名称）、地址以及申请查处所根据的主要事实、理由。投诉人委托代理人代为申请的，应当由代理人出示委托书。"

② 《专利行政执法办法》第十一条规定："请求管理专利工作的部门处理专利侵权纠纷的，应当提交请求书及下列证明材料：（一）主体资格证明，即个人应当提交居民身份证或者其他有效身份证件，单位应当提交有效的营业执照或者其他主体资格证明文件副本及法定代表人或者主要负责人的身份证明；（二）专利权有效的证明，即专利登记簿副本，或者专利证书和当年缴纳专利年费的收据。专利侵权纠纷涉及实用新型或者外观设计专利的，管理专利工作的部门可以要求请求人出具由国家知识产权局作出的专利权评价报告（实用新型专利检索报告）。请求人应当按照被请求人的数量提供请求书副本及有关证据。"

的规定，采用普通程序审理的民事侵权案件的一审审限为六个月，二审审限则为三个月，加之，司法机关普遍存在案多人少的结案压力，部分案件无法在法定审限内审结，因此，与行政救济途径相比，司法保护模式的救济周期要漫长得多。

3. 维权成本低。根据法律、行政法规的相关规定，投诉人针对知识产权侵权行为向行政管理部门进行投诉时，行政管理部门不得收取任何费用，处理过程中产生的办公费用，亦全部由国家财政负担。然而，若权利人通过司法程序进行维权，则须根据民事诉讼法与《诉讼费用交纳办法》的相关规定，按照案件标的额的一定比例，交纳案件受理费。

4. 保护效果更加明显。在行政保护模式下，行政机关若审查后认为涉案行为构成侵权的可能性较大，其有权直接采取查封、扣押侵权商品或经营场所等强制措施。这对及时制止侵权、避免侵权损失扩大而言，无疑能起到立竿见影的效果。相比之下，在司法保护程序中，权利人获得法院颁发诉前或诉中禁令的难度则较大，条件也更为苛刻，同时，即使获得上述诉前、诉中禁令，其仍须向法院交纳金额较高的担保金。因此，在司法保护模式下，绝大多数权利人只能被迫等待司法审判程序结束后，才能向法院申请强制执行，故该模式下的维权周期往往较长。

（二）行政保护模式的不足

如上所述，虽然知识产权行政保护模式存在诸多优点，但是根据现行法律、行政法规的规定，通过行政保护模式进行维权，也难免存在不足之处，具体表现在：

1. 行政处理流程缺乏有效监督。在现行行政保护模式中，普遍缺乏严格的举证、质证、辩论等程序，同时，行政处罚决定书的公开率也较低，故与司法保护路径相比，行政保护程序存在社会监督不足、执法标准不统一等问题。

2. 权利人不能直接获得损害赔偿。在行政保护模式下，行政管理部门即使认定涉案行为构成侵权，也仅能责令被投诉人立即停止侵权，而无权责令被投诉人赔偿权利人因涉案侵权行为而遭受的经济损失。针对赔偿金额问题，行政管理机关仅能进行调解，若调解不成，投诉人仍须向人民法院提起民事诉讼。因此，从维权效果角度看，权利人通过行政保护路径得到的权利救济相对有限、并不完整，其无法从该维权路径中弥补因涉案侵权行为造成的经济损失。

3. 行政裁决不具有终局性。根据现行法律法规的规定，针对行政管理部门作出的行政处罚决定，当事人均有权向行政机关所在地人民法院提起诉讼，最终由司法机关确认该行政裁决的合法性。因此，行政机关作出的行政处罚决定不具有终局性，这在一定意义上延长了权利救济周期。

第四节　民事诉讼保护模式

一、民事诉讼综述

通过司法途径保护知识产权，是目前世界各国普遍采用的做法。在我国，针对知识产权保护虽采用"双轨制"并行模式，然而，由于司法保护具有程序严谨、专业性强及裁判结果具有终局性等优势，因此司法保护模式始终在我国知识产权保护体系中发挥"主导"作用。

与自行投诉、行政保护模式相比，司法程序在管辖、证据规则、立案标准、庭审程序等方面均有完整且复杂的规定。

二、管辖

（一）一般管辖连接点

根据民事诉讼法的相关规定，权利人针对知识产权侵权行为向人民法院提起民事诉讼的，一般由侵权行为地或被告住所地人民法院管辖，同时，根据民事诉讼法司法解释的相关规定，被告侵权行为地又可细分为侵权行为实施地和侵权行为结果发生地。[①] 在电子商务侵权案件中，一般被告方会涉及电子商务平台经营者和平台内经营者，二者的住所地若不在同一地区，理论上任何一个被告住所地的人民法院均有管辖权。若被告注册地与实际经营地不一致的，应以实际经营地为准，然而，在实践中，由于实际经营地一般很难确认，故原告在起诉立案时，一般以被告住所地作为案件管辖连接点。

关于被告住所地信息，通常以国家企业信息网上公示的信息为准。然

---

① 民事诉讼法第二十八条规定："因侵权行为提起的诉讼，由侵权行为地或者被告住所地人民法院管辖。"

而，若该地址信息不准确，或无法有效送达案件诉讼材料，原告应通过实地勘察、检索在先判决书等手段，重新确认被告合法、有效的新地址，以此尽量避免因无法直接送达而被迫启动公告送达程序。公告送达程序通常会花费数月时间，这不仅会延长案件审理周期，更会对后续案件审理、强制执行等程序产生负面影响。

（二）《最高人民法院关于适用〈中华人民共和国民事诉讼法〉的解释》第二十五条的例外

《最高人民法院关于适用〈中华人民共和国民事诉讼法〉的解释》第二十五条规定："信息网络侵权行为实施地包括实施被诉侵权行为的计算机等信息设备所在地，侵权结果发生地包括被侵权人住所地。"

通过上述司法解释的字面含义似乎可以推知：通过信息网络实施侵权行为的，实施被诉侵权行为的计算机设备的所在地、被侵权人住所地均可作为案件管辖连接点。

然而，由于电子商务涉及范围广泛、人数众多，若按照上述字面含义理解、允许以公证机关计算机设备所在地、被侵权人住所地等作为案件管辖连接点，针对大型电子商务平台的侵权案件，其管辖势必会极度分散。权利人通过主观选择公证地点、网上购物者身份信息等因素，可随意创设有利于原告的"管辖连接点"，这显然有违案件管辖制度的初衷。

基于上述考虑，各地司法机关普遍对《最高人民法院关于适用〈中华人民共和国民事诉讼法〉的解释》第二十五条作了限缩性解释，将该条中的"信息网络侵权行为"仅限于利用信息网络侵害人身权益、信息网络传播权的行为，而通过电子商务平台侵害专利、商标等知识产权客体的行为，并不适用于该规定。[①]

三、原告主体资格

根据法律法规、司法解释的相关规定，若在电子商务平台上发生侵害知识产权的侵权行为，知识产权权利人或利害关系人均有权向人民法院提起民事诉讼。其中，利害关系人一般指知识产权的被授权人或被许可人，其根据授权、许可形式的不同，后续的诉权限制亦存在较大差异。

---

① 参见《北京市高级人民法院关于当前知识产权审判中需要注意的若干法律问题》第四部分。

（一）权利人

根据商标法、专利法的规定，我国针对商标、专利采用申请审查制，即申请人若想获得专利权、商标专用权，应向知识产权行政管理部门提交申请。经上述行政机关审查合格后，会向申请人依法颁发载有权利人、授权期限等重要信息的证书。因此，专利权、商标专用权的权利源自国家行政机关的授权。在启动知识产权民事诉讼程序时，权利人仅须向司法机关提交商标、专利证书、专利登记簿副本等初步证据，即可证明其为涉案知识产权的权利人。

与商标、专利不同，著作权的产生并非源自国家行政机关的授权，而是伴随作品创作完成自动产生，因此，在著作权权利人认定时，并不能依赖国家机关颁发的证书。根据著作权法第十一条的规定，如无相反证明，在作品上署名的公民、法人或者其他组织即可视为作者，故权利人在启动民事诉讼时，应向法院提交载有作者署名或版权信息的作品，用以证明其为涉案作品的著作权人。

（二）利害关系人

与知识产权权利人相比，司法机关对于涉案知识产权利害关系人的审查则较为严格，所需证明文件也相对比较复杂。一般而言，知识产权利害关系人是指知识产权被许可人或被授权人。根据授权方式的不同，又可细分为独占许可、排他性许可、普通许可，且上述许可方式均对应不同的维权权利。

根据知识产权相关司法解释的相关规定，知识产权独占许可人可以以自己名义单独提起维权诉讼，而知识产权排他性许可人、普通许可人则不能以自己名义单独提起诉讼。排他性许可人可与权利人共同提起诉讼，也可在权利人明确表示不起诉的情况下，以自己的名义进行诉讼。然而，仅获得知识产权普通许可权限的被许可人，则须在权利人明确授权起诉权限的情况下，才能以自己名义提起维权诉讼。①

四、被告主体资格

根据民事诉讼法第一百一十九条的规定，起诉立案时须有明确的被

---

① 《最高人民法院关于审理商标民事纠纷案件适用法律若干问题的解释》第四条第二款规定："在发生注册商标专用权被侵害时，独占使用许可合同的被许可人可以向人民法院提起诉讼；排他使用许可合同的被许可人可以和商标注册人共同起诉，也可以在商标注册人不起诉的情况下，自行提起诉讼；普通使用许可合同的被许可人经商标注册人明确授权，可以提起诉讼。"

告，否则，法院不予立案。在电子商务侵权案件中，通常会涉及两类被告，即电子商务平台经营者和平台内经营者。

（一）平台内经营者

在电子商务运营过程中，平台内经营者若为公司法人，一般会在其经营主页面展示营业主体信息，比如营业执照。同时，鉴于该营业执照能明确显示平台内经营者的名称、住所地等重要信息，故在起诉立案时，原告仅须向法院提交该营业执照即可确定被告方的主体资格。

当然，由于电子商务平台经营者管理不规范等原因，有些平台内经营者并未准确展示其身份信息，通过该网店主页难以获知该平台内经营者的准确信息。在实践中，若通过网店主页无法获得该平台内经营者的准确信息，可采用先起诉电子商务平台经营者，待法院立案受理后，再向法院提交信息披露申请书，申请法院责令电子商务平台经营者公开涉案平台内经营者的身份信息。尔后，再根据该披露信息向法院提交《追加被告申请书》，将平台内经营者依法追加为共同被告。

（二）电子商务平台经营者

根据现行法律规定，若电子商务平台经营者仅提供网络技术服务或网上经营场所，并未直接实施知识产权侵权行为，其一般不承担直接侵权责任。然而，在绝大数涉电子商务的侵权案件中，原告普遍会将电子商务平台经营者列为共同被告，一并提起诉讼，主要是基于以下考虑：

其一，虽电子商务平台经营者仅提供了网络技术服务，并未直接实施涉案侵权行为，但是，若其接到权利人或利害关系人的侵权通知后，在明知涉案侵权行为存在的情况下，仍放任该侵权行为的存在，按照"通知—删除"规则其不能援引"避风港"原则免责，其应针对侵权通知送达后的侵权行为承担连带责任。

其二，若仅提供网络技术服务的电子商务平台经营者收到权利人的侵权通知或律师函后，及时采取了删除、屏蔽、断开链接等技术措施，其虽可援引"避风港"原则主张免责，但是，在该类案件中将电子商务平台经营者列为共同被告仍有较大诉讼意义。电子商务平台经营者被列为共同被告后，其通常会向法院提交抗辩证据，用以证明其履行了相应注意义务，不应承担侵权责任，该抗辩证据显然会有助于法院查明案件事实。另外，电子商务平台经营者作为案件当事人参加诉讼，也便于法院责令其依法公开涉案销售数据、经营期限等重要证据，这无疑对获得更高赔偿金额会有所裨益。

其三，由于部分电子商务平台经营模式特殊，在该平台上销售的商品有时难以确认是否为平台内经营者所提供，为降低诉讼风险，极有必要将电子商务平台经营者列为共同被告。如上分析，若通过网店主页无法确认平台内经营者的具体信息，可据此追加平台内经营者为共同被告。另外，若通过举证质证程序，最终查明涉案商品由电子商务平台经营者自行提供，则属自营范畴，电子商务平台经营者将因此承担直接侵权责任。

五、收集、保全证据

为证明电子商务平台中存在侵害权利人合法权益的行为，原告有义务向人民法院提供相应侵权证据，否则，其应承担举证不能的法律后果。然而，由于网络信息具有变化快、易篡改等特性，故在涉电子商务知识产权侵权案件中，权利人通常会采用公证形式保全涉案侵权信息。

（一）传统公证模式

在绝大多数知识产权侵权案件中，原告方一般采用传统公证模式保全侵权证据，即到所在地公证处申请公证保全涉案侵权信息。依据公证法的相关规定，公证处收到权利人提交的公证申请书会进行形式审查，审查合格后，并指派公证员对电子商务平台中的涉案侵权信息依法进行公证保全。然而，在司法实践中，因网络信息易篡改、变化快，故在公证过程中难免会出现不严谨、不规范等程序性瑕疵，进入诉讼程序后，被告方针对上述程序缺陷亦会提出质疑。通过检索在先判例可知，实践中确有部分涉网公证因操作不规范，最终导致未被法院采信，进而影响了维权效果。①

1. 清洁性检查

在涉电子商务侵权公证过程中，为证明涉案侵权信息真实存在，公证员通常会采用网页截屏或屏幕录像等方式保全涉案侵权信息，用以体现公证过程、内容的客观性。然而，由于网络技术发达、极易篡改，在公证时若不事先对公证所用手机、电脑、硬盘等存储设备进行清洁性检查，很容易出现公证造假情形，即公证保全时的网页截屏、屏幕录像很可能并非客观网络状态，而是调取自指定服务器、存储设备上的预存内容。

---

① 参见最高人民法院（2012）民监字第 37 号、（2008）民申字第 926 号民事裁定书。

在公证过程中，为确保公证内容的真实性、客观性，根据《办理保全互联网电子证据公证的指导意见》的相关规定，应首先对公证设备做清洁性检查。[①] 若在 PC 端公证，应先检查 Windows 系统中 HOST 文件，用以证明其未擅自修改 HOST 文件，亦未将该公证电脑绑定至特定服务器，同时，还应对所使用浏览器的历史记录、表单数据、下载记录、临时 internet 文件等信息做删除处理，以此确保该浏览器的清洁性。另外，若通过手机、Pad 等移动终端进行公证保全，应先恢复上述移动终端设备的出厂设置，以确保该设备未预存图片、视频等内容，亦未对该设备做特殊设置。

（二）电子取证存证模式

在我国，因公证处地位特殊、公证传统久远、程序严格等因素，导致通过传统公证模式保全的证据法律意义非凡，其证明效力极高。根据民事诉讼法的相关规定，如无相反证据，公证员所公证事实可被直接推定为案件事实。当然，传统公证模式也存在固有缺陷，且在信息网络时代愈发凸显，比如效率低、费用高、程序繁琐、公证时间不灵活等。

有鉴于此，近年来电子取证存证模式应运而生，并取得了长足发展。与传统公证模式相比，电子取证存证模式不但快速、便捷，而且成本极低，能有效满足权利人对大量保全网络证据的需求。同时，在电子取证存证模式中，证据保全的主动权亦由传统公证模式下的公证员转移至权利人手中，权利人可根据维权需求随时随地保全网络侵权信息。

在 2015 年电子取证存证模式刚兴起时，法院普遍对该新生事物较为警惕，相当一部分法院不认可该取证存证模式，然而，随着电子取证存证技术的发展与成熟，以及法院对网络取证难点或痛点的认识深化，自 2017 年始，电子取证存证模式逐步开始获得法院认可，甚至，在部分法院出台的相关文件中，明确规定了该类证据的审查方法和审查标准，这无疑大大提高了电子取证存证模式的可操作性和可预期性。

[①] 《办理保全互联网电子证据公证的指导意见》第七条规定："公证机构办理保全互联网电子证据公证，应当在公证机构的办公场所使用公证机构的计算机和公证机构的网络接口接入互联网，否则，应当对所使用的计算机进行清洁性检查。"第八条第一款规定："公证机构办理保全互联网电子证据公证，可以使用本单位的移动硬盘、存储卡、U 盘、光盘、录音机、录像机、照相机、手机等移动存储介质，也可以使用当事人或者第三人提供的移动存储介质。使用当事人或者第三人提供的移动存储介质应当对移动存储介质进行清洁性检查。"

（三）申请调查取证

在涉及电子商务侵权案件中，由于信息不对称，导致平台内经营者的身份信息、经营期限、销售数额等重要证据，均掌握在电子商务平台经营者手中。对于上述重要证据，权利人往往无能力、更无途径获知，只能向法院申请调查取证，由法院责令电子商务平台经营者依法公开。法院准许上述调查取证申请后，若电子商务平台经营者仍拒不公开，法院可依法作出有利于原告方的推定。

六、责任承担方式

侵权责任法第十五条虽规定了停止侵害、排除妨碍、赔礼道歉等八种责任承担方式，但与电子商务侵权案件相关的责任方式主要有四种，即停止侵害、赔礼道歉、赔偿损失和消除影响。

（一）停止侵害

侵权责任法第十五条所规定的"停止侵害"，是指经审理判定涉案侵权行为成立后，法院依法判令被告方停止继续实施涉案侵权行为，属于"永久禁令"的范畴。在绝大多数知识产权侵权案件中，法院若判定侵权成立，一般都会给予权利人"永久禁令"的权利救济，以防止涉案侵权行为持续。

当然，在特殊情况下，即使法院判定侵权成立，亦不必然颁发"永久禁令"。比如，当停止涉案侵权行为会严重损害公共利益时，法官可能会基于保护公共利益的考虑，不再向被告方颁发"永久禁令"，而是以提高赔偿金额形式，给予原告方适度补偿。

（二）赔偿损失

一般而言，被告方实施涉案侵权行为不但会减少权利人的交易机会，并由此造成经济损失，而且还会给损害权利人的商品声誉和企业信誉。为弥补因侵权行为给权利人造成的经济损失，法院判定侵权成立时，一般会判令被告方赔偿原告方因涉案侵权行为所遭受的经济损失。另外，在赔偿金额计算方面，我国普遍采用"填平原则"的立法模式，故法院在确定赔偿数额时，普遍依循原告损失、被告获益、许可费的倍数、法定赔偿的顺序来确定赔偿金额。

在司法实践中，原告方通常难以就"原告损失""被告获益""许可费的倍数"向法院举证证明，故在绝大多数案件中，法院普遍采用法定赔偿方式来确定具体赔偿金额。同时，由于权利保护客体不同，各部门法所设定的法定赔偿限额亦不尽相同。比如，专利法规定的法定赔偿限额在1万元至100万元之间，而商标法设定法定赔偿限额则在300万元以下。同时，虽权利人无法提供有效证据用以证明"原告损失""被告获益"等，但其提交的初步证据若能证明"原告损失""被告获益"的金额远超过法定赔偿上限，则法官可结合在案证据，在法定赔偿限额以上酌情确定赔偿数额。

另外，鉴于"填平原则"无法有效遏制知识产权侵权行为，法院针对恶意侵权、反复侵权等情形，后续可能会施以惩罚性赔偿，目前商标法第六十三条已创设了惩罚性赔偿制度。

（三）合理支出

在知识产权侵权诉讼案件中，法院若判定侵权成立，被告方不仅要承担赔偿损失的法律责任，同时，还要承担原告方因侵权诉讼所支付的合理支出，如律师费、公证费、交通费、复印费等。

当然，原告方有义务向法院提交证据用以证明其诉讼合理支出情况。同时，即使原告方能够提供相应合同、票据用以证明其实际发生的诉讼维权费用，也不必然会得到法院支持。法院在确定合理支出金额时，一般会根据案件难易、复杂程度、工作量等因素，综合考虑维权诉讼可能发生的费用，避免因原告方诉讼管理失当而产生的过高维权成本全由被告方承担，从而出现显失公平的情形。

（四）消除影响与赔礼道歉

消除影响，是指通过被告方公开澄清、说明的形式，排除社会公众的混淆、误认，并恢复原告方的名誉或声誉。相比之下，赔礼道歉则与人身权密切相关，其主要功能在于弥补因涉案侵权行为给原告方造成的人身损害与精神创伤。因此，在非人身权的案件中，法院基本不会判令被告承担"赔礼道歉"的民事责任。在涉电子商务侵权案件中，权利人通常仅主张被告承担消除影响的法律责任。

在司法实践中，消除影响的责任承担一般体现为两种形式，即在涉案电子商务平台上刊登消除影响公告，或者在第三方网站、报纸上刊登消除影响公告。从实践效果看前者明显好于后者，因在涉案电子商务平台上刊登消除影响公告，受众前后一致，更容易实现消除影响、恢复名誉的效果。

七、民事诉讼保护模式的优点及不足

如上所述，民事诉讼保护模式在知识产权保护中优势明显、作用突出，始终发挥着主导作用，当然，该保护模式也非尽善尽美。

（一）民事诉讼保护模式的优点

1. 诉讼程序严格。在民事诉讼程序中，为便于查明案件事实、有效保护权利人的合法权益，国家通过立法设定了一整套举证、质证、庭审等法律程序，通过该诉讼程序，当事人可有效维护自身合法权益。司法机关通过该套诉讼程序，亦可查明案件事实、保持法官中立性，这对公正司法而言，无疑意义重大。

2. 裁判标准相对统一。我国虽幅员辽阔、法院众多，但由于普遍采用两审终审制，以及设置有审判监督程序，故通过不同审级法院审理后，可有效纠正司法裁判过程中出现的错误。同时，我国实行严格的裁判文书公开制度，绝大多数生效裁判文书均能在互联网上查阅，这对统一司法裁判标准，避免同案不同判，无疑作用巨大。

3. 裁判结果具有终局性。按照现行法律规定，权利人无论是自行发送侵权通知，抑或向行政管理机关进行投诉，其处理结果均不具有终局性。如当事人对该处理结果不服，均可向人民法院提起诉讼。相比之下，司法保护路径却具有天然优势，法谚云"司法是正义的最后一道防线"，司法程序是国家向权利人提供的最后救济途径，其作出的裁判结果具有终局性，当事人若不履行该生效裁判，法院有权利采取强制措施。

（二）民事诉讼保护模式的不足

1. 诉讼周期长，维权效率低。由于司法救济途径程序复杂，且针对举证、答辩、送达等程序均设有法定期限，加之，我国采用两审终审制，故一般民事案件从立案至最终审结，诉讼时间较长。

2. 诉讼程序复杂，参与难度高。为保证各方当事人的诉讼权利，以及确保法官的中立性，现行民事诉讼程序在专业知识、法律实务技能等方面，对当事人而言难度较大。相对复杂的民事诉讼案件，由于当事人难以驾驭，通常会聘请律师代为处理。

3. 维权成本高。根据民事诉讼法的规定，权利人若通过民事诉讼模式进行维权，应交纳案件受理费。案件受理费虽最终一般会由败诉方承担，但为引导权利人理性维权，避免其提出畸高的诉讼请求，故在司法实践中，即使原告方最后赢得诉讼，法院一般也会按照诉请金额与判赔金额之间的比例关系，合理确定案件受理费的负担情况。因此，原告方若在起诉立案时诉请金额过高，即使最终胜诉，后续亦可能负担部分案件受理费。另外，如上所述，由于民事诉讼审理周期长、程序复杂等原因，当事人通过该保护模式进行维权，往往会在聘请律师、出庭应诉等方面花费更多成本。

下 篇

侵权案例评析

第四章

电子商务法中的"通知"与"反通知"

发送侵权通知时应一并提供权利人身份证明、联系方式等信息

——浙江瑞崎营销有限公司与周云云、浙江
淘宝网络有限公司侵害商标权纠纷案①

【案例要旨】

在权利人或利害关系人依据侵权责任法第三十六条向电商平台发送侵权通知时，应一并提供权利人身份证明、联系方式等信息，以便电子商务平台经营者及时评估投诉内容构成侵权的可能性。若权利人或利害关系人未能提供上述信息，电子商务平台经营者可与投诉人取得联系，要求其提供。

【案情简介】

2012年6月26日，浙江瑞崎营销有限公司（以下简称瑞崎公司）向国家工商行政管理总局商标局申请注册"Meo"商标，指定使用在第3类美容面膜、化妆品、祛斑霜、化妆棉等商品上。经审查，该商标于2015年4月7日被核准注册，商标号为11124897，商标专用权期限自2015年4月7日至2025年4月6日止。经使用，该商标已具有一定知名度。

2016年7月5日，瑞崎公司发现在浙江淘宝网络有限公司（以下简称"淘宝公司"）运营的"淘宝网"上存在一家名为"云朵佳人台湾代购店"

---

① 案例来源：（2016）浙0110民初17254号民事判决书，杭州市余杭区人民法院。

的店铺，该店铺由被告周云云开办，且涉嫌销售侵害第 11124897 号"Meo"商标专用权的商品。

2016 年 8 月 12 日，浙江英普律师事务所向淘宝公司寄送律师函，称该所受瑞崎公司委托，并指派裘红萍律师，就淘宝网上店铺名为"云朵佳人台湾代购店"的卖家销售侵犯瑞崎公司注册商标专用权的商品事宜致函。该律师函标注了注册商标、涉案侵权商品及链接情况等。同时，要求淘宝公司在收到该函件之日起五日内删除涉案侵权商品链接，并以纸质件和电子版形式提供卖家信息。但是，该律师函未附瑞崎公司主体资料，以及其与浙江英普律师事务所之间的委托代理关系证明等材料。

2016 年 9 月 7 日，阿里巴巴知识产权保护团队刘洋向浙江英普律师事务所裘红萍律师回函，称其已于 2016 年 8 月 15 日收悉该律师函，并告知其愿意积极与权利人开展合作，对用户上传网站的侵权信息进行清理。并告知"根据贵方提供的现有资料我们暂无法判断侵权成立，贵方可进一步提供贵委托方身份证明、贵委托方与贵方的委托关系存续证明、判断侵权成立的初步证明材料，重新发起投诉。"同时，告知其可使用淘宝网站上的知识产权保护系统在线提交投诉。

2016 年 12 月 2 日，瑞崎公司针对上述侵权行为向杭州市余杭区人民法院提起商标民事诉讼，请求法院判令：一、被告周云云、淘宝公司停止侵权，具体为判令被告周云云停止销售侵犯原告注册商标专用权的商品，判令被告淘宝公司断开、删除侵权商品链接；二、被告周云云赔偿原告经济损失 30 万元，被告淘宝公司承担连带赔偿责任；三、被告周云云、淘宝公司承担原告为维权支出的合理费用 3 万元。

【诉辩意见】

原告瑞崎公司诉称：被告周云云未经原告许可，擅自在网络平台上销售带有原告"Meo"商标的化妆品，侵犯了原告的商标专用权，侵占了原告在中国大陆地区的市场份额，依法应承担侵权责任。被告淘宝公司作为"淘宝网"的经营者，为被告周云云的侵权行为提供了便利条件，造成网络上侵权产品盛行，极大损害了原告的利益，在收到原告律师函后，又未采取删除侵权商品链接等必要措施，造成损失扩大，因此，被告淘宝公司对被告周云云的侵权行为应承担连带责任。

被告周云云辩称：涉案店铺实际控制人为王晴，涉案网店的交易全部是在我国台湾地区发生，货物也是由我国台湾地区直接邮递，被告周云云没有参与具体经营活动，且涉案店铺总销售金额较少，其法律后果轻微。代购并不侵犯原告的商标权专用权，即便是可能涉嫌侵犯商标专用权，但周云云的行为并非职业性的故意行为，并非以侵犯商标权的行为来获取不当得利。

被告淘宝公司辩称：一、淘宝公司仅是提供信息发布平台的服务提供商，未参与实施任何侵权行为。二、即使被告周云云存在侵权行为，淘宝公司本身对于侵权行为的发生不存在任何主观过错。淘宝公司在权利人发起投诉或起诉前，并不知晓侵权信息的存在，对侵权行为的发生不存在主观过错。同时，虽淘宝公司曾收到过原告证据中提交的律师函，但淘宝公司作出处理的前提是收到"有效通知"，而该律师函并不能构成"有效通知"。侵权责任法第三十六条中所涉及的"通知"应当包括权利人身份情况、权属凭证、证明侵权事实的初步证据以及指向明确的被诉侵权人网络地址等材料，只有符合上述要件，才构成"有效通知"。上述律师函中发函方未提供委托人身份证明、委托关系证明及侵权初步证据，因此，不能视为"有效通知"。三、淘宝公司在事前已尽到注意义务，在事后已采取制止侵权的必要措施。淘宝公司在收到应诉材料后，已经及时检查涉案商品，对涉案商品进行了删除、屏蔽链接的处理，尽到了事后注意义务。四、目前从法律上，没有要求第三方交易平台对所有上架商品做上架前的知识产权相关审核。

【法院审理】

瑞崎公司系第11124897号"Meo"注册商标专用权人，该商标状态稳定，其商标专用权应受法律保护。瑞崎公司主张周云云通过其开设的淘宝店铺代购侵犯其商标权的商品的行为侵犯了原告涉案商标专用权。周云云辩称其商品具有正规合法的来源，最终来源于"Meo"商标权利人，商品本身并未侵犯原告商标权，且代购服务并不违反商标法的规定，其并未实施侵犯原告商标权的行为。因此，本案的争议焦点为周云云通过淘宝网预先发布带有涉案标识的代购产品信息，并代购带有涉案标识的产品的行为是否侵犯原告的涉案商标专用权。

本案中，原告公证购买的涉案三款商品均带有橙色"Meo"标识，该些标识明显起到识别商品来源的作用，属于商标使用行为，且与涉案商标完全相同。原告主张侵权的涉案店铺提供代购的"Meo"系列其他13款产品上，在商品页面中也显示实物上带有突出醒目的"Meo"标识，与涉案商标完全相同。而涉案商标核定使用商品包括化妆品，与被控侵权商品属于相同商品。原告确认涉案"Meo"系列商品均非其生产或授权生产。被告周云云辩称涉案商品最终来源于我国台湾地区的丽泽国际开发股份有限公司，该公司系我国台湾地区"Meo"商标的商标权人，且其提供的系代购服务，故未侵犯原告商标权。

法院据此认为，首先，周云云并未提供有效证据证明丽泽国际开发股份有限公司系我国台湾地区"Meo"商标的权利人，即便该公司确系我国台湾地区"Meo"商标的商标权人，周云云亦未提供有效证据证明涉案商品来源于该公司，涉案商品包装上亦未体现与丽泽国际开发股份有限公司有关的任何信息。

其次，原告否认瑞崎公司与丽泽国际开发股份有限公司系关联公司，仅凭瑞崎公司与丽泽国际开发股份有限公司系同一法定代表人，以及涉案商品上标注的制造商 Sage 公司系瑞崎公司的原材料供应商，并不足以说明涉案商品所使用的商标与涉案商标为同一权利人。

最后，知识产权具有地域属性，即便涉案商品在我国台湾地区可能属于合法商品，但其自我国台湾地区进入中国大陆境内，即应当遵守境内法律，不得侵犯境内商标权人的权利，否则在跨境网络代购兴起的背景下，专业代购者将以此规避通常商品进口所应经过的必要审查，从而对境内知识产权权利人造成冲击。故涉案商品进入境内即属于未经原告许可在相同商品上使用相同商标且易造成混淆的侵权商品。虽然按照淘宝网规则，周云云实施的系代购行为，但是周云云并非单纯的根据下单人的任意指示完成代购行为，而是先发布可提供代购的我国台湾地区商品信息，下单人根据其发布的信息进行下单确认。由此表明，周云云系专门从事跨境代购业务的代购者，其在通过跨境代购经营行为获取利益的同时，也有义务审查其预先提供的境外代购商品是否可能侵犯境内权利人的权利。

本案中，被告周云云在其店铺的代购商品分类下专门罗列了"台湾meo 米奥"一项，说明其对"Meo"品牌有一定了解。涉案商品与涉案商标核定的商品属于相同商品，周云云作为专业从事该类商品代购的代购者理应知晓我国大陆境内该类商品上存在的"Meo"商标，其仍然通过淘宝网展示涉案商品信息并实施代购行为，使得普通消费者极易对产品来源产生混淆，从而损害了原告的权利。因此，周云云通过淘宝网展示涉案代购商品信息并实施代购涉案产品的行为，属于商标法第五十七条第七项所规定的侵犯原告涉案商标专用权的行为，应承担赔偿损失的民事责任。故对周云云关于未侵犯原告商标权的抗辩，法院不予采纳。周云云辩称涉案店铺非其实际经营，但并未提供有效证据加以证明，即便属实，在庭审中，其已自认对利用其身份信息注册涉案店铺的事实系知情，淘宝公司亦确认涉案店铺由其注册经营，故周云云理应对涉案店铺的侵权行为承担相应法律责任，周云云的该项抗辩，理由不成立，法院亦不予采纳。

关于赔偿损失的数额，瑞崎公司主张适用法定赔偿，法院将综合考虑涉案商标的知名度、被告侵权行为的性质、主观过错程度、瑞崎公司为制止侵权所支出的合理费用等因素确定赔偿数额。

瑞崎公司同时主张淘宝公司怠于删除侵权链接，构成帮助侵权。法院认为，原告通过律师函方式向淘宝公司投诉侵权商品信息时，未提交瑞崎公司主体资料以及其与浙江英普律师事务所之间的委托代理关系证明材料，故未构成有效通知，淘宝公司复函要求其补正投诉材料并重新投诉并无不妥。2016 年 9 月 29 日涉案侵权商品虽仍未下架，但原告并未提供证据证明其在该日前已补正了相关材料并重新向淘宝公司投诉。且淘宝公司已向原告披露了卖家有效身份信息，庭审时经查验涉案商品链接也已不存在，原告并未举证证明淘宝公司存在明知或应知侵权行为存在而未采取必要措施的情形，淘宝公司已尽到作为网络平台服务提供者的义务，故关于原告要求淘宝公司承担帮助侵权责任的主张，法院不予支持。

综上，法院最终依法判令：一、被告周云云于本判决生效之日起十日内赔偿原告瑞崎公司经济损失（含合理费用）35000 元；二、驳回原告瑞崎公司其他的诉讼请求。

【案例评析】

本案中，原告瑞崎公司主张其在立案之前曾委托律师向被告淘宝公司发送过一份《律师函》，要求淘宝公司采取屏蔽、断开链接等有效措施，以便及时制止侵权。然而，被告淘宝公司接到该通知后并未及时采取有效措施，亦未制止涉案侵权行为。被告淘宝公司对此辩称：上述《律师函》因未附"主体资料""委托代理关系证明材料"，故不构成"有效通知"。

根据侵权责任法第三十六条的规定，权利人或利害关系人发现电商平台存在涉嫌侵害其商标权、专利权等侵权行为的，有权向电子商务平台经营者发送"侵权通知"，电商平台收到该"侵权通知"后，应及时采取有效措施，避免侵权行为持续，否则，应对损害的扩大部分与平台内经营者承担连带责任。

然而，针对上述"侵权通知"的具体格式、内容及其证明材料等，侵权责任法并未作进一步的明确规定。相比之下，《信息网络传播权保护条例》则规定得更为详细，根据该条例第十四条，在权利人或利害关系人所发送的侵权通知中，应包括"（一）权利人的姓名（名称）、联系方式和地址；（二）要求删除或者断开链接的侵权作品、表演、录音录像制品的名称和网络地址；（三）构成侵权的初步证明材料"。

通过上述规定可知，现行规范性文件未对上述侵权通知的构成要件做较为详细的规定，同时，针对未附"主体资料"、"委托代理关系证明材料"的《律师函》，能否构成侵权责任法意义上的"有效通知"，亦缺乏明确法律依据，因此只能从法理层面进行分析。

在投诉人向电商平台发送"侵权通知"时，之所以要求投诉人一并提供权利人或利害关系人的"主体资料"，主要是便于电商平台评估投诉内容构成侵权的可能性。根据侵权责任法中设置的"通知—删除"规则，仅权利人或利害关系人有权向电商平台发送"侵权通知"，因此，若投诉人拒不提供权利人的主体信息、联系方式等资料，电商平台显然无法评估投诉人是否为知识产权的"权利人"或"利害关系人"，更无法判断投诉人是否有权发送该"侵权通知"。同时，若电商平台对投诉人的身份一概不予审查，势必会出现大量恶意投诉行为，这对保护电商平台利益固然不利，进而不利于电子商务的健康发展。

一般而言，若投诉人在发送"侵权通知"时未提供上述证明材料，电商平台经营者会主动与投诉人取得联系。本案中，被告淘宝公司发现投诉人未提供上述证明材料后，即主动与投诉人取得了联系，要求其补充提供。

另外，针对律师接受当事人委托向电子商务平台发送《律师函》，是否应提供"委托代理关系证明材料"一节，本书认为，按照律师法第二十三条的规定，律师接受当事人的委托，应与律师所在律师事务所签订书面委托代理合同，否则，应承担相应的法律责任。一般而言，因律师服务为有偿服务，且基于规避执业风险的角度，因此律师接受当事人委托后，通常会按照律师法的规定签订委托代理合同。同时，由于委托代理合同均会涉及律师费、维权计划等隐私内容，未经当事人明确授权，律师无权擅自向第三方公开。更为重要的是，律师即使向电商平台经营者提供该委托代理合同，一般也无助于电商平台经营者进行侵权可能性评估，因此，在现行法律法规缺乏明确规定的情况下，将缺少"委托代理关系证明材料"的侵权通知定性为"无效通知"，似有待商榷。

发送侵权通知时应一并提供侵权信息的具体网络地址

——东莞怡信磁碟有限公司与夏六丽、浙江淘宝网络有限公司侵害实用新型专利权纠纷案[①]

【案例要旨】

在权利人或利害关系人向电子商务平台经营者发送"侵权通知"时，应一并提供侵权信息的具体"网络地址"，以便电子商务平台经营者能准确定位该侵权信息，并及时采取删除、屏蔽、断开链接等必要措施。权利人或利害关系人发送"侵权通知"时，若仅向电子商务平台经营者提供"侵权商品名称"，一般难以准确定位该侵权信息，且不能据此推定电子商务平台经营者应知或明知该侵权行为的存在。

【案情简介】

2008 年 12 月 26 日，东莞怡信磁碟有限公司（以下简称怡信公司）向国家知识产权局申请"改进型便携可充式喷液瓶"实用新型专利，专利号为 ZL20082020××××.2。该实用新型专利于 2009 年 10 月 21 日获准授权，现为有效状态。

2013 年 3 月 26 日，国家知识产权局专利复审委员会作出第 20286 号无效宣告请求审查决定书，宣告 ZL20082020××××.2 号实用新型专利部分无效，在权利要求 2（即修改后的权利要求 1）的基础上继续维持该专利有效。该决定书的第 8 页第 7 段称：ZL 200720051806.9"便携可充式喷液瓶"实用新型专利与涉案专利修改后的权利要求 1 相比的区别在于

[①]　案例来源：（2014）浙知终字第 170 号民事判决书，浙江省高级人民法院。

ZL200720051806.9 专利没有对排气孔进行密封。

2013 年 4 月 18 日，在广东省广州市公证处公证员与工作人员的见证下，广州市确达信息咨询服务有限公司的委托代理人在广东省广州市公证处操作公证员的计算机，进行证据保全，在淘宝网（域名：www.taobao.com）上的"小也香水"网店公证购买了涉案侵权产品，即可充香水瓶三支。

浙江淘宝网络有限公司（以下简称淘宝公司）提供的《情况说明》显示，淘宝网中的"小也香水"网店经营者为夏六丽，且该网店于 2010 年 7 月 23 日注册。夏六丽在其向法院提交的《情况说明》中亦确认"小也香水"网店为其注册，且对外以"小也香水"名义经营。

2013 年 3 月 4 日、25 日，怡信公司委托律师两次致函淘宝公司，要求淘宝公司删除在淘宝网上销售的侵权"便携可充香水瓶"系列产品信息。淘宝公司收到上述函件后，分别进行了回复，称根据目前怡信公司提供的材料，暂无法判断所投诉商品是否构成侵权，希望怡信公司提供补充的证明侵权材料及明确投诉链接所对应的专利权。怡信公司对淘宝公司的两次回复没有作出回应。

2013 年 6 月 28 日，淘宝公司向公证处申请保全证据，该公证过程显示涉案侵权产品的网络链接之下已无涉案侵权产品。

2013 年 11 月 6 日，怡信公司认为夏六丽、淘宝公司生产、销售涉案侵权产品的行为，给怡信公司造成了重大的经济损失，故起诉至杭州市中级人民法院，请求判令夏六丽、淘宝公司：1. 立即停止对涉案专利的侵权行为并销毁涉案库存产品、生产模具和设备；2. 连带赔偿经济损失及因调查、制止侵权所支付的合理费用共计 10 万元；3. 承担诉讼费用。

【诉辩意见】

原告怡信公司诉称：被告夏六丽、淘宝公司生产、销售涉案侵权产品，侵犯了怡信公司的专利权，并且给原告造成了重大经济损失，应立即停止侵权，并承担损害赔偿责任。

被告夏六丽未出庭答辩，但向该院递交了书面中止诉讼请求书，其称：根据专利法第二十二条的规定，授予专利权的实用新型专利应具有新颖性和创造性。涉案专利权利要求所涉的技术内容为公知常识或为人们所熟知的惯用手段，且在该实用新型专利申请日前，国内外出版物上均对该实用新型技术内容进行了大量的公开发表，该专利不符合我国专利法的规定，该专利的存在必将损害公众的合法权益；并且，任何人实施这种早已公知的现有技术均不可能构成侵犯专利权。夏六丽已向国家知识产权局专利复审委员会提出宣告该实用新型专利权无效的请求。因此，根据相关法律规定，夏六丽请求依法作出中止诉讼的裁定。

被告淘宝公司辩称：1. 涉案产品所使用的技术和涉案专利技术不一致，并没有落入涉案专利权的保护范围。2. 怡信公司提交的公证书中的申请人并不是公证法所明确的利害关系人，公证事项存在重大瑕疵，违反了法定程序，应被认定为无效。另外，公证书中涉及的侵权产品到达公证机构的时间为 2013 年 4 月 22 日，公证书记录的时间却是 2013 年 4 月 25 日，涉嫌虚假公证。故上述公证书不能作为定案依据。3. 从淘宝网的《增值电信业务经营许可证》以及网站服务协议中均可以看出，淘宝网经营的业务为互联网信息服务业务，是网络服务提供者，仅提供信息发布平台，并非信息发布者。就本案而言，淘宝公司已经完全履行了网络交易平台提供商的合理注意义务。淘宝公司通过其服务协议、淘宝规则、投诉流程等规则已经明确规定了卖家不能销售侵犯他人知识产权的产品以及相关的处罚条款，并给予被侵权者救济的途径，已经充分履行了其事前合理的审核注意义务。淘宝公司在怡信公司起诉后及时删除了涉案链接，完全履行了作为平台提供商的事后制止义务。即使夏六丽的行为构成侵权，淘宝公司亦不构成侵权，无须承担侵权责任。4. 怡信公司购买被诉侵权产品所发生的交易行为并不是通过淘宝网进行，而是通过线下进行交易，与普通的电子商务线上交易行为不同。

【法院审理】

一审法院认为：

怡信公司拥有的专利号为 ZL20082020××××.2，专利名称为"改进型便携可充式喷液瓶"的实用新型专利在有效期限内，法律状态稳定，并已履行了缴纳专利年费的义务，故该专利为有效专利，应受国家法律保护。怡信公司作为专利权人取得对侵犯 ZL20082020××××.2 号实用新型专利权的行为之诉权。

关于被诉侵权产品是否落入 ZL20082020××××.2 号实用新型专利权的保护范围的问题，一审法院认为，根据专利法第十一条规定，发明和实用新型专利权的保护范围以其权利要求的内容为准，说明书及附图可以用于解释权利要求。《最高人民法院关于审理侵犯专利权纠纷案件应用法律若干问题的解释》第七条规定，"人民法院判定被诉侵权技术方案是否落入专利权的保护范围，应当审查权利人主张的权利要求所记载的全部技术特征。被诉侵权技术方案包含与权利要求记载的全部技术特征相同或者等同的技术特征的，人民法院应当认定其落入专利权的保护范围；被诉侵权技术方案的技术特征与权利要求记载的全部技术特征相比，缺少权利要求记载的一个以上的技术特征，或者有一个以上技术特征不相同也不等同的，人民法院应当认定其没有落入专利权的保护范围。"该案中，经庭审比对，被诉侵权产品包含了涉案专利权利要求2的全部技术特征。由于涉案专利权利要求2中并未限定充液口及密封圈的形状。被诉侵权产品的技术特征完全覆盖了涉案专利权利要求2的全部技术特征，故落入了Zl20082020××××.2实用新型专利权的保护范围，属于侵权产品。

关于夏六丽提出的中止诉讼请求是否成立的问题，一审法院认为，涉案专利现尚处于专利有效期内，且经国家知识产权局专利复审委员会无效宣告审查后仍维持专利权有效，因此，除非夏六丽提供的证据足以证明其使用的技术已经公知，否则该案并不属于《最高人民法院关于审理专利纠纷案件适用法律问题的若干规定》第九条所规定的应当中止诉讼情形。夏六丽提供的证据不足以证明其使用的技术已经公知，故该案不属于上述司法解释所规定的应当中止诉讼情形，该院对夏六丽提出的中止诉讼的请求不予支持。

关于民事责任确定的问题，一审法院认为，怡信公司提供的两份公证书、公证实物及所附的销售清单等能相互印证，共同证明该案侵权产品系夏六丽销售。夏六丽未经专利权人许可，以生产经营目的销售、许诺销售侵权产品，侵害了怡信公司的专利权；因夏六丽不能证明其销售的侵权产品具有合法来源，故怡信公司要求夏六丽停止侵权、赔偿损失、销毁库存侵权产品的诉请，符合法律规定，该院予以支持。怡信公司虽指控夏六丽实施了制造侵权产品的行为，但未提供有效证据予以证明，故对怡信公司的该项指控，一审法院不予支持。

关于淘宝公司的责任问题，一审法院认为，淘宝公司系网络服务提供者，并不具有审查其淘宝网站上所有所传播信息的能力和义务。淘宝网站上的会员信息及网店经营信息，均由其会员自行发布，淘宝公司并未参与。淘宝公司通过其服务协议、淘宝规则、投诉流程等明确规定其会员不能销售侵犯他人知识产权的产品，已经充分履行了其事前合理的审核注意义务。而夏六丽在淘宝网站上发布销售侵权产品等信息并不属于内容明显侵权或违法之情形，其是否属侵权因涉及专业技术判断，具有不确定性，淘宝公司并不具有相应的判断能力，也无须承担相应的事前审查义务。同时，淘宝公司在怡信公司投诉的合理期限内删除了侵权信息，已尽到了相应的协助义务。虽然怡信公司先后两次致函淘宝公司要求立即停止全部侵权行为，但上述函件并没有包含要求删除或者断开链接的被控侵权商品、信息的名称和网络地址，以及侵权成立的初步证明材料。可见，怡信公司的两次致函并不属于合格的侵权投诉通知，据此尚不能证明淘宝公司对被告夏六丽的侵权行为属于明知或者应知。因此，淘宝公司对夏六丽实施的侵权行为没有过错，无须承担侵权责任。淘宝公司关于其行为不构成侵权之抗辩成立，一审法院予以采信。

综上，一审法院依法判令：一、夏六丽立即停止实施侵犯专利号为ZL20082020××××.2"改进型便携可充式喷液瓶"实用新型专利权的行为，即立即停止销售、许诺销售侵权产品，销毁库存侵权产品。二、夏六丽于判决生效之日起十日内赔偿怡信公司经济损失及合理费用25000元。三、驳回怡信公司的其他诉讼请求。

二审法院认为：

原审判决认定事实清楚，适用法律正确，应予维持。

【案例评析】

本案中，原告怡信公司曾于起诉前向淘宝公司发送过两次律师函，要求淘宝公司删除淘宝网上的涉案侵权信息。淘宝公司收到上述律师函后，分别进行了回复，并称根据怡信公司提供的投诉材料，暂时无法判断所投诉商品信息是否构成侵权，希望怡信公司补充提供涉案侵权证据材料，并明确涉案侵权信息所对应的专利权。怡信公司针对淘宝公司的上述回复均未做出回应。

我国侵权责任法第三十六条虽设定了"通知—删除"规则，但对侵权通知的形式、内容等要件并未进一步规定，故在实践中难免莫衷一是。

为明确网络服务提供者的保护义务，在侵权责任法出台前，针对"侵权通知"的构成要件，部分规范性文件曾作出相对明确的规定，如《信息网络传播权保护条例》第十四条规定：在权利人或利害关系人所发送的侵权通知中，应包括"（一）权利人的姓名（名称）、联系方式和地址；（二）要求删除或者断开链接的侵权作品、表演、录音录像制品的名称和网络地址；（三）构成侵权的初步证明材料"。

在权利人或利害关系人向电子商务平台经营者发送"侵权通知"时，之所以要求其提供"被控侵权商品的名称、网络地址"，主要是便于电子商务平台经营者定位涉案侵权信息，并及时采取删除、屏蔽、断开链接等必要措施。众所周知，任何电子商务平台上均存在海量商品交易信息，权利人若仅向网络平台经营者提供涉案产品名称，因存在众多同名产品缘故，电商平台经营者仅凭该产品名称进行站内搜索，往往难以有效定位该侵权产品。

在实践中，由于网络地址具有唯一性，且能帮助网络平台经营者及时、快速定位涉案侵权信息，故在权利人发送"侵权通知"时，一般应向电子商务平台经营者提供涉案侵权信息的网络地址，且对该涉案侵权网络信息进行截图，并将该网页截图作为侵权通知的附件，一并提供给电子商务平台经营者，以便其能及时、准确定位涉案侵权信息。

当然，由于侵权责任法第三十六条对"侵权通知"的构成要件未作具体规定，故在实践中，部分权利人向网络平台经营者发送"侵权通知"时，难免未意识到"网络地址"的重要性，往往仅向网络平台经营者提供侵权商品名称。

电子商务平台经营者收到缺失"网络地址"的侵权通知后，若据此无法有效定位涉案侵权信息，往往会与投诉人主动取得联系，要求其进一步提供侵权商品的准确网络地址。本案中，淘宝公司收到怡信公司委托律师发送的《律师函》后，曾主动回函，要求投诉人提供涉案侵权信息的准确网络地址，然而，令人遗憾的是，投诉人收到该回函后，未作回应，最终导致涉案侵权信息未能及时删除。同时，由于怡信公司向淘宝公司发送的"侵权通知"缺乏涉案侵权信息的"网络地址"，故不能依据该侵权通知推定淘宝公司应知或明知涉案侵权行为的存在，亦不能让淘宝公司承担相应的侵权责任。

与侵权责任法第三十六条类似规定，电子商务法虽设置了"通知—删除"规则，但同样未对"侵权通知"的构成要件作具体规定。然而，从网络信息庞杂、及时准确定位侵权信息等角度，权利人或利害关系人向电子商务平台经营者发送"侵权通知"时，理应提供侵权信息的"网络地址"，以便电子商务平台经营者能够准确定位，并及时采取保护措施。

发送侵权通知时应一并提供构成侵权的
初步证明材料

——肇庆市衡艺实业有限公司与建阳顺意贸易有限公司、
杭州阿里巴巴广告有限公司侵害发明专利权纠纷案①

【案例要旨】

由于发明专利技术方案复杂，侵权判定难度高，且在侵权判定时，必须根据权利要求书记载的全部技术特征，逐项比对涉案侵权产品的技术特征是否落入上述发明专利权的保护范围，故在发明专利侵权判定时，侵权比对工作是必经程序。从比对效率、比对成本、过滤恶意投诉的角度，要求权利人在向电子商务平台经营者发送"侵权通知"时，一并提供侵权比对表等"构成侵权的初步证明材料"，具有较强的合理性。

【案情简介】

2006 年 3 月 17 日，王晓冰、李良清向国家知识产权申请"磁斥型悬浮装置"的发明专利，并于 2009 年 9 月 23 日获得授权，专利号：ZL20061006××××.1。2010 年 9 月 13 日，经国家知识产权局核准，该专利权人变更为肇庆市衡艺实业有限公司（以下简称衡艺公司），该专利持续有效。

2015 年 10 月 10 日，衡艺公司的委托代理人王辉登陆域名为 1688.com 的网站，进入名称为"顺意贸易有限公司"的网店，在该网店下单购买产品名称为"磁悬浮地球仪 6 寸"的商品，该商品标注价格为 230 元，王辉同时完成了付款手续。庭审中，顺意公司认可该网店系由该公司开设，且该公司曾在该网店中销售过被诉侵权产品的事实。

2016 年 1 月 19 日，衡艺公司的委托代理人向杭州阿里巴巴广告有限公司（以下简称阿里巴巴公司）寄送律师函，告知衡艺公司为涉案专利的权利人，顺意公司销售的涉案产品侵害了衡艺公司的专利权，并在该律师函中附有涉案侵权产品的网络链接地址。

2016 年 1 月 27 日，阿里巴巴公司通过电子邮件向衡艺公司的委托代

---

① 案例来源：（2016）闽民终 1345 号民事判决书，福建省高级人民法院。

理人回函称：需要委托代理人提交经衡艺公司授权其进行维权的证明，以及提供侵权比对文件。在此期间，阿里巴巴公司未通知建阳顺意贸易有限公司（以下简称顺意公司）侵权投诉事宜或要求其将涉案产品下架。

2016 年 2 月 1 日，衡艺公司向福州市中级人民法院提起本案诉讼，诉讼请求为：1. 顺意公司、阿里巴巴公司立即停止销售、许诺销售侵犯衡艺公司 ZL20061006××××.1 号发明专利权的产品；2. 顺意公司赔偿衡艺公司经济损失 100000 元及合理费用 2440 元，阿里巴巴公司承担连带赔偿责任；3. 本案诉讼费用由二被告承担。

顺意公司在收到法院送达的起诉状后，自行将被诉侵权产品下架，阿里巴巴公司亦删除了涉案产品网络链接。

【诉辩意见】

衡艺公司诉称：衡艺公司持有专利号为 ZL20061006××××.1 的发明专利，该专利仍为有效专利，依法应予保护。衡艺公司为该专利的专利权人，有权提起本案诉讼。顺意公司在阿里巴巴公司运营的网络平台（域名：1688.com）上开设名称为"顺意贸易有限公司"的侵权店铺，并违法销售、许诺销售侵犯涉案发明专利权的商品，构成专利侵权，理应承担侵权责任，阿里巴巴公司作为网络服务提供者，应针对涉案侵权行为，承担连带赔偿责任。

顺意公司辩称：侵权产品系向他人购买所得，并非由其销售，而是另行向他人下单并由他人向消费者发货，其不构成侵权，不应承担侵权责任。

阿里巴巴公司辩称：一、网络服务提供者采取事后必要措施的前提在于收到投诉人的有效通知。一个合格的有效通知应当具备的条件为：（1）权利人的身份证明、有效联系方式和地址，若委托他人投诉，还应当提供授权委托证明；（2）权属证明文件；（3）要求删除、屏蔽、断开链接的商品名称和具体互联网链接；（4）构成侵权的初步证明材料，如涉嫌侵权商品与专利权保护范围的比对材料等。阿里巴巴公司在官网上已有公示告知关于上述有效通知的要求，但衡艺公司委托律师投诉时，明显缺少：（1）权利人委托律师投诉的授权证明，也没有提供营业执照；（2）权利人未提供被投诉方构成侵权的初步证明材料，本案系涉嫌专利侵权，权利人应提供涉嫌专利侵权的比对材料。因此，衡艺公司的投诉是一个无效的通知，阿里巴巴公司要求衡艺公司补充材料的情况下，对其投诉未采取必要措施不存在过错的问题。二、阿里巴巴公司作为网络服务提供者，没有能力也没有义务主动审查涉诉商品是否属于侵权。阿里巴巴公司作为网络服务提供者，在大量的投诉通知中不可避免地存在不当投诉和恶意投诉的行为，由于本案涉案专利复杂，即使是法院审理也需要作专业的对比分析，阿里巴巴公司作为第三方平台没有专业判断专利是否侵权的能力，仅以普通人的身份基于合理审慎义务介入判断。在衡艺公司未提供有效通知材料时，阿里巴巴公司无能力判断涉案产品是否侵权。三、衡艺公司起诉后，阿里巴巴公司及时删除了销售网页地址链接，阿里巴巴公司不存在过错。

【法院审理】

一审法院认为：

衡艺公司持有专利号为 ZL20061006××××.1 的发明专利，该专利目前仍处于有效状态，其合法权利受我国法律保护。我国专利法第五十九条第一款规定："发明或者实用新型专利权的保护范围以其权利要求的内容为准，说明书及附图可以用于解释权利要求的内容。"《最高人民法院关于审理侵犯专利权纠纷案件应用法律若干问题的解释》第七条中规定："人民法院判定被诉侵权技术方案是否落入专利权的保护范围，应当审查权利人主张的权利要求所记载的全部技术特征。被诉侵权技术方案包含与权利要求记载的全部技术特征相同或等同的技术特征的，人民法院应当认定其落入专利权的保护范围；……"

经过比对分析，被控侵权产品的技术特征 A-F 与涉案专利权利要求 1 限定的全部技术特征一一对应并完全相同，落入了涉案专利的保护范围。根据专利法第十一条第一款的规定："发明和实用新型专利权被授予后，除本法另有规定的以外，任何单位或者个人未经专利权人许可，都不得实施其专利，即不得为生产经营目的制造、使用、许诺销售、销售、进口其专利产品，或者使用其专利方法以及使用、许诺销售、销售、进口依照该专利方法直接获得的产品。"

顺意公司在阿里巴巴网站（域名：1688.com）展示涉案"磁悬浮地球仪"并发出销售要约，构成许诺销售行为。顺意公司接受消费者下单，即为与消费者就买卖"磁悬浮地球仪"产品达成合意，构成了专利法意义上的销售行为。至于顺意公司所称另行向他人下单并由他人向消费者发货等情由，系其具体履行出售义务的方式问题，不影响顺意公司的行为构成销售产品。顺意公司所销售的"磁悬浮地球仪"落入衡艺公司专利号为

ZL20061006××××.1 专利权的保护范围，且该销售行为未经衡艺公司允许，构成对衡艺公司合法享有的专利权之侵害，应当承担停止销售侵权产品的责任。顺意公司所销售的产品不符合产品质量法对于产品标识的规定，顺意公司未尽合理审查义务，主观上存在过错，不能依据合法来源免除赔偿责任。

阿里巴巴公司的经营行为主要是为商户与买家提供线上交易平台，本身并不从事商品的销售及许诺销售，即并未直接实施涉案专利。根据侵权责任法第三十六条中"网络用户利用网络服务实施侵权行为的，被侵权人有权通知网络服务提供者采取删除、屏蔽、断开链接等必要措施。网络服务提供者接到通知后未及时采取必要措施的，对损害的扩大部分与该网络用户承担连带责任"之规定，阿里巴巴公司作为网络服务提供者，衡艺公司在提起本案诉讼前曾以律师函的方式函告其所经营的网站上存在侵害涉案专利权的行为，并指明了侵权商户及侵权产品的销售链接地址，阿里巴巴公司以通知所附文件不齐为由要求衡艺公司的委托代理人补充提供材料，但在此期间并未及时通知其网站上的被投诉商户，即本案顺意公司，同时也未及时采取防止侵权损失扩大的必要措施，明显存在过错。但鉴于衡艺公司发出通知至提起本案诉讼的期间间隔较短，阿里巴巴公司在收到起诉材料后删除了侵权产品的销售网页地址链接，衡艺公司也未举证证明在此较短的期间内存在扩大损失，根据本案的具体情节，无须判令阿里巴巴公司承担损失扩大的责任。综上，专利权人的合法权利受法律保护。本案原、被告均未提交侵权损失、获利或专利许可使用费的证据，依法适用法定赔偿。考虑涉案专利权的类型、被告的主观过错、销售侵权产品的实际情况等因素，酌定顺意公司赔偿衡艺公司经济损失人民币 20000 元。衡艺公司为调查取证支出的公证费用人民币 2200 元，属于合理费用，亦应由顺意公司承担。顺意公司应合计赔偿衡艺公司经济损失人民币 22200 元。阿里巴巴公司在本案中可免于承担连带赔偿责任。

综上，一审法院依法判令：一、顺意公司自判决生效日起立即停止许诺销售、销售侵害衡艺公司"磁斥型悬浮装置"发明专利权（专利号：ZL20061006××××.1）的"磁悬浮地球仪"产品；二、顺意公司自判决生效之日起五日内赔偿衡艺公司经济损失人民币 22200 元（已包含合理费用）；三、驳回衡艺公司的其他诉讼请求。

二审法院认为：

网络服务提供者知道网络用户利用其网络服务侵害他人民事权益，未采取必要措施的，与该网络用户承担连带责任。本案中，阿里巴巴公司主张权利人投诉发明专利侵权的"通知"应当具备四个要件，即（1）权利人的身份证明（营业执照副本或身份证复印件）、有效联系方式和地址，若委托他人投诉，还应当提供授权委托证明；（2）权属证明文件（如专利证书）；（3）要求删除、屏蔽、断开连接的商品名称和具体互联网链接；（4）构成侵权的初步证明材料，如涉嫌侵权商品与专利权保护范围的比对材料。侵权责任法虽然没有进一步解释权利人发出的"通知"应具备的构成要件，但知识产权作为一种私权，行使该权利的方式不外乎是由权利人直接进行，或者由权利人授权他人行使。如果他人未得到权利人的授权而行使，除非得到权利人事后的追认，或者由公权力部门为了社会公共利益而进行执法，否则行使该知识产权的行为应属无效。因此，阿里巴巴公司主张权利人维权投诉发出的"通知"应当具备的四项要件中的前三项要件符合法律的规定，在实务中应具备上述三个要件，才能构成"有效通知"。

当前，电子商务迅猛发展，伴随而来的是知识产权权利人通过网络平台投诉越来越多，其中滥用投诉、错误投诉也占有相当比例。由于发明专利侵权判断具有高度的专业性，作为网络服务提供商要求发明专利投诉人还须提供"构成侵权的初步证明材料"具有一定的合理性，因为发明专利权利人提出投诉必然要先行侵权比对，判断网络商户销售的商品的技术特征与其发明专利的技术特征是否相同或者等同，然后决定是否投诉。根据二审法院补充查明的事实，网络服务提供商要求发明专利的权利人在网络上填写"侵权的初步证明材料"，因权利人决定向网络服务提供商提出投诉前，必然要先行专利侵权的技术比对，因此，并不会额外增加发明专利权利人的负担。相反，在当前恶意投诉和不当投诉海量增加的情况下，网络服务提供商要求专利权利人提交"侵权的初步证明材料"，可以在形式上过滤掉部分的不当投诉及滥用投诉，从而将合格的投诉及时传递给网络商户，以便根据网络商户的反应，采取进一步的措施，提高投诉质量，达到在网络环境下既维护知识产权保护的基本价值，又在一定程度上达到维护网络服务商及网络商户的合法利益，最终让广大消费者受益，促进电子商务的健康发展。

阿里巴巴公司在接到投诉通知后，要求投诉人补充"授权材料"及"侵权的初步证明材料"，因本案涉及的投诉并非权利人自己行使，而是委托律师代为行使，因此阿里巴巴公司要求投诉人补充授权材料及侵权的初步证明材料是符合电子商务当前的交易实际的。在投诉人未补齐上述两方面的材料的情况下，应当认定衡艺公司的投诉通知是一个无效的通知，阿里巴巴公司未及时断开有关链接没有过错，原审法院认定阿里巴巴公司"明显存在过错"应属适用法律错误，阿里巴巴公司的上诉有理，二审法院予以支持。鉴于原审判决虽认定阿里巴巴公司存在明显过错，但并没有判决阿里巴巴公司承担任何的法律责任，因此，对原审的判决结果应予维持，根据本案的实际，上诉费用由上诉人负担。

综上，二审法院最终驳回上诉，维持原判。

【案例评析】

衡艺公司在起诉立案前曾向电子商务平台经营者阿里巴巴公司发送过"侵权通知"，要求其立即采取删除、屏蔽、断开链接等必要措施，并及时停止涉案专利侵权行为。然而，衡艺公司在发送上述"侵权通知"时，并未一并向电子商务平台经营者提供"构成侵权的初步证明材料"。阿里巴巴公司在接到该侵权通知后，与投诉人及时取得了联系，要求其补充提供上述"构成侵权的初步证明材料"，但投诉人并未如期提供。

根据侵权责任法第三十六条的规定，权利人发现电子商务平台上存起专利侵权信息后，有权利向电子商务平台经营者进行投诉，要求其及时采取删除、屏蔽侵权信息等必要措施。但是，专利侵权具有很强的隐蔽性，特别对发明专利而言，由于其往往涉及较为复杂的技术比对，因此，一般很难直观判断其是否构成侵权。以发明专利侵权判定为例，通常需要根据权利要求书记载的全部技术特征，逐项比对涉案侵权产品中的技术特征是否落入上述专利权的保护范围，因此，在发明专利侵权判定时，侵权比对工作是必经程序。

另外，由于电子商务平台上存在海量商品信息，电子商务平台经营者客观上难以具体甄别上述商品是否涉嫌侵犯他人的知识产权。投诉人在针对侵犯发明专利权的行为向电子商务平台经营者发送"侵权通知"时，若仅列举涉案侵权商品的名称、网络地址等基本信息，而未针对专利权利要求与涉案产品作详细的侵权比对分析，电子商务平台经营者往往难以判断投诉事项是否成立。

一般而言，权利人对涉案发明专利的技术方案、侵权产品的技术特征最为了解，因此由投诉人承担侵权比对工作，往往效率更高，也更准确。同时，根据"谁主张，谁举证"的基本原则，权利人无论是向行政机关进行行政投诉，抑或向司法机关提起民事诉讼，其均应承担专利侵权比对的法律责任，否则应承担举证不能的法律后果。因此，在权利人向电子商务平台经营者发送"侵权通知"时，要求其一并提供侵权比对表等"构成侵权的初步证明材料"，并未额外增加权利人的负担。同时，对权利人作上述要求，亦可在一定程度上过滤部分恶意投诉行为，并有益于我国电子商务的健康有序发展。

电子商务平台经营者收到"反通知"后的法律义务

——北京时尚汇百货有限公司与缤致时装销售（天津）有限公司、浙江天猫网络有限公司侵害商标权纠纷案①

【案例要旨】

在"通知—删除—反通知"制度中，"反通知"机制是必要的组成部分。"反通知"制度不仅为平台内经营者提供了一个申辩的机会，而且通过该机制亦能有效过滤部分恶意投诉行为，避免因恶意投诉行为损害平台内经营者的合法权益。电子商务平台经营者接到该"反通知"后，应及时将该"反通知"转送投诉人，但其不负有主动审查、主动防止后续侵权行为持续发生的义务。

【案情简介】

1996 年 1 月 2 日，南京市鼓楼自然皮具设计室向国家工商行政管理总局商标局提出申请注册"ONLY 及图"商标，经审核，该商标于 1997 年 6 月 14 日获准核准，商标号为 1028467，核定使用在第 18 类旅行箱、手提包、公文包等商品上。经续展，该商标有效期延至 2017 年 6 月 13 日。

2007 年 9 月 28 日，南京市鼓楼自然皮具设计室将第 1028467 号"ONLY及图"商标转让予崔晓红。

---

① 案例来源：（2013）杭余知初字第 212 号民事判决书，杭州市余杭区人民法院。

2008 年 7 月 28 日,崔晓红将第 1028467 号"ONLY 及图"商标转让予黄公建。

2008 年 11 月 14 日,黄公建将第 1028467 号"ONLY 及图"商标转让予北京时尚汇百货有限公司(以下简称时尚汇公司),即本案原告。

2013 年 4 月 23 日,时尚汇公司向公证处申请公证,并使用该处电脑登陆互联网,打开浏览器进入天猫网"ONLY 官方旗舰店"店铺首页,逐页展示涉案侵权信息。

2013 年 8 月 10 日,时尚汇公司向浙江天猫网络有限公司(以下简称天猫公司)投诉天猫网"ONLY 官方旗舰店"出售侵权手提包,并向其提供侵权链接,要求删除侵权信息。同年 8 月 26 日,天猫公司回函称已删除投诉信息。

2013 年 8 月 15 日,时尚汇公司再次向天猫公司投诉涉案网店出售侵权商品。天猫公司及时回函称已删除侵权信息。

2013 年 8 月 23 日,时尚汇公司又一次向天猫公司投诉天猫网"ONLY 官方旗舰店"出售侵权手提包,要求删除侵权信息。针对该投诉,绫致时装销售(天津)有限公司(以下简称绫致公司)提出反通知,认为其出售的商品未侵权。根据绫致公司的反通知,天猫公司回复时尚汇公司称投诉的链接对应的商品信息与时尚汇公司提供的信息不符,不构成侵权行为,暂不做处理,要求时尚汇公司核实确认。此后,时尚汇公司针对反通知未进一步举证。

2013 年 10 月 29 日至 2014 年 3 月 5 日,时尚汇公司又多次向公证处申请证据保全,用以证明涉案侵权行为持续存在。

2013 年 12 月 4 日,原告时尚汇公司向杭州市余杭区人民法院提起本案诉讼,诉讼请求为:1. 判令绫致公司、天猫公司立即停止在天猫商城上销售侵犯第 1028467 号注册商标专用权的手提袋(包)商品的行为,并销毁库存侵权商品;2. 判令绫致公司、天猫公司赔偿时尚汇公司经济损失 50 万元;3. 判令绫致公司、天猫公司赔偿时尚汇公司为制止侵权支出的合理费用 2 万元。

【诉辩意见】

原告衡艺公司诉称:其于 2008 年 11 月 19 日依法受让取得涉案商标专用权,并在全国范围内进行了大量宣传使用,现已开设多家"ONLY"箱包品牌专卖店、商场专柜,区域涵盖西南地区、华北地区、华东地区、华南地区和东北地区，具有较高的知名度和影响力。绫致公司在天猫商城（www. tmall. com）上开设的"ONLY 旗舰店"（only. tmall. com）销售使用涉案"ONLY"注册商标的手提袋、手提包商品，数量巨大，侵害了时尚汇公司的注册商标专用权。天猫公司从绫致公司的销售行为中获利，且虽经时尚汇公司投诉，其仍拒不撤下有关侵权商品，应与绫致公司共同承担赔偿责任。

被告绫致公司辩称：时尚汇公司据以起诉的第 1028467 号"ONLY 及图"商标于 1996 年申请注册，1997 年获准注册。时尚汇公司于 2008 年通过受让取得涉案商标专用权。在案证据不足以证明涉案商标具有知名度及显著性。而绫致公司使用的"ONLY"商标则具有很高的知名度及显著性，相关公众不可能对这两个商标的商品来源产生误认，以及对这两个商标的认知产生混淆。商标近似不仅仅是事实问题，更是法律问题。

被告天猫公司辩称：一、时尚汇公司提交的证据不能证明绫致公司的行为侵权。二、天猫公司作为网络服务提供商不应承担共同侵权责任。天猫公司仅为信息发布平台的服务提供商，商铺的销售和信息发布环节中的所有事宜均由卖家完成，天猫公司没有提供帮助行为。

同时，天猫公司已尽到了事前与事后的注意义务。其一，在事前注意义务方面。天猫公司要求用户按照入驻标准提供真实身份以及商标注册证等信息，要求用户遵守法律、法规等规范性文件及天猫的各项规则，不得发布涉嫌侵犯他人知识产权的信息，提示天猫用户平台上的信息是卖家自行发布，可能存在风险和瑕疵，尽到了提示义务。其二，在事后注意义务方面。天猫公司就时尚汇公司的投诉及时进行处理并通知卖家，后卖家进行了反通知，对此，天猫公司对被控商品的商标与时尚汇公司享有的商标进行比对，发现两者商标存在显著区别，不能证明绫致公司存在侵权，所以天猫公司并没有法定义务删除相应链接，并将投诉处理结果及时反馈给了时尚汇公司。

【法院审理】

时尚汇公司经受让依法取得第 1028467 号"ONLY 及图"商标专用权，该商标尚属保护期限内，法律状态稳定，其合法权利应受法律保护。

一、绫致公司的行为是否侵犯时尚汇公司注册商标专用权

时尚汇公司主张绫致公司在其天猫网店"ONLY 官方旗舰店"销售侵

权产品。时尚汇公司提交的证据以及绫致公司的陈述表明绫致公司存在生产、销售标有"ONLY"标识的包的行为。时尚汇公司提交的被控侵权的手提包上的"ONLY"标识与涉案商标相比，从结构上看，"ONLY"标识由四个英文字母组成，涉案商标由三个英文字母"ONL"加上部镂空形似Y的艺术字体组成，两标识的整体结构相似；以相关公众的一般注意力为标准，会以英文为其读音，易使相关公众对商品的来源产生混淆，因此，被控侵权手提包上的此标识与时尚汇公司的涉案注册商标构成商标法意义上的近似。绫致公司使用"ONLY"标识、销售标有"ONLY"标识的女士包的行为已构成对时尚汇公司涉案注册商标专用权的侵犯，应当承担停止侵权、赔偿损失的民事责任。

二、时尚汇公司是否使用涉案注册商标

根据相关法律规定，实际使用的商标与核准注册的商标虽有细微差别，但未改变其显著特征的，可以视为注册商标的使用。在本案中，绫致公司主张时尚汇公司实际使用的标识为"ONLY"，未使用涉案商标，经比较两者，虽有细微差别，但两标识的整体结构相似，实际使用的商标未改变注册商标的显著特征。同时，国家工商行政管理总局商标局在2014年1月14日作出的关于对第1028467号"ONLY及图"商标连续三年停止使用撤销申请的决定中，对时尚汇公司提交其在2009年10月30日至2012年10月29日期间使用涉案商标的证据材料，经审查认为时尚汇公司提供的商标使用证据有效，决定驳回撤销申请，因此，可以认定时尚汇公司使用了涉案商标。

三、天猫公司的行为是否侵权

第一，天猫公司是网络交易平台的提供者，天猫网仅作为用户物色交易对象，就货物和服务的交易进行协商，以及获取各类与贸易相关的服务的地点，其并不作为买家或卖家的身份参与买卖行为本身。在这种情况下，天猫网用户不会将天猫卖家的销售行为视为天猫公司的行为。时尚汇公司亦认可实施直接侵权行为的是天猫卖家绫致公司。

第二，在本案诉讼前，时尚汇公司两次向天猫公司发律师函投诉，要求停止侵权、删除侵权信息，对此，天猫公司已及时作出有效处置，时尚汇公司予以认可。此后，针对时尚汇公司第三次投诉，绫致公司提出反通知，天猫公司亦给予回复，要求时尚汇公司核实确认。但时尚汇公司针对反通知未进一步举证。天猫公司三次回函及措施，履行了网络服务提供者的义务。

第三，天猫公司在收到起诉状后，登陆涉案网店，经搜索无涉案商品的信息，履行了网络服务提供者的义务。

第四，时尚汇公司未提交有效证据证明天猫公司对绫致公司销售侵权商品存在明知、应知的情形。

第五，就本案时尚汇公司指控的侵权行为，天猫公司作为一家企业，无法简单、直观判断绫致公司的行为是否构成侵权，已超出天猫公司的能力范围，应由司法作出认定。时尚汇公司如此要求天猫公司，苟以天猫公司过高的义务，并无法律依据。

第六，天猫公司系网络交易平台的提供者，其向天猫卖家提供技术服务，向其收取技术服务费属正当、合理，并非是从每次交易中分成。综上，天猫公司对绫致公司的侵权行为并无明知、应知的情形，其对时尚汇公司的投诉也及时答复，并作出积极、有效的处置。故天猫公司对绫致公司的侵权行为无须承担责任。

综上，法院最终依法判令：一、被告绫致公司立即停止销售侵犯原告时尚汇公司第1028467号注册商标专用权的商品、并销毁库存商品；二、被告绫致公司于本判决生效之日起十日内赔偿原告时尚汇公司经济损失（含合理费用）30万元；三、驳回原告时尚汇公司其他的诉讼请求。

【案例评析】

根据在案证据显示，时尚汇公司曾在起诉前多次向电子商务平台经营者天猫公司发送"侵权通知"。针对前两次"侵权通知"，天猫公司均及时做了回应、处理，时尚汇公司对此亦不持异议。然而，针对时尚汇公司发送的第三次"侵权通知"，绫致公司提出了反通知，天猫公司亦向时尚汇公司及时回复了该反通知内容，要求其核实确认相关情况，但时尚汇公司针对该反通知并未进一步举证。

在"通知—删除—反通知"制度中，"反通知"机制是必要的组成部分。"反通知"制度不仅为平台内经营者提供了一个申辩的机会，而且通过该机制亦能有效过滤部分恶意投诉行为，避免因恶意投诉行为损害平台内经营者的合法权益。

在"通知—删除—反通知"制度中，电子商务平台经营者主要负责投诉文件、反通知文件的转递工作，并根据上述文件的转递情况，依法针对涉案侵权信息作出删除、屏蔽或者恢复等处理。但是，在"通知—删除—发通知"制度中，无论是侵权责任法第三十六条，抑或相关司法解释，均未规定电子商务平台经营者负有主动审查的义务。

同样，在电子商务法设置的"通知—删除—反通知"机制中，电子商务平台经营者也仅负责上述投诉文件、反通知的转递工作，并未规定其负有主动审查、主动防止后续侵权行为发生的义务。权利人若认为平台内经营者发送的"反通知"不当，甚至与事实不符，应向电子商务平台经营者进一步提供证据加以证明，或者向行政机关进行投诉、向司法机关提起民事诉讼，否则，电子商务平台经营者有义务按照"反通知"要求恢复该网络信息。

在本案中，电子商务平台经营者天猫公司接到时尚汇公司前两次的投诉通知后，由于绫致公司针对上述投诉通知未提出异议，亦未发送"反通知"，故天猫公司及时作了相应制止侵权的处理。然而，在时尚汇公司进行第三次投诉时，由于绫致公司针对该次投诉向天猫公司发送了"反通知"，且天猫公司将该"反通知"转送时尚汇公司后，时尚汇公司未对该"反通知"作出解释或回应，故天猫公司针对第三次投诉未作处理。天猫公司作为电子商务平台经营者对涉案三次投诉行为的处理程序、结果，是完全符合法律规定的，并无不当。

何为电子商务平台经营者"及时"采取了必要措施

——知钱（北京）理财顾问有限责任公司与王超、浙江淘宝网络有限公司侵犯著作财产权纠纷案[①]

【案例要旨】

根据"通知—删除"规则的制度设计，电子商务平台经营者接到侵权通知后，应将该侵权通知转送平台内经营者，并应"及时"采取必要措施制止侵权行为。电子商务平台经营者未"及时"采取必要措施的，应就损害的扩大部分与平台内经营者承担连带责任。然而，对于何为"及时"，

---

① 案例来源：（2011）一中民终字第 2223 号民事判决书，北京市第一中级人民法院。

现行法律法规及司法解释并未作相应规定。在司法实践中，判断电子商务平台经营者是否"及时"采取了必要措施，一般会根据电子商务平台的体量、定位侵权信息的难度等因素，最终进行综合判断。

【案情简介】

2010 年 4 月 9 日，国家版权局应知钱（北京）理财顾问有限责任公司（以下简称知钱公司）的申请，对知钱公司 2010 年 2 月 5 日在北京首次发表的作品《知钱俱乐部股票培训课程》（含知钱"3 系""名门 3 系"、知钱讲坛等）审核后，予以登记，登记证号为 2010-L-025516。

2010 年 4 月 16 日，知钱公司委托代理人池东辉来到北京市方圆公证处申请对于淘宝网上的销售侵权产品的店铺及购买产品的过程进行证据保全。在一台链接互联网的电脑上通过互联网下载阿里旺旺软件和迅雷软件并安装完毕，用以后续的沟通和下载之用。同时打开 IE 浏览器，输入淘宝网的网址，进入淘宝网，在淘宝网的首页的搜索栏内输入"知钱俱乐部"，点击"搜索"键，进入搜索结果页面，页面上显示诸多商家在出售涉案的产品。池东辉通过注册名为 boym_ 80 用户名进入支付宝，购买了 channa 小店的商品知钱"三系课程"知钱学士 + 硕士 + 博士课程全套……，价格为 8.8 元，并采用支付宝方式付款。

2010 年 4 月 16 日，知钱公司委托代理人池东辉再次向北京市方圆公证处申请对淘宝网上的侵权行为进行公证证据保全。在 IE 浏览器内输入 http：//www. taobao. com，回车后进入网站网页，在网页搜索栏内输入"知钱俱乐部"，然后进入相应的页面，页面下方显示多个搜索结果，均与"知钱俱乐部"有关的销售信息，如"知钱俱乐部三系课程（学士 + 硕士 + 博士）全套"、"知钱俱乐部：网上会员卡（视频 + 文字）"等，价格从几元钱到上千元不等。

2010 年 1 月 13 日 10：03， 邮件用户向浙江淘宝网络有限公司（以下简称淘宝公司）员工淘宝网客户满意中心孔慈发送邮件，称其是知钱公司工作人员，知钱公司发现淘宝网上存在大量盗卖该公司产品的行为，这些行为严重侵犯知钱公司的知识产权等合法权利，特向淘宝公司提出交涉，请淘宝公司予以协助。同日11：58，孔慈回复该邮件，称关于贵方邮件中指出的"盗卖"，请贵方提供进一步证明资料，谢谢！

2010 年 1 月 14 日 11：08，孔慈发送邮件给 yizehao@ zhiqianclub. com

邮件用户，邮件称投诉邮件已收悉，且侵权商品信息已删除。

2010 年 5 月 7 日，淘宝公司法务部周巧丽回函给知钱公司称，"您 2010 年 4 月 23 日发出的投诉函我们已收悉，我们对您函中指证的侵犯贵方知识产权上传信息进行检查，已给予删除处理，总计删除 9 件，请贵方查看。""应贵方的要求，现提供会员 channa 小店在淘宝网上自行注册的资料，会员名：channa 小店，姓名：王超，身份证号：11010……"。

淘宝公司称其于 2010 年 4 月 30 日删除了 2010 年 4 月 23 日投诉通知列明的侵权链接，知钱公司对此不予认可，淘宝公司表示并无证据证明其上述主张。淘宝公司还主张知钱公司于 2010 年 5 月 26 日给其发送过一封电子邮件，该通知对于淘宝公司的删除工作表示认可，仅表示还有两个侵权链接存在，这两个链接均与王超 "channa" 小店无关。该证据证明淘宝公司至少在 2010 年 5 月 26 日已删除涉及王超 "channa" 小店中的侵权链接。对于上述情况知钱公司予以认可。

综上，知钱公司认为王超销售涉案作品构成著作权侵权，应承担损害赔偿责任，同时，淘宝公司未及时删除涉案侵权信息，未尽到必要的注意义务，应承担连带责任。据此，起诉至北京市海淀区人民法院。

2010 年 11 月 25 日，北京市海淀区人民法院依法作出（2010）海民初字第 16148 号民事判决：一、自判决生效之日起十日内，王超赔偿知钱公司经济损失及合理支出共计 2 万元，淘宝公司在 1 万元内负连带责任；二、驳回知钱公司的其他诉讼请求。

淘宝公司不服该判决，于法定期限内向北京市第一中级人民法院提起上诉。

【诉辩意见】

淘宝公司上诉称：一、原审法院未能查清王超发布信息之外的其他被上诉人投诉中未列明的相关信息是否侵权，就直接认定淘宝公司不删除信息存在过错，系认定事实错误。二、根据原审判决查明的事实，淘宝公司在接到知钱公司关于王超侵权的情况通知后，立即依法删除了王超发布的涉案信息，淘宝公司已经尽到了法定义务。原审法院认为淘宝公司未尽到删除义务，没有法律依据。三、知钱公司应对王超侵权行为后果的发生以及损失的扩大承担责任，原审判决对此重要事实未予查明，存在严重错误。四、对于知钱公司通知列明的链接地址以外的信息，原审判决错误地认为淘宝公司可以依据相关关键词对于其网络平台的所有交易对象采取删除措施，并基于此错误地认定淘宝公司未尽到及时删除义务，该认定无事实及法律依据。五、原审判决认定淘宝公司有合理理由知道相关的交易物品为侵权物品；淘宝公司的盈利来源于银行，且间接地与淘宝网上的交易存在某种联系，均系认定事实错误。请求二审法院撤销原审判决的第一项判决，依法改判驳回知钱公司的全部诉讼请求。

知钱公司辩称：原审判决认定事实清楚，适用法律正确，我公司服从原审判决，不同意淘宝公司的上诉请求。请求二审法院依法维持原审判决。

王超述称：原审判决认定事实清楚，适用法律正确，请求二审法院依法维持原审判决。

【法院审理】

根据淘宝公司的上诉理由和知钱公司的答辩意见，本案的争议焦点为：对于知钱公司发送给淘宝公司的投诉通知中未列明的侵权链接，淘宝公司是否有义务采取删除措施；淘宝公司是否应与王超承担共同侵权责任。

淘宝公司作为淘宝网的经营者在本案中系网络交易平台的提供者。目前法律、行政法规并未对网络交易平台提供者负有的义务作出明确规定。同时，淘宝网中卖家的数量巨大，销售的商品不计其数、种类繁多，且卖家及销售的商品均处于不断变化之中。故原审法院认定淘宝公司对于投诉通知未予列明的侵权链接应主动采取删除措施，缺乏法律依据，亦缺乏可操作性。该认定显然加重了淘宝公司的义务，二审法院予以纠正。

知钱公司于2010年4月23日向淘宝公司发送了涉及王超"channa"小店侵权链接地址的投诉通知。该通知表明了涉案作品权利人的联系方式、构成侵权的初步证明材料及侵权链接地址，故该通知已经为淘宝公司采取相关措施提供了充足的信息。虽然目前法律、行政法规并未对网络交易平台提供者负有的义务作出明确规定，但淘宝公司理应依据该投诉通知在合理期限内删除王超"channa"小店中的侵权链接。淘宝公司称其于2010年4月30日删除了王超"channa"小店中的侵权链接，但未能提供证据证明，二审法院不予采信。淘宝公司称其至少于2010年5月26日已删除涉及王超"channa"小店中的侵权链接，知钱公司对此予以认可，二审法院对此不持异议，予以确认。从 2010 年 4 月 23 日至 2010 年 5 月 26 日已有一个月的时间，显然超过合理期限。淘宝公司作为网络交易平台的提供者，在收到知钱公司发送的通知后，未在合理期限内及时删除王超"channa"小店中的侵权链接，导致知钱公司受到的损害进一步扩大，淘宝公司对此存在过错，应当对损害的扩大部分承担相应的法律责任。因此，原审法院判令淘宝公司与王超承担共同侵权责任并无不当，应予维持。

综上，二审法院驳回了淘宝公司的上诉，依法维持原判。

【案例评析】

侵权责任法第三十六条第二款规定："网络用户利用网络服务实施侵权行为的，被侵权人有权通知网络服务提供者采取删除、屏蔽、断开链接等必要措施。网络服务提供者接到通知后未及时采取必要措施的，对损害的扩大部分与该网络用户承担连带责任。"

电子商务法第四十二条规定："知识产权权利人认为其知识产权受到侵害的，有权通知电子商务平台经营者采取删除、屏蔽、断开链接、终止交易和服务等必要措施。通知应当包括构成侵权的初步证据。

"电子商务平台经营者接到侵权通知后，应当及时采取必要措施，并将该侵权通知转送平台内经营者；未及时采取必要措施的，对损害的扩大部分与平台内经营者承担连带责任。"

通过上述规定可知，电子商务平台经营者接到权利人的侵权通知后，应"及时"采取必要措施，若未"及时"采取必要措施制止侵权行为，应对损害的扩大部分与该平台内经营者承担连带责任。

然而，何为"及时"？电子商务平台经营者接到权利人发送的侵权通知后，何时采取必要措施制止侵权行为才属于"合理期限"？现行法律法规及司法解释均未作出相应规定。

在司法实践中，判断电子商务平台经营者是否"及时"采取了必要措施，一般会考虑电子商务平台的体量、定位侵权信息的难度等因素，最终进行综合判断。一般而言，若电子商务平台上存在海量商品信息，其每日接到侵权通知的概率必然大增，甚至很可能每天须处理大量的投诉行为，加之，大型电商平台一般都设置有严格的汇报层级、制度，故该类电商平台接到侵权通知后处理投诉的周期，很可能与小公司相比稍长一些。

　　另外，由于侵权通知对于侵权信息内容及网络地址的描述详尽情况不同，电子商务平台经营者接到上述侵权通知后，查询、定位侵权信息的难易程度难免亦会稍有差异，自然处理周期也会有所不同。

　　在本案中，二审法院综合考量了知钱公司向淘宝公司发送的侵权通知内容、签收情况等因素，认为该侵权通知具体列明了涉案作品权利人的联系方式，并提供了构成侵权的初步证明材料及侵权链接地址等，已经为淘宝公司采取相关必要措施提供了充足的信息。然而，淘宝公司接到该侵权通知后，竟长达一个多月未处理涉案侵权信息，明显属于接到侵权通知后未"及时"采取必要措施的情形，存在明显过错，依法应对损害的扩大部分承担相应的法律责任。

第五章

电子商务平台的注意义务

电子商务平台不负有事先审查义务

——深圳市伊琳科技有限公司与广州市天河区石牌易歌
电子经营部、杭州阿里巴巴广告有限公司
侵害外观设计专利权纠纷案①

【案例要旨】

电子商务平台经营者对利用其网络服务公开传播的交易信息一般没有主动监控义务。需要结合具体案情判断电子商务平台经营者的主观过错，不能仅因客观上存在网络卖家利用其网络服务侵害他人知识产权的行为，就当然认定电子商务平台经营者知道侵权行为存在。

【案情简介】

深圳市伊琳科技有限公司（以下简称伊琳公司）董事长廖文建于 2012 年 8 月 7 日向国家知识产权局申请名称为"摄像头（YL-018）"、专利号为 ZL201230369004.9 的外观设计专利，2013 年 2 月 6 日获得授权，伊琳公司按期缴纳了年费，该专利至今合法有效。

2013 年 2 月 6 日，廖文建与伊琳公司签订了《专利实施许可合同》，约定廖文建将上述专利以独占许可方式授权原告实施，许可时间为 2013 年 2 月 6 日至 2015 年 2 月 5 日，专利实施许可费为 50 万元（税后）/两年，该合同还约定当伊琳公司在合同期内发现他人侵犯本专利的，伊琳公司可

① 案例来源：（2015）粤知法专民初字第 243 号民事判决书，广州知识产权法院。

以单独或与廖文建一起提起专利侵权诉讼。

2014年1月26日，国家知识产权局就涉案外观设计专利出具《外观设计专利权评价报告》，初步结论为未发现存在不符合授予专利权条件的缺陷。

伊琳公司发现广州市天河区石牌易歌电子经营部（以下简称易歌经营部）在阿里巴巴网网店销售的"高清电脑摄像头"与伊琳公司专利相同，该商品由其生产、销售，故诉至法院，请求判令：1. 易歌经营部立即停止生产、销售、许诺销售侵犯伊琳公司外观设计专利权的摄像头。2. 易歌经营部、阿里巴巴公司赔偿伊琳公司经济损失及因调查、制止侵权所支付的合理费用共计10万元（含合理费用21760元，其中律师费20000元、公证购买被诉侵权产品费用160元、公证费1600元）。

【诉辩意见】

伊琳公司诉称：廖文建于2012年8月7日向国家知识产权局申请名称为"摄像头（YL-018）"的外观设计专利，2013年2月6日获得授权，专利号为"ZL201230369004.9"，该专利至今合法有效。该摄像头造型独特新颖，一上市便受到广大用户的喜爱，销售良好。伊琳公司发现市场上有相同产品在销售，导致伊琳公司销售量下降并造成经济损失。经调查发现，易歌经营部在阿里巴巴网网店销售的"高清电脑摄像头"与伊琳公司专利相同，该商品由其生产、销售，数量巨大，其行为严重损害了伊琳公司专利权，阿里巴巴公司为易歌经营部的侵权行为提供了帮助并从中获取直接经济利益。

易歌经营部辩称：涉案专利权人并非本案原告，而是案外人廖文建，涉案专利实施许可合同未办理备案登记，该合同不能对抗第三人，故伊琳公司并非涉案专利合法有效的独占实施被许可人，其不能单独提起本案诉讼。被诉侵权产品与涉案专利设计特征存在六处不同，故未落入涉案专利保护范围。被诉侵权产品的设计采用了公知技术，在涉案专利申请日之前已经设计并生产、销售，根据专利法相关规定，其行为不构成侵权。伊琳公司主张赔偿10万元没有依据，根据公证书显示，被诉侵权产品的销售量为0，伊琳公司应就其实际损失进行举证。

阿里巴巴公司辩称：1. 其是阿里巴巴平台的网络服务提供者，为平台内用户物色交易对象，并就货物或交易提供协商的场所。被诉侵权产品的信息均系易歌经营部上传、发布，其与易歌经营部不存在经营关系，也未实施涉案专利，并非侵权人，故其并非适格被告。2. 其制定了详尽的规则保障平台用户、消费者的合法权益，对侵权行为没有过错。用户申请入驻平台必须接受其制定的《阿里巴巴服务条款》，明确要求用户承诺不得发布、销售侵犯他人知识产权的商品，且用户必须如实填写其身份、联系地址、电话等经营信息，其对易歌经营部所实施的侵权行为没有任何过错，无须承担赔偿责任。3. 其知悉侵权行为后立即对被诉侵权产品采取了下架措施，没有扩大损害，依法无须承担赔偿责任。4. 伊琳公司未提供证据证明其遭受损失的情况，依法应承担举证不能的不利后果。

【法院审理】

一、关于被诉侵权设计是否落入涉案专利权保护范围

被诉侵权产品与涉案专利产品同为摄像头，属于同类产品。将本案中被诉侵权设计与涉案专利相对比，相同之处为：两者整体上均呈椭圆形，左右两侧均有 U 型边框；两者的摄像镜头均呈圆形且置于椭圆形的中心位置；摄像镜头左侧有摄像按钮，位于摄像镜头与左侧边的中心位置，与摄像镜头处于同一水平线；摄像头下方中心处是一个圆柱形支架接口；从后视图观察，除了没有摄像镜头及摄像按钮，设计特征与上述设计特征相同。不同之处在于：被诉侵权设计的摄像按钮是一个照相机的图案，涉案专利是一个长方形；被诉侵权设计的摄像镜头圆环部分呈羊齿状，涉案专利摄像镜头是呈平滑圆形状态；被诉侵权设计的摄像镜头左右两侧各有一个与之平行的圆形小镜头灯，涉案专利没有；被诉侵权设计的后视图上有起装饰及加固作用的四个相互对称的打孔，涉案专利没有；被诉侵权设计右侧有一个用于语音交谈的麦孔，该孔呈麦克风图样，涉案专利没有。从上述分析可见，被诉侵权设计与涉案专利在摄像头的整体形状、各个组成部分的形状及布局方式等方面基本相同，而差异仅为局部的、细微的稍有不同，以一般消费者的认知水平和认知能力，难以认为两者在整体视觉效果上存在实质性差异，即上述差异不足以将被诉侵权设计与涉案专利区分开来，故被诉侵权设计与涉案专利构成近似，落入涉案专利权的保护范围。

二、关于被诉侵权行为是否成立

被诉侵权产品上标有"易歌""iyigle"字样，"易歌"注册商标的权利人为易歌经营部，将该商标与被诉侵权产品上的标识相比较，被诉侵权产品上多了"iyigle"两字，且汉字在上、英文字母在下，"易歌"两字突出使用，因此消费者容易将该产品与易歌经营部相联系。公证购买保全的页面上被诉侵权产品详细信息显示了"品牌：易歌；加工定制：是；OEM：可；加印LOGO：可以；加工方式：来图定制；最快出货时间：4—7天"等内容，上述内容可视为易歌经营部自认被诉侵权产品由其生产加工。结合上述证据，在易歌经营部未能提供相反证据证明自己不是该被诉侵权产品"制造者"或"生产者"的情况下，法院认定易歌经营部是本案被诉侵权产品的生产者。

三、关于阿里巴巴公司是否构成共同侵权

阿里巴巴公司提交的证据足以证实其为涉案网络交易平台的经营者，涉案网站上的被诉侵权产品的图片等信息由易歌经营部自行发布，在案公证书证实被诉侵权产品亦由易歌经营部销售，阿里巴巴公司并未直接实施被控侵权行为。根据侵权责任法第九条第一款关于"教唆、帮助他人实施侵权行为的，应当与行为人承担连带责任"的规定，伊琳公司主张阿里巴巴公司与易歌经营部构成共同侵权，应当证明阿里巴巴公司具有过错，即其知道或者应当知道其行为是在帮助侵权人实施侵权行为。就本案而言，首先，易歌经营部在阿里巴巴网站上发布销售被诉侵权产品的信息并不属于内容明显侵权的情形，其是否构成专利侵权涉及专业技术判断，阿里巴巴公司对此不具有事前审查的义务；其次，阿里巴巴公司于2015年2月7日收到本案诉讼材料后发现被诉侵权产品涉嫌侵权，于同年2月13日即对该产品采取了全网下架的措施，而本案尚无证据证实阿里巴巴公司存在明知易歌经营部构成侵犯专利权后仍故意为其销售提供便利。故伊琳公司主张阿里巴巴公司构成共同侵权，依据不足。

四、关于本案赔偿数额

伊琳公司主张易歌经营部赔偿其经济损失及合理支出共计10万元，但其没有提交证据证实其实际损失。根据专利法第六十五条的规定，因本案权利人的损失、侵权人获得的利益和专利许可使用费均难以确定，人民法院可根据涉案专利权的类型、侵权行为的性质和情节及涉案个体工商户的经营规模等因素，酌定本案赔偿数额。本案中伊琳公司提供了发票、收据证实其为制止侵权行为支付了公证费1600元、购买被诉侵权产品费用160元等费用，结合伊琳公司委托律师出庭诉讼等事实，法院对伊琳公司为维权而支出的合理费用一并予以酌定。据此，法院酌定易歌经营部赔偿伊琳

公司经济损失及合理支出共 70000 元。

【案例评析】

侵权责任法第三十六条规定："网络用户、网络服务提供者利用网络侵害他人民事权益的，应当承担侵权责任。网络用户利用网络服务实施侵权行为的，被侵权人有权通知网络服务提供者采取删除、屏蔽、断开链接等必要措施。网络服务提供者接到通知后未及时采取必要措施的，对损害的扩大部分与该网络用户承担连带责任。网络服务提供者知道网络用户利用其网络服务侵害他人民事权益，未采取必要措施的，与该网络用户承担连带责任。"

可见，根据侵权责任法第三十六条的规定，网络服务提供者（当然包括电子商务平台经营者）在通常情况下并不负有主动审查义务，这是由互联网上海量信息的特点决定的。《北京市高级人民法院关于审理电子商务侵害知识产权纠纷案件若干问题的解答》（以下简称《解答》）第五条第二款规定，电子商务平台经营者对利用其网络服务公开传播的交易信息一般没有主动监控义务。不能仅因电子商务平台经营者按照相关管理要求进行交易信息合法性的事前监控，或者客观上存在网络卖家利用其网络服务侵害他人知识产权的行为，就当然认定电子商务平台经营者知道侵权行为存在。

不过，虽然电子商务平台经营者并不承担主动监控义务，但并不是说其可以无所作为。侵权责任法第三十六条第三款规定，"网络服务提供者知道网络用户利用其网络服务侵害他人民事权益，未采取必要措施的，与该网络用户承担连带责任。"《解答》第二条也规定，审理电子商务侵害知识产权纠纷案件，在依法行使裁量权时，应当兼顾权利人、电子商务平台经营者、网络卖家、社会公众的利益。电子商务平台经营者应当承担必要的、合理的知识产权合法性注意义务。能够以更低的成本预防和制止侵权行为的权利人或电子商务平台经营者应当主动、及时采取必要措施，否则应当承担不利后果。

在知道其平台存在侵权行为的情况下，电子商务平台经营者并不能坐视不管。对于"知道"，《解答》第九条规定，符合以下情形之一的，可以推定电子商务平台经营者在被控侵权交易信息公开传播后"明知或应知被控侵权交易信息或相应交易行为侵害他人知识产权"：（1）交易信息中存在明确表明未经权利人许可的自认，足以使人相信侵权的可能性较大；

（2）知名商品或者服务以明显不合理的价格出售，足以使人相信侵权的可能性较大；（3）权利人的通知足以使人相信侵权的可能性较大；（4）电子商务平台经营者在交易信息公开传播后明知或应知被控侵权交易信息或相应交易行为侵害他人知识产权的其他情形。

本案就涉及电子商务平台经营者的事前审查义务问题。关键在于判断阿里巴巴公司对于涉案侵权行为是否知道。一方面，阿里巴巴向法院提交相关证据，证明其作为网络交易平台，为平台内用户物色交易对象，并就货物或交易提供协商的场所，其仅提供网络技术服务，并非被诉侵权产品的销售者。另一方面，阿里巴巴提交了公证文书，证明其受到案件诉讼材料之后，被诉侵权产品的网址已经被删除，已经尽到了合理、必要的注意义务。

法院最终认为，本案尚无证据证实阿里巴巴公司存在明知易歌经营部构成专利侵权后仍故意为其销售提供便利。本书认为，法院的上述认定是合理的。

电子商务平台对平台内经营者的主体、资质等履行形式审查义务

——上海聚生坊商贸有限公司与广州禾生坊生物科技有限公司、北京京东叁佰陆拾度电子商务有限公司侵害商标权纠纷案①

【案例要旨】

在电子商务平台经营者已经履行恰当的事先审查义务，且无其他证据证明其知道或者应当知道涉案侵犯知识产权的行为存在时，其对该涉案侵权行为无须承担连带责任。

【案情简介】

2011 年 9 月 27 日，上海聚生坊商贸有限公司（以下简称聚生坊公司）自案外人广州大秦文化传播发展有限公司处受让取得第 7107096 号"禾生坊"注册商标，该商标专用权期限自 2011 年 1 月 14 日至 2021 年 1 月 13

---

① 案例来源：（2013）沪二中民五（知）初字第 236 号民事判决书，上海市第二中级人民法院。

日，核定使用商品为第 3 类"化妆品、成套化妆用具"等。2012 年 1 月 21 日，经国家商标局核准，聚生坊公司注册取得第 9043109 号"HESHIDO"商标，核定使用商品为第 3 类"肥皂；洗发液；洁肤乳液；洗面奶；浴液；清洁制剂；化妆品；香水；护肤用化妆剂；牙膏"。

2013 年 7 月，聚生坊公司接到消费者投诉，称其在京东商城购买的禾生坊系列化妆品存在质量问题。聚生坊公司经过调查发现，"禾生坊"系列产品提供商为广州禾生坊生物科技有限公司（以下简称禾生坊公司）。禾生坊公司与京东贸易公司签订《京东商城开放平台服务协议》，通过京东平台从事商品销售行为。

通过对比京东商城网站购买的侵权实物发现：一、在红石榴焕颜亮白精华液、红石榴焕颜亮白乳液、红石榴焕颜亮白皙肤水、红石榴焕颜亮白洁面乳、修颜清爽 BB 隔离乳产品的外包装盒正面右侧、背面上方、顶盖以及内包装正面标注有"HESHIDO"；在外包装盒右侧面下方并排标注有"禾生坊出品"（其中"禾生坊"的字体明显大于"出品"的字体）；在外包装盒背面下方标注有"上海聚生坊商贸有限公司授权"；在内包装背面标注有上下排列的"禾生坊""HESHIDO"。二、在薰衣草洋甘菊舒缓凝肤蚕丝面膜、Q10 辅酵素抗氧化嫩肤蚕丝面膜的包装袋正面左上方并排标注有"禾生坊出品"（其中"禾生坊"的字体明显大于"出品"的字体），背面下方标柱有"上海聚生坊商贸有限公司授权"。三、在 3D 多肽美白生物纤维面膜、3D 焕颜补水生物纤维面膜的包装袋正面中部标注有"HESHIDO"，左下方并排标注有"禾生坊出品"（其中"禾生坊"的字体明显大于"出品"的字体）；背面左上方标注有"HESHIDO"，下方标注有"上海聚生坊商贸有限公司授权"。

【诉辩意见】

原告聚生坊公司诉称：其系注册商标"禾生坊""HESHIDO"的专有使用权人，被告北京京东叁佰陆拾度电子商务有限公司（以下简称京东公司）系一家互联网公司，通过京东商城（网址为 www. jd. com）进行商品销售。经原告调查，京东公司和禾生坊公司在京东商城共同销售的系争产品系假冒产品。原告认为，其享有的涉案注册商标专有使用权受法律保护，京东商城与禾生坊公司销售侵犯涉案注册商标专用权系争产品的行为，侵害了原告的合法权益，应当承担赔偿原告经济损失的民事责任。

被告京东公司辩称：1. 禾生坊公司的法定代表人董朝彦与原告的法定

代表人庄晓祥原系夫妻关系，双方各持有原告50%股权，鉴于董朝彦不会同意原告提起本次诉讼，故本次诉讼并非原告的真实意思表示。2. 原告在本案中提供的实物证据，尚不能证实禾生坊公司通过京东商城销售系争产品。3. 在庄晓祥和董朝彦结婚之前，董朝彦是"禾生坊"商标的原始持有人，在夫妻关系存续期间也一直都是董朝彦在销售产品，故禾生坊公司销售系争产品的行为早于原告获得商标的行为，属于在先使用。4. 京东公司仅是网络平台经营者，其在本案中没有直接销售过系争产品，整个销售环节包括店铺设计、定价、下单、出货、送货、开票，均由禾生坊公司完成，且在购买页面中也已经明确标识了店铺为禾生坊公司。无论是原告，还是消费者，对于货物的实际销售者是禾生坊公司都是明知的，故京东公司并非本案的适格被告。5. 京东公司作为网络平台经营者，在禾生坊公司入驻京东商城时已要求其提供了相关证照、资质证书、《品牌授权书》等证明，故京东公司尽到了合理注意义务，且销售系争产品时，董朝彦与庄晓祥仍是夫妻关系，因此京东公司有理由相信，禾生坊公司在京东商城上销售系争产品是经过合法授权的。综上，京东公司请求法院驳回原告的诉讼请求。

被告禾生坊公司未到庭参加2014年7月15日的庭审。2014年2月22日，禾生坊公司出具由董朝彦签名并盖有公司公章的《情况说明》称，"本人在京东商城销售的化妆品，全部是上海市聚生坊商贸有限公司监制委托生产的合法产品，产品质量均合格出厂，同时广州禾生坊生物科技有限公司使用本案涉及的商标是得到上海聚生坊商贸有限公司的合法授权，有公司授权书为证；在广州禾生坊生物科技有限公司入驻京东商城之时，根据京东商城的要求，也向京东商城提交了合法销售的授权委托书，广州禾生坊生物科技有限公司在京东商城销售禾生坊产品期间，本人仍旧是上海聚生坊商贸有限公司持股50%的股东"。2014年8月8日，被告禾生坊公司法定代表人董朝彦到庭陈述称，禾生坊公司无法提供其向京东公司提供的《品牌授权书》原件。董朝彦同时称，截至当日其未向人民法院主张过聚生坊公司本次诉讼属于无效诉讼。

【法院审理】

本案中各方当事人的主要争议焦点为：本案诉讼是否为原告的真实意思表示；两个被告是否实施了原告所主张的侵权行为，应否承担相应的民事责任。

关于争议焦点一：

原告提交的起诉状、营业执照复印件、法定代表人身份证明书、代理委托书等均盖有聚生坊公司公章，故应当认为确系原告提起了本案诉讼。两被告虽称本案诉讼并非原告的真实意思表示，但没有证据表明董朝彦作为公司股东曾就本案诉讼事宜的异议提请过召开公司股东会或采取其他法律手段，故对于两被告关于本案诉讼并非原告真实意思表示的辩称意见不予采纳。

关于争议焦点二：

首先，关于系争产品是否系被告禾生坊公司通过京东商城销售的问题。原告提供的京东商城网页截图、产品实物、消费者书面证明、发票联、出库单以及被告京东公司提供的《平台服务协议》《京东商城开放平台服务协议》《情况说明》等证据互相印证，可以证明系争产品系被告禾生坊公司通过京东商城销售，被告京东公司虽对此有异议，但未提供相关证据予以证明，故对于京东公司的相关辩称意见，法院不予采纳。

其次，关于被告禾生坊公司销售系争产品的行为是否构成侵权及其应否承担相应民事责任的问题。将被告禾生坊公司销售的系争产品标注的"禾生坊出品"（其中"禾生坊"的字体明显大于"出品"的字体）、"HESHIDO"以及上下排列的"禾生坊""HESHIDO"文字标识与原告第7107096号"禾生坊"注册商标、第9043109号"HESHIDO"注册商标分别进行比对。其中，被控侵权标识"禾生坊出品"中突出显示的"禾生坊"与原告的"禾生坊"注册商标在字形、读音、含义上一致，在视觉上基本无差别，两者构成相同；被控侵权标识"HESHIDO"除字母"S"稍有变形外，其余部分均与原告的"HESHIDO"注册商标一致，以相关公众的一般注意力，易造成混淆和误认，两者构成近似；同理，被控侵权标识上下排列的"禾生坊""HESHIDO"与原告的"禾生坊"注册商标、"HESHIDO"注册商标在视觉上基本无差别，均构成相同。虽然两个被告称系争产品上使用的涉案注册商标得到了原告的合法授权，但两个被告均未提供《品牌授权书》原件，且原告对该授权书复印件的真实性不予认可，故在两个被告未提供其他证据予以印证的情况下，法院对于两个被告的上述辩称意见难以采信。鉴于系争产品上使用的与涉案商标相同或近似的"禾生坊出品"（其中"禾生坊"的字体明显大于"出品"的字体）、"HESHIDO"以及上下排列的"禾生坊""HESHIDO"文字标识并未得到原告的许可，故系争产品系侵害原告涉案注册商标专用权的侵权产品，被告禾生坊公司销售系争产品的行为，侵害了原告对第 7107096 号商标"禾生坊"、第 9043109 号商标"HESHIDO"享有的注册商标专用权。鉴于被告禾生坊公司的法定代表人董朝彦系原告的股东，故被告禾生坊公司知道其销售的系争产品上使用的与涉案商标相同或近似的"禾生坊出品""HESHIDO"以及上下排列的"禾生坊""HESHIDO"文字标识并未得到原告的授权，故应就其上述销售侵犯涉案注册商标专用权商品的侵权行为承担赔偿损失的民事责任。对两个被告关于禾生坊公司销售系争产品早于原告获得注册商标，属于在先使用的辩称意见，因未提供相关证据予以证明，法院不予采纳。

最后，关于被告京东公司是否为系争产品的共同销售者及其应否承担民事责任。其一，原告提供的京东商城网页截图中的店铺标示、订单中的发货人以及发票联标注的开票单位、出库单标注的发货人均为禾生坊公司，故上述证据仅能证明系争产品的销售商系禾生坊公司，而京东公司提供的《平台服务协议》《京东商城开放平台服务协议》等证据可以证明，京东公司向禾生坊公司提供的是电子商务交易平台及相应技术支持的服务。因此，京东公司系网络交易平台服务提供商，并非系争产品的共同销售者。其二，京东公司提交的禾生坊公司的营业执照、组织机构代码证、税务登记证、公司章程、工商档案机读材料、（2013）徐民一（民）初字第 1162 号民事判决书、《情况说明》、《品牌授权书》等证据，足以证明京东公司已经采取了必要的措施，就禾生坊公司的公司状况、系争产品的商标授权情况等进行了形式审查，尽到了合理注意义务，故对于原告要求京东公司承担赔偿责任的主张不予支持。

【案例评析】

司法实务中，对于电子商务平台经营者的责任承担，有两个方面的核心问题：一是电子商务平台经营者实施涉案行为的性质，即其是平台服务提供者，还是商品销售者或者服务提供者；二是在电子商务平台经营者仅仅提供平台服务时，其所要承担的民事责任。

侵权责任法第三十六条第二款规定，"网络用户利用网络服务实施侵权行为的，被侵权人有权通知网络服务提供者采取删除、屏蔽、断开链接等必要措施。网络服务提供者接到通知后未及时采取必要措施的，对损害的扩大部分与该网络用户承担连带责任。"第三款规定，"网络服务提供者知道网络用户利用其网络服务侵害他人民事权益，未采取必要措施的，与该网络用户承担连带责任。"其中，第二款是"通知—删除"义务，第三款是过错注意义务。

本案提出的问题是，当电子商务平台经营者被诉侵犯知识产权时，应当如何界定其行为性质以及需要承担的民事侵权责任。法院作为两个问题处理，（1）被告京东公司是否为系争产品的共同销售者；（2）京东公司是否采取了必要的措施，对禾生坊公司的情况进行了审查。

关于问题一，法院认为，根据原告提供的京东商城网页截图中的店铺标示、订单中的发货人、发票联标注的开票单位以及出库单标注的发货人显示，实际销售主体均为禾生坊公司。并且根据京东公司提供的《平台服务协议》《京东商城开放平台服务协议》等证据可以表明，京东公司向禾生坊公司提供的是电子商务交易平台及相应技术支持的服务，不参与实际的商品销售行为。因此，京东公司并未从事系争产品的销售行为。

关于问题二，其实质就在于京东公司是否尽到其过错注意义务。电子商务法第二十七条第一款规定，"电子商务平台经营者应当要求申请进入平台销售第一款商品或者提供服务的经营者提交其身份、地址、联系方式、行政许可等真实信息，进行核验、登记，建立登记档案，并定期核验更新。"在本案中，京东公司为证明其已经尽到了合理的注意义务，提交了被告禾生坊公司的营业执照、组织机构代码证、税务登记证、公司章程、工商档案机读材料、《品牌授权书》（复印件）、《情况说明》等。法院认定京东公司已经采取了必要的措施，就禾生坊公司的公司状况、系争产品的商标授权情况等进行了形式审查，尽到了合理注意义务。

当然，电子商务平台经营者的事先审查义务也只是判断其是否已经履行侵权责任法第三十六条第三款①规定的过错注意义务的一个方面。在电子商务平台经营者已经履行恰当的事先审查义务，且无其他在案证据证明其知道或者应当知道涉案侵犯知识产权的行为存在时，其对该涉案侵权行为无须承担连带责任。但是，如果在案证据证明电子商务平台经营者知道或者应当知道涉案侵权行为存在，而未及时采取必要措施，那么，即使其事先针对涉案侵权行为的实施者进行过相应的资质审查，其对该涉案侵权行为仍应承担连带责任。

---

① 参见电子商务法第四十五条的规定。

电子商务平台对明显低于正常价格
商品的注意义务

——中国建筑工业出版社与杨霄、浙江淘宝网络
有限公司侵害出版者权纠纷案①

【案例要旨】

法律、行政法规并未要求电子商务平台负有审查卖家销售商品的价格是否明显低于市场价格的义务，要求电子商务平台审查商品的售价与市场价格的差异也不现实。为此，不能仅因电子商务平台上的商品价格明显低于市场价格就认定电子商务平台未履行过错注意义务。

【案情简介】

2004 年 10 月 29 日，原告中国建筑工业出版社（以下简称建工社）与建设部机关服务中心（甲方）签订"一、二级建造师执业资格考试大纲合作出版协议"，约定《一级建造师执业资格考试大纲》（包括公路工程专业、水利水电工程等 14 个专业）（以下简称涉案图书）的出版发行。上述图书的著作权由甲方所有，建工社负责上述图书的封面设计、版式设计，以及上述图书的总发行及打击盗版工作。

2007 年 3 月，建工社出版了《一级建造师执业资格考试大纲（2007 年版）》（《水利水电工程专业》《公路工程专业》《机电工程专业》《市政公用工程专业》各 1 册）共 4 册。2010 年 4 月，建工社出版了《全国一级建造师执业资格考试用书（第二版）》（《水利水电工程管理与实务》《公路工程管理与实务》《机电工程管理与实务》《市政公用工程管理与实务》《建筑工程专业管理与实务》各 1 册）共 5 册；《全国一级建造师执业资格考试辅导（2010 年版）》（《水利水电工程管理与实务复习题集》《公路工程管理与实务复习题集》《机电工程管理与实务复习题集》《市政公用工程管理与实务复习题集》《建筑工程管理与实务复习题集》各 1 册）共 5 册；《全国一级建造师执业资格考试用书（第二版）》（《建设工程经济》《建设工程项目管理》《建设工程法律法规选编》《建筑工程法规及相关知识》

---

① 案例来源：（2011）杭余知初字第 318 号民事判决书，浙江省杭州市余杭区人民法院。

各 1 册）共 4 册及《全国一级建造师执业资格考试辅导（2010 年版)》（《建筑工程法规及相关知识复习题集》《建设工程项目管理复习题集》各 1 册）共 2 册（该 6 册为各专业的公共用书）。以上共涉及 19 种图书，发行定价 862 元。

2010 年 6 月 28 日，建工社发现浙江淘宝网络有限公司（以下简称"淘宝公司"）经营的淘宝网站上有一家"郑州图书批发城"的店铺，该店铺以明显不合理的低价销售上述图书，包括"2010 一级建造师 10 本（建筑机电市政公路水利）含盘送课件""2010 年全国一级建造师考试建筑工程全套 10 本含盘""2010 年全国一级建造师考试用书市政工程全套 10 本含盘""2010 年全国一级建造师考试机电工程全套 10 本含盘""2010 年全国一级建造师考试水利水电工程全套 10 本含盘"等商品。该店铺由杨霄设立经营。

2011 年 8 月 29 日，建工社向杭州市余杭区人民法院提起民事诉讼，请求判令：一、杨霄停止侵权，销毁侵权制品；二、杨霄、淘宝公司共同赔偿建工社经济损失 50000 元；三、杨霄、淘宝公司共同赔偿建工社律师费、公证费、交通食宿费等合理费用 5000 元。

2011 年 9 月 28 日，淘宝公司确认杨霄销售的涉案图书信息已不存在。

【诉辩意见】

原告建工社诉称：全国一级建造师执业资格考试用书（建筑工程专业、市政公用工程专业、机电工程专业、公路工程专业、水利水电专业）均为建工社独家出版，因此，建工社对该些图书享有专有出版权和版式设计权。杨霄所销售的该些图书均系盗版图书，杨霄的上述行为严重侵害了建工社享有的专有出版权，应承担侵权法律责任。而淘宝公司作为提供交易服务平台的主体，对在其网上销售的涉案图书及销售主体资格未尽到合理的审查义务，且对明显低于市场价格销售图书的信息未尽到及时删除的义务，为杨霄非法销售盗版图书提供了渠道和便利，与杨霄构成共同侵权，应承担连带责任。

被告杨霄未作答辩。

被告淘宝公司辩称：建工社不具有诉讼主体资格。淘宝公司并非实际经营者，其仅提供信息发布平台服务，已经尽到了法定的事前注意义务和事后补救义务。希望法院在评判淘宝平台的责任问题上，既考虑个案同时也着眼于宏观，从平台权利义务对等和买卖双方利益平衡的角度作出客观评判。综上所述，淘宝公司认为淘宝平台已经尽到法定且合理的注意义务，建工社的诉讼请求，缺乏法律与事实依据，应予以驳回。

【法院审理】

根据建工社提供的合作出版协议书及正版图书，可以确认建工社对涉案 19 种图书享有专有出版权，他人未经许可，不得出版上述建工社享有权利的图书。杨霄销售的涉案图书，从纸张和封面看与正版图书相差较大且缺少防伪纸和防伪标，明显属于盗版图书。作为销售商，杨霄对所销售具有明显盗版特征的图书主观上应当是明知的，本案中杨霄也没有提供所销售盗版图书的来源，依据法律规定，杨霄应当承担停止侵权和赔偿损失的责任。对于侵权的赔偿数额，建工社主张以法定赔偿确定损失，法院将综合涉案图书的知名度、被告侵权行为的性质、主观过错程度、建工社为制止侵权所支出的合理费用等因素酌定赔偿数额。

建工社主张淘宝公司未对明显低于市场价格的商品进行删除，也未审查杨霄是否具有经营许可证，从而认定淘宝公司对杨霄的侵权行为构成帮助侵权。法院认为：1. 根据淘宝公司提供的经营许可证、《淘宝网服务协议》《商品发布管理规则》及操作规程来看，淘宝公司仅是网络交易服务平台的提供者，并非交易当事人。杨霄发布在淘宝网上的涉案图书信息不存在明显的侵权信息，建工社主张涉案图书的售价明显低于市场价，但法律、行政法规并未要求网络交易平台的提供者负有审查卖家销售商品的价格是否明显低于市场价格的义务，且要求淘宝公司审查商品的售价与市场价格的差异也显属不合理，而且，价格的差异也不是认定侵权成立的要件，因此，淘宝公司不存在明知或应知网络用户侵犯他人权益而不采取措施的情形；2. 建工社也未就杨霄存在的侵权行为向淘宝公司明确指出，淘宝公司在收到建工社的起诉材料后也确认涉案侵权图书信息不存在，因此，淘宝公司尽到了事后的审查注意义务；3. 侵权行为发生时，法律、行政法规并无明确要求网络交易平台的提供者负有区分各种情况的义务，故淘宝公司未要求杨霄提供其具有出版物经营资质方面的证明未违反相关规定。综上，建工社关于淘宝公司构成帮助侵权的指控，不能成立。淘宝公司关于其不构成侵权的抗辩，理由成立，法院予以采信。

【案例评析】

就本案而言，淘宝公司作为电子商务平台，并不负有审核商品价格的义务，针对被告杨霄销售盗版图书的行为，也不具有主观过错，无须承担侵权责任。

首先，审核商品的价格并不是电子商务平台的法定义务。电子商务法明确规定了电子商务平台的知识产权保护义务，应当承担必要的、合理的知识产权合法性注意义务。根据电子商务法第四十二条和第四十五条的规定，电子商务平台负有"通知—删除"义务以及知道或应当知道侵犯知识产权的行为时主动采取必要措施的义务。但是，我国并未有任何法律法规要求电子商务平台审查卖家销售商品的价格是否明显低于市场价格。

其次，要求电子商务平台审核价格是否明显低于市场价并不现实。电子商务这种网络交易模式不同于商场柜台，其交易的商品数量巨大、类别繁多。其服务的卖家分为个人卖家和商家卖家，其中个人卖家数量格外庞大、情况复杂，既有个体工商户经营也有个人销售自有物品的情况。因此，电子商务平台所负审查义务及审查内容也不相同：对于商家卖家，电子商务平台审查的内容包括企业法人营业执照、营业执照、个体工商户营业执照等材料；对于个人卖家，由于目前法律、行政法规中并无具体明确的规定。电子商务平台上的商品都是店铺经营者自主上传，每家店铺的商品成千上万，如果要求电子商务平台对所有的商品的价格——审核，对于电子商务平台来说是不可完成的义务，并不具有可操作性。

最后，商品明显低于市场价格并不能直接判定电子商务平台侵权。根据电子商务法第四十二条和第四十五条的规定，电子商务平台负有"通知—删除"义务以及知道或应当知道侵犯知识产权的行为时主动采取必要措施的义务。基于本案事实，原告建工社在得知被告杨霄的侵权事实后，并未向淘宝公司明确指出，即未启动"通知"程序，相反，淘宝公司在收到建工社的起诉材料后确认涉案侵权图书信息不存在，因此，淘宝公司尽到了事后的审查注意义务，故本案不适用电子商务法第四十二条规定的"通知—删除"规则。那么，本案是否适用电子商务法第四十五条规定的"过错责任"呢？也就是说，在权利人建工社未履行通知义务情况下，能否认定淘宝公司"知道或者应当知道"杨霄的涉案侵权行为？

对于"知道或者应当知道"的判定，可以参照在先司法实践的规则。《北京市高级人民法院关于审理电子商务侵害知识产权纠纷案件若干问题的解答》（以下简称《解答》）第5条第1款规定：知道包括明知和应知。明知指电子商务平台经营者实际知道侵权行为存在；应知是指按照利益平衡原则和合理预防原则的要求，电子商务平台经营者在某些情况下应当注意到侵权行为存在。《解答》第 9 条规定，符合以下情形之一的，可以推定电子商务平台经营者在被控侵权交易信息公开传播后"明知或应知被控侵权交易信息或相应交易行为侵害他人知识产权"：（1）交易信息中存在明确表明未经权利人许可的自认，足以使人相信侵权的可能性较大；（2）知名商品或者服务以明显不合理的价格出售，足以使人相信侵权的可能性较大；（3）权利人的通知足以使人相信侵权的可能性较大；（4）电子商务平台经营者在交易信息公开传播后明知或应知被控侵权交易信息或相应交易行为侵害他人知识产权的其他情形。可见，对于以明显不合理的价格出售的情形，只有系针对知名商品或者服务侵权的情况下，才"足以使人相信侵权的可能性较大"。正如《解答》第 5 条第 1 款规定的，应知是指按照利益平衡原则和合理预防原则的要求，电子商务平台经营者在某些情况下应当注意到侵权行为存在。也就是说，需要考虑利益平衡和合理预防，不能给电商平台过苛的审查义务。

综上，就本案而言，针对被告杨霄实施的涉案侵权行为，即使其销售价格明显低于市场价格，在权利人建工社未履行通知义务的情况下，不宜认定淘宝公司知道或者应道知道涉案侵权行为存在，进而淘宝公司的行为也不构成侵权，不需要承担连带责任。

电子商务平台对重复侵权的注意义务

——武汉小桔灯文化信息交流有限责任公司与许庆芳、浙江淘宝网络有限公司侵害著作权纠纷案①

【案例要旨】

网络服务提供者将首次侵权信息删除后，网络用户仍然利用其提供的网络服务继续实施侵权行为的，网络服务提供者应当进一步采取必要的措施以制止继续侵权。至于哪些措施属于必要的措施，应当根据网络服务的类型、技术可行性、成本、侵权情节等因素确定。

---

① 案例来源：（2016）鄂 01 民终 4142 号民事判决书，湖北省武汉市中级人民法院。

【案情简介】

2014 年 3 月，《小桔灯快速阶梯序列作文教案》（第一阶梯至第八阶梯，每个阶梯分上、下）由小桔灯文化信息交流有限责任公司（以下简称小桔灯公司）组织编写完成，并享有著作权。

2015 年 9 月 11 日，小桔灯公司发现浙江淘宝网络有限公司（以下简称淘宝公司）运营的淘宝网上有一家"安徽快乐书吧"店铺，该店铺内售有"最新小桔灯作文纸质教案特价一站式作文上课专用"商品。该套图书中有《小桔灯快速阶梯序列作文教案》（第一阶梯至第八阶梯）共计 8 本书，每本书在每一页上都载明小桔灯公司的名称和地址、电话等联系方式。"安徽快乐书吧"于 2014 年 8 月 4 日在淘宝网上注册，卖家的真实姓名为许庆芳，该网店在一审审理阶段已停止经营。

2015 年 10 月 20 日，小桔灯公司向淘宝公司送达《律师函》，称淘宝网站上的"安徽快乐书吧"店铺出售的小桔灯作文纸质教案是侵权作品，要求立即停止侵权并提供"安徽快乐书吧"的经营者信息。2015 年 10 月 30 日，小桔灯公司根据淘宝公司的要求，将涉案作品参与创作人员与小桔灯公司签订的协议以及小桔灯公司的营业执照等资料发送给淘宝公司审查。

2015 年 11 月 2 日，淘宝公司删除"最新小桔灯作文纸质教案特价一站式作文上课专用"链接。根据淘宝公司提供的"安徽快乐书吧"后台数据，该网店中名为"最新小桔灯作文纸质教案特价一站式作文上课专用"的图书共售出 9 套，总价 3565 元，该套图书的最后一次销售记录即为小桔灯公司公证购买。除以上书名外，该网店还出售其他含"小桔灯"字样的图书，如冠名"小桔灯作文上课培训辅导""小桔灯作文培训""小桔灯全套教案"等等。据统计，该网店中所有含"小桔灯"字样的图书种类达三十余种、销售额总计约 19000 元，其中绝大部分销售额发生在 2015 年 11 月 2 日之前。

在 2015 年 11 月 2 日淘宝公司删除"最新小桔灯作文纸质教案特价一站式作文上课专用"链接之后，该网店又继续销售含"小桔灯"字样的其他图书约 1500 元，其中冠名"包邮最新小桔灯作文纸质教案特价一站式作文上课专用"的图书售出三套总计 1150 元。

小桔灯公司向一审法院起诉请求：1. 判令淘宝公司、许庆芳立即停止侵犯小桔灯公司作品《小桔灯快速阶梯序列作文教案》的发表权、出版权行为；2. 判令淘宝公司、许庆芳向小桔灯公司支付赔偿金 300000 元；3. 判令淘宝公司、许庆芳支付公证费、律师费 30000 元。武汉东湖新技术开发区人民法院作出（2016）鄂 0192 民初 6 号一审判决：一、许庆芳于判决生效之日起立即停止销售《小桔灯快速阶梯序列作文教案》；二、淘宝公司于判决生效之日起立即删除上述第一项所列侵权商品在淘宝网上的商品链接；三、许庆芳于判决生效之日起十日内向小桔灯公司赔偿经济损失及律师费、公证费共计 22000 元；四、淘宝公司对上述第三项中许庆芳赔偿金额中的 5000 元承担连带赔偿责任；五、驳回小桔灯公司的其他诉讼请求。淘宝公司不服一审判决，向湖北省武汉市中级人民法院提出上诉，请求撤销（2016）鄂 0192 民初 6 号民事判决书中的第二、四项判决，并依法改判。

二审期间，淘宝公司向法院提交了"包邮最新小桔灯作文纸质教案特价一站式作文上课专用"商品链接上线信息一份，以证明该商品上线时间为 2015 年 12 月 10 日，商品 ID 为 525101498364，与之前删除的商品 ID 不同。

【诉辩意见】

淘宝公司上诉称：一审判决在没有证据证明"淘宝公司知道网络用户利用其网络服务侵害他人民事权益，未采取必要措施"的情况下，适用侵权责任法第三十六条第三款判定淘宝公司与许庆芳承担连带责任，属于适用法律错误。1. 淘宝公司已于 2015 年 11 月 2 日删除了涉案商品的链接，及时采取了必要措施。2. 根据目前的技术条件，电商平台通常仅能依据商品的 ID 来确定商品链接，即一个商品 ID 对应一个 URL 地址。若商家对同一商品采用了不同的商品 ID，淘宝公司是无法识别两件商品的同一性。一审判决在未对 2015 年 11 月 2 日后"安徽快乐书吧"销售的"包邮最新小桔灯作文纸质教案特价一站式作文上课专用"与公证取证的涉案商品进行比对的情况下，仅凭商品名相似来认定两件商品的同一性，显然缺乏事实依据。3. 电商平台既不是鉴定机构，更不是判定侵权与否的权力机关。权利人进行投诉后，平台依据"通知—删除"规则对商品信息链接进行删除，并不代表第一次删除的动作就是正确的，或者说平台处理了权利人的历史投诉就代表商家侵权成立。若依据之前的投诉处理结果，去封杀后续卖家的所有商品，不管名称相同或者相似，就相当于平台作出了"侵权已经确凿无疑"的判定，显然法律没有赋予平台这个权力，也没有规定平台负有该义务。4. 淘宝公司作为网络交易平台提供者所承担的义务应与其民事行为能力、民事责任能力相匹配。淘宝网上拥有超过 1100 万卖家及 10 亿余件商品，加上信息流动的即时性，要求淘宝公司对网络环境中数量如此巨大且不断变动的所有交易信息的真实性、准确性及合法性进行事先审查，从客观上和技术上均不具有可操作性。淘宝公司一直在努力积极探寻各种保护权利人利益的措施，如主动防控、总结侵权规律等，但这绝非淘宝公司的法定义务。5. 仅以最终结果来判断淘宝公司是否已采取必要措施，背离过错责任原则。

小桔灯公司辩称：一审判决淘宝公司就侵权扩大部分损失承担连带责任具有事实和法律依据。淘宝公司自己提供的证据显示在其采取措施断开公证取证商品"最新小桔灯作文纸质教案特价一站式作文上课专用"的链接之后，许庆芳经营的网店仍有名称为"包邮最新小桔灯作文纸质教案特价一站式作文上课专用"的商品销售，新增加的侵权销售行为是淘宝公司制止侵权行为不利的结果。至于有关商品链接 ID 不同以及制止侵权行为困难等问题，属于淘宝公司自身经营网络平台的问题，不能依此而减轻其法定义务。

许庆芳述称：对一审判决无意见。

【法院审理】

一审法院对淘宝公司提交的销售数据在证据使用上有误，进而导致依该证据判令淘宝公司承担删除相关商品链接并连带负担部分经济损失的实体处理不当。同时，依据侵权责任法第三十六条第二款和第三款的规定，淘宝公司也不应对许庆芳的行为承担连带责任：

首先，淘宝公司不应依侵权责任法第三十六条第二款而承担责任。小桔灯公司除就涉案网店上名为"最新小桔灯作文纸质教案特价一站式作文上课专用"的商品链接（ID：45905413279）向淘宝公司进行投诉外，并未就该网店上的其他商品涉嫌侵权发起过投诉。在接到小桔灯公司的通知之后，淘宝公司即在 2015 年 11 月 2 日删除了侵权商品的链接，其不符合依据侵权责任法第三十六条第二款就侵权扩大损失承担连带责任的规定。

其次，淘宝公司亦不应依侵权责任法第三十六条第三款而承担责任。小桔灯公司并未就涉案网店 2015 年 12 月 10 日出现的"包邮最新小桔灯作文纸质教案特价一站式作文上课专用"商品链接（ID：525101498364）发起过投诉，在未接到小桔灯公司再次投诉通知之前，淘宝公司作为网络服务提供者对涉案网店发生的再次侵权行为主观上并不处于明知状态。至于淘宝公司主观上是否应该知道许庆芳再次实施了侵权行为，虽然涉案网店新出现的商品链接名称"包邮最新小桔灯作文纸质教案特价一站式作文上课专用"与淘宝公司此前删除的商品链接名称接近，但并不能因此而径行认定淘宝公司主观上应知该商品链接所指向的商品侵权，理由在于：

第一，从网络交易平台服务提供者对商户行为侵权与否的判断能力分析，由于网络交易客观上存在商品信息流与商品实物相分离的情况，在缺少权利人通知的情况下，仅通过用户上传的商品信息，淘宝公司作为网络服务平台的提供者并不能准确无误地判定该商品侵权与否。第二，从对涉嫌再次侵权商品的管理角度分析，在通常情况下，淘宝公司作为网络交易平台服务提供者其并不直接控制淘宝网上交易商品名称的命名及商品的上架或下架，淘宝网上交易商品名称的拟定及商品的上架、下架等操作均由淘宝网商户自行实施，要求淘宝公司对侵权商户再次上架商品是否涉嫌侵权主动审查将不当加大淘宝公司的审查义务。第三，从淘宝公司是否对商户重复侵权行为采取了相应合理措施分析，依淘宝公司制定的《淘宝规则》及删除之前侵权商品链接的事实判断，淘宝公司已设置了相应程序接收侵权通知并对通知作出合理反应，且淘宝公司对重复侵权行为也规定了相应的累计扣分及惩处机制。至于淘宝公司未对许庆芳之后上传的特定商品信息实施主动监管，法院虽认同并支持相关网络交易平台服务提供者采取规范商品名称管理、完善交易及惩罚规则等措施来主动防控商户再次实施侵权行为，但由于该等主动防控措施在实际操作中本身会面临删除、屏蔽的商品信息范围如何界定，删除、屏蔽措施该在多长时间内实施以及卖家合法经营权利如何保障等诸多问题，尚不能因网络交易平台服务提供者其未采取该等主动防控措施即推定其主观上应知晓卖家的侵权行为。因此，法院认为淘宝公司主观上并不知晓许庆芳再次利用其提供的网络服务实施侵权行为，其不应对许庆芳之后实施的侵权行为承担连带责任。

【案例评析】

本案涉及电子商务平台对其商户重复侵权是否具有注意义务的问题。

电子商务法第四十二条第二款规定，电子商务平台经营者接到知识产权权利人通知后，应当及时采取必要措施，并将该通知转送平台内经营者。未及时采取必要措施的，对损害的扩大部分与平台内经营者承担连带责任。电子商务平台接到通知后及时删除侵权信息是其免于承担赔偿责任的条件之一，但并非是充分条件。电子商务法第四十五条同时规定，电子商务平台经营者知道或者应当知道平台内经营者侵犯知识产权的，应当采取删除、屏蔽、断开链接、终止交易和服务等必要措施。未采取必要措施的，与侵权人承担连带责任。

如何判断电子商务平台明知或者应知网络用户利用其所提供的网络服务实施侵权行为，是司法实践的重难点。网络用户重复侵权，应当是判断电子商务平台是否明知或应知的考量因素。如根据《最高人民法院关于审理侵害信息网络传播权民事纠纷案件适用法律若干问题的规定》第九条的规定，网络服务提供者是否针对同一网络用户的重复侵权行为采取了相应的合理措施，是认定网络服务提供者是否构成应知的一个考量因素。

电子商务平台删除信息后，如果网络用户仍然利用其提供的网络服务继续实施侵权行为，网络服务提供者则应当进一步采取必要的措施以制止继续侵权。哪些措施属于必要的措施，应当根据网络服务的类型、技术可行性、成本、侵权情节等因素确定，具体可以是对网络用户进行公开警告、降低信用评级、限制发布商品信息直至关闭该网络用户的账户等。淘宝公司制定的《淘宝规则》对重复侵权行为也规定了相应的累计扣分及惩处机制。如果存在多次有效投诉的情况，淘宝公司应当知道网络用户利用其网络交易平台销售侵权商品的事实，此时，如果淘宝公司对此未采取必要措施以制止侵权，而是对网络用户继续实施侵权行为放任和纵容，则可以认定淘宝公司故意为网络用户销售侵权商品提供便利条件，构成帮助侵权。

淘宝公司在2015年11月2日删除"最新小桔灯作文纸质教案特价一站式作文上课专用"链接之后，被诉网店又继续销售含"小桔灯"字样的其他图书，且其中冠名"包邮最新小桔灯作文纸质教案特价一站式作文上课专用"的图书共售出三套。法院认为，在缺少权利人通知的情况下，仅通过用户上传的商品信息，淘宝公司作为网络服务平台的提供者并不能准确无误地判定该商品侵权与否。虽然法院认同并支持相关网络交易平台服务提供者采取规范商品名称管理、完善交易及惩罚规则等措施来主动防控商户再次实施侵权行为，但由于该等主动防控措施在实际操作中本身会面临删除、屏蔽的商品信息范围如何界定，删除、屏蔽措施该在多长时间内实施以及卖家合法经营权利如何保障等诸多问题，尚不能因网络交易平台服务提供者其未采取该等主动防控措施即推定其主观上应知晓卖家的侵权行为。

本案中，法院认为，对于重复侵权，也需要权利人的再次通知，即通知后删除是电子商务平台免于承担赔偿责任的充分条件；且认为，电子商务平台主动防控措施在实际操作中本身会面临删除、屏蔽的商品信息范围如何界定，删除、屏蔽措施该在多长时间内实施以及卖家合法经营但不利于解决如何保障等诸多问题。该观点在卖家初次侵权的情况下具有合理性，对于多次侵权的情况，实际上，淘宝公司也制定并发布了一系列的网络用户行为规则，也曾对一些网络用户违规行为进行处罚。淘宝公司若能够严格根据其制定的规则对违规行为进行处理，虽不能完全杜绝网络用户的侵权行为，但可增加网络用户侵权的难度，从而达到减少侵权的目的。

电子商务平台针对侵害专利权行为的注意义务较低

——刘某、杨某与上海休某电子科技有限公司、浙江天某网络有限公司侵害外观设计专利权纠纷案①

【案例要旨】

由于专利权的特殊性，仅凭电子商务平台上的商品信息一般无法判断是否构成侵犯专利权，因此，对于电子商务平台经营者而言，通常对于网络用户侵犯专利权的行为难以有预见和避免。在侵害专利权案件中，不宜对电子商务平台经营者苛加审核义务。

【案情简介】

2004 年 3 月 31 日，案外人北京宇朔尚源科技有限公司（以下简称宇朔尚源）向国家知识产权局申请名称为"移动闪存盘（2）"的外观设计专利，并于 2004 年 11 月 10 日获得授权，专利号为 ZL200430006471.0。2008 年 7 月 23 日，上述专利权发生转移，专利权人变更为本案两原告杨某与

---

① 案例来源：（2013）沪一中民五（知）初字第 96 号民事判决书，上海市第一中级人民法院。

刘某。

2013 年 1 月 21 日，两个原告发现被告浙江天某网络有限公司（以下简称天某公司）运营的网站 www. tmall. com 上存在一家名叫"Kdata 休某专卖店"的店铺，该店铺售有与原告涉案外观设计专利基本相同的移动闪存盘（即 U 盘）"永恒经典旋转式优盘 U 盘 8G"等商品。店铺的经营者系被告上海休某电子科技有限公司（以下简称休某电子公司）。休某电子公司于 2012 年 7 月 6 日注册成立，经营范围包括电子科技领域内的技术开发、技术咨询、技术服务，工业产品设计（除特种设备），电子数码产品、音响设备等。

2013 年 5 月 15 日，两个原告向上海市第一中级人民法院提起侵害外观设计专利权民事诉讼，请求判令两个被告停止侵权并连带赔偿原告经济损失及合理费用共计人民币 10 万元。

【诉辩意见】

原告刘某、杨某诉称：被告休某电子公司未经原告许可制造、销售、许诺销售侵害原告涉案专利权的产品，给原告造成了重大损失，依法应当承担相应的民事责任。被告天某公司为网络交易平台提供者，为休某电子公司的侵权行为提供了帮助，且未尽到足够的注意义务，故与休某电子公司构成共同侵权，应承担相应的民事责任。

被告休某电子公司未作答辩。

被告天某公司辩称：其为涉案信息发布平台的网络服务提供商，仅提供技术服务而不参与交易，故其不是被控侵权产品的销售、许诺销售和制造商；即便被告休某电子公司的行为侵犯原告的涉案专利权，被告天某公司与休某电子公司没有共同侵权的意思表示，其作为网络服务提供商已经尽到了合理的审查义务，故不需要承担赔偿责任；两原告主张的赔偿金额明显偏高。

诉讼中，被告天某公司向法院提交了（2013）浙杭钱证内字第 1218号公证书，以证明其在收到诉状后检查了涉诉网店，目前在休某电子公司的网店内已无被控侵权产品的相关信息。原告经核实认为涉诉网店内还存在被控侵权产品，故天某公司存在恶意侵权。

【法院审理】

两原告系"移动闪存盘（2）"外观设计专利的专利权人，该项专利权目前仍处于有效状态，任何单位或个人未经原告许可，不得实施其专利，即不得为生产经营目的制造、许诺销售、销售、进口其专利产品。经比对，被告休某电子公司在被告天某公司网站上销售的被控侵权产品的外观与原告涉案专利的外观设计近似，已经落入了原告涉案专利权的保护范围，故属于侵犯原告专利权的产品。

一、被告休某电子公司应承担的民事责任

原告以被告休某电子公司未提供被控侵权产品的合法来源为由，指控该被控侵权产品系由休某电子公司制造。根据我国专利法的相关规定，有无合法来源是侵权产品的销售商等应否要承担赔偿责任的判定条件，而非认定被告应否承担制造商责任的依据。因此，除非有证据证明被告制造了侵权产品，否则不能仅以无合法来源认定被告为该侵权产品的制造者。本案中，被控侵权产品无外包装，产品上亦无任何生产厂商的信息，而被告休某电子公司的经营范围并无电子数码产品的制造，故依现有证据尚难认定被控侵权产品系由被告休某电子公司制造，法院对原告的该项主张不予支持。

被告休某电子公司未经原告许可许诺销售、销售侵犯原告涉案专利权的产品，且未能提供该产品的合法来源，应当承担停止侵权、赔偿经济损失的民事责任。关于赔偿经济损失的金额问题，原告未能提供证据证明其因被告的侵权行为所遭受的损失或被告实施侵权行为的获利，而本案又无专利许可使用费可以参照，故法院综合考虑以下因素酌情确定本案的赔偿数额为 10000 元：1. 涉案专利为外观设计专利，其在实现产品利润中的作用较小；2. 涉案专利本身价值较小，且现存有效期限较短；3. 原告主张被告休某电子公司的侵权范围为被告休某电子公司在天某公司网站上的侵权行为；4. 从被告休某电子公司成立的时间可以推知其实施侵权行为的期间较短；5. 原告为本案支出的公证费、购买被控侵权产品的费用等合理支出。

二、被告天某公司应否承担侵权责任

两个原告在庭审中确认被告天某公司为网络交易平台提供者，但认为天某公司为休某电子公司的侵权行为提供了帮助，且未尽到足够的注意义务，故与休某电子公司构成共同侵权，应承担相应的民事责任。

1. 被告天某公司作为网络交易平台提供者，其本身并不参与网上商品交易，而仅为买卖双方提供网上交易平台服务，故天某公司不是网络交易的一方主体，其非涉案销售行为的直接实施者。同时，被诉网店内的相关商品信息亦非由天某公司所发布，故其亦非涉案许诺销售行为的实施者。

2. 由于专利权的特殊性，仅凭网络交易平台上的商品信息一般无法判断是否构成专利侵权，因此，对于网络服务提供者而言，通常对于网络用户侵犯专利权的行为不具有预见和避免的能力。本案中，依现有证据无法得出被告天某公司明知或应知休某电子公司在其网站上实施侵权行为，而仍然为该公司提供网络交易平台服务的结论。虽然两个原告认为休某电子公司的网店内至今仍有涉嫌侵权商品的信息，但根据天某公司提交的公证书，涉案的侵权商品信息已经被删除，而目前存在的相关信息与涉案的侵权商品信息并不完全一致，链接地址也不同，依网络交易平台服务提供商现有的技术条件，确难做到对交易平台上的信息进行一一核对，故无法以此认定天某公司对于之后重新上传的商品信息是明知或应知的，两个原告的上述主张实际上对网络交易平台服务提供商苛以过于严格的审核义务。此外，原告也未向天某公司发送过要求删除、屏蔽、断开相关链接的通知。因此，原告要求被告天某公司承担侵权责任的诉讼请求，缺乏事实和法律依据，不予支持。

【案例评析】

侵权责任法第三十六条规定，"网络用户、网络服务提供者利用网络侵害他人民事权益的，应当承担侵权责任。网络用户利用网络服务实施侵权行为的，被侵权人有权通知网络服务提供者采取删除、屏蔽、断开链接等必要措施。网络服务提供者接到通知后未及时采取必要措施的，对损害的扩大部分与该网络用户承担连带责任。网络服务提供者知道网络用户利用其网络服务侵害他人民事权益，未采取必要措施的，与该网络用户承担连带责任。"

对于该条款的适用，司法实践中法院还是会赋予电商平台一定范围内的审查权，由电商平台自行决定是否采取删除等必要措施。例如，有观点认为，电商平台实际上行使了相当大的"准司法权""准执法权"、甚至"准立法权"。如果电商平台本着不负责任的态度，机械、盲目、片面地套用"通知—删除—转通知—恢复"程序，可能给知识产权权利人和平台内经营者造成严重后果，并引发经营混乱。从事实上看，对于形形色色的通知和反通知（不侵权声明），电商平台不可能不进行审查，也不可能不作出自己的判断。从法理上讲，根据权力与责任相一致的原理，电商平台不是也不可能仅仅是"信使"。① 在济南佐康商贸有限公司（以下简称佐康公司）诉浙江淘宝网络有限公司（以下简称淘宝公司）侵害商标权纠纷案②中，法院认为，并非权利人发出有效通知后，第三方交易平台即应当立即采取删除、屏蔽、断开链接的技术措施。事实上，由于网络商品经营者才是商标侵权行为的直接实施者，如果权利人没有事先固定有效证据，或者在侵权事实是否成立尚未确定的情况下，直接要求第三方交易平台采取上述技术措施可能会给其造成不必要的法律风险，也为权利人进一步维权带来困难。因此第三方交易平台在接到权利人的有效通知后，应当本着审慎态度，对于相关情况进行调查、核实，并可向工商行政管理部门报告，亦可将调查核实的情况向权利人反馈并提供相关信息。只有在侵权事实能够确定的情况下，为防止损失的扩大，权利人方有权要求第三方交易平台采取删除、屏蔽、断开链接的技术措施。佐康公司向淘宝公司发送通知时未提供侵权的初步证据，即便二审中提供了相关证据，在侵犯商标权行为尚未进行最终认定的情况下，应当由淘宝公司在调查核实后根据情况决定是否采取相应的技术措施。

　　本案中，涉案知识产权为外观设计专利。由于专利权的特殊性，仅凭网络交易平台上的商品信息一般无法判断是否构成侵犯专利权，对于网络服务提供者而言，通常对于网络用户侵犯专利权的行为不具有预见和避免的能力。因此，依现有证据无法得出被告天某公司明知或应知休某电子公司在其网站上实施侵权行为，而仍然为该公司提供网络交易平台服务的结论。应该看到，虽然原告认为休某电子公司的网店内至今仍有涉嫌侵权商品的信息，但根据天某公司提交的公证书，涉案的侵权商品信息已经被删除，而目前存在的相关信息与涉案的侵权商品信息并不完全一致，链接地址也不同，依网络交易平台服务提供商现有的技术条件，确难做到对交易平台上的信息进行一一核对，故无法以此认定天某公司对于之后重新上传的商品信息是明知或应知的，原告的上述主张实际上对网络交易平台服务提供商苟以过于严格的审核义务。此外，原告也未向天某公司发送过要求删除、屏蔽、断开相关链接的通

---

① 蒋强：《电商平台不仅仅是"信使"》，载《知产力》公众号，2018 年 10 月 31 日。
② 参见山东省济南市中级人民法院（2017）鲁 01 民终 3439 号民事判决书。

知。因此，原告要求被告天某公司承担侵权责任的诉讼请求，缺乏事实和法律依据。

不过，对于侵权责任法第三十六条规定的"通知—删除"规则和"过错注意义务"，电子商务法的相关规定有所调整。电子商务法第四十二条第二款规定，"电子商务平台经营者接到通知后，应当及时采取必要措施，并将该通知转送平台内经营者；未及时采取必要措施的，对损害的扩大部分与平台内经营者承担连带责任。"第四十五条规定，"电子商务平台经营者知道或者应当知道平台内经营者侵犯知识产权的，应当采取删除、屏蔽、断开链接、终止交易和服务等必要措施；未采取必要措施的，与侵权人承担连带责任。"

根据电子商务法第四十二条第二款的规定，只要接到权利人的通知，电子商务平台就"应当及时采取必要措施"，否则，对损害的扩大部分要承担连带责任。对于该条款中的"应当及时采取必要措施"，有观点认为，"电子商务平台经营者通过自动信息系统收到知识产权的通知后，仅须通过系统进行形式审查，无须对通知内容进行法律上的判断，也无须对通知指控内容进行调查，就应当及时根据通知要求，对平台内经营者采取删除、屏蔽、断开链接、终止交易和服务等必要措施。有人主张因著作权、商标权、专利权等知识产权类型的不同，而对其通知区别对待。此种观点显然是对平台经营者的地位与作用的误解。平台经营者不能以缺乏实质审查的资源或侵权判断的能力为借口，拒绝依照通知及时采取措施。"[①]

如果电子商务法起草组的上述法律解读在司法实践中得到贯彻，将势必加重电商平台的侵权责任。对此，本书认为，一方面，对于电子商务法第四十二条第二款、第四十五条理解与适用上的分歧，需要通过司法实践进一步明确；另一方面，对于电商平台该如何"及时采取必要措施"，需要在个案中作出判断，而不宜采用"一刀切"的判断标准。

---

① 全国人大财经委员会电子商务法起草组编著：《中华人民共和国电子商务法条文释义》，法律出版社2018年版，第129—130页。

电子商务平台经营者对自营业务负有
更高注意义务

*——株式会社 DHC 与广州依露美化妆品有限公司、北京
万豪天成贸易有限公司、纽海电子商务（上海）有限公司、
纽海信息技术（上海）有限公司侵害商标权纠纷案*①

【案例要旨】

电子商务平台上的网店销售的商品或提供的服务构成侵权的，该电子商务平台经营者所应承担的注意义务以及相应的法律责任因该网店的性质而有所区分。对标记为"自营"的业务，电子商务平台经营者应当依法承担商品销售者或者服务提供者的民事责任。

【案情简介】

被上诉人（一审原告）株式会社 DHC 是第 1395239 号"DHC"商标、第 3457751 号"蝶翠诗"商标、第 8284725 号"DHC"商标及第 8718697号"DHC"商标的权利人。

2013 年，北京万豪天成贸易有限公司（以下简称万豪公司）注册取得第 10571065 号"DHCFOCU"商标。2015 年 2 月 11 日，商标评审委员会作出《关于"DHCFOCU"商标无效宣告请求裁定书》（商评字〔2015〕第 19623 号），裁定争议商标予以宣告无效。

2014 年 5 月 16 日，株式会社 DHC 的代理人委托上海市黄浦公证处出具（2014）沪黄证经字第 4720 号公证书，其上载明：在"1 号店"主页搜索栏输入"DHCFOCUS"进行检索，页面显示 DHCFOCUS 维他命 E 面膜、海洋冰泉面膜、冬虫夏草面膜、澳洲玫瑰面膜、维他命 C 面膜、牛初乳面膜、红酒亮肤面膜、胶原蛋白面膜等产品名称、价格及图片，下标"1 号店自营"。产品照片显示产品外包装及产品内包装正面左上角及背面上部的"DHCFOCUS"商标中的"DHC"部分被加大加粗，网页上方的商品分类右侧使用了"DHCFOCUS/DHC 焦点"字样，产品名称前使用了"DHCFOCUS"字样。商品介绍页面的"DHC"被加大加粗，"品牌故事"

---

① 案例来源：（2016）沪民终 339 号民事判决书，上海市高级人民法院。

中使用了"DHC"商标，载明："DHC 拥有多个事业部的庞大企业集团。包括翻译事业部、教育事业部、出版事业部、医药食品事业部、食品事业部、酒店事业部、美容院及水疗事业部、内衣事业部等。日本 DHC 化妆业务始于 1983 年，所有产品均以通信贩卖的形式进行销售。从基本的肌肤护理至化妆品、美体产品、护发用品、男士护肤品、婴儿护肤品以及健康食品"。株式会社 DHC 公证购买被控侵权产品的送货单载明：送货单位为"10006（1 号店（上海）"，客户要求送货时间为 2014 年 5 月 4 日，商品描述一栏中产品名称前使用了"DHCFOCUS"字样，发票开具单位为纽海电子商务（上海）有限公司。外包装上标有"香港蝶翠诗控股集团有限公司监制""广州依露美化妆品有限公司制造商""经销商名称：北京万豪天成贸易有限公司"字样。

另外，根据株式会社 DHC 的公证，万豪公司在"乐蜂网""当当网""亚马逊""利群商城""京东""苏宁易购"等网页上使用与株式会社 DHC 享有注册商标专用权"DHC""蝶翠诗"极其近似的标识。部分产品名称前使用"DHCFOCUS""DHC 蝶翠诗""DHCfocu"等字样，部分产品图片上使用的"DHCFOCUS"注册商标中"DHC"部分被加大加粗。

广州依露美化妆品有限公司（以下简称依露美公司）在同种商品上使用了与株式会社 DHC 等英文商标相近的标识，标明"经销商"为万豪贸易公司、"制造商"为依露美公司。"1 号店"网页产品图片中还出现"DHCFOCUS"注册商标中突出使用"DHC"部分的情况。

【诉辩意见】

纽海电子商务（上海）有限公司（以下简称纽海商务公司）上诉称纽海商务公司仅是提供电子交易平台的软件服务商，并非涉案产品的销售商，未实施和参与任何涉案产品的销售行为，且在知晓可能存在侵权的情况下，已将涉案商品进行下架。根据侵权责任法，纽海商务公司作为电子平台服务商承担的是过错责任，但一审法院对此未予判断。一审法院对于"信赖利益"的相关说理、认定属于创造法律，没有任何法律依据。

依露美公司上诉称：一审法院判决依露美公司构成商标侵权错误，依露美公司系接受委托加工被控侵权产品，没有侵权故意，且在此过程中尽到了谨慎的审查义务，委托方有权使用相关商标。依露美公司也没有参与任何的销售环节。即便被控侵权产品涉嫌侵权，依露美公司依照委托合同法律关系，相关侵权责任也应由委托方承担。依露美公司不应承担赔偿责任，且株式会社 DHC 请求赔偿的依据是侵犯商标权和不正当竞争，一审法院认定其他被告在销售过程中构成不正当竞争的情况下，依露美公司未参与销售，故不应被判决与万豪贸易公司共同赔偿经济损失。

株式会社 DHC 辩称：针对涉案产品的特殊性，一审判决给予电商平台更高的审查义务是合理的，且综合本案证据，纽海商务公司和纽海信息公司各自分工合作，共同实施 1 号店自营商品的销售行为。依露美公司直接制造涉案产品，满足侵权构成要件。根据依露美公司与万豪贸易公司的关系，一家制造，一家销售，共同导致损害发生，应当承担连带责任。依露美公司称其系受托加工，这与证据证明的事实相反。

纽海信息公司同意纽海商务公司意见，认为其不能成为本案被告。

万豪贸易公司未提交意见。

【法院审理】

一、一审法院认定纽海商务公司构成侵权是否正确

电子商务平台经营者在自营商品或服务中理应负担更高之注意义务，理应被视同为该商品或服务之提供者，承担与商品或服务提供者相同之法律责任。此外，对于明确标识"平台自营"等类似信息之商品或服务，因其系以平台名义对外开展相关商品或服务之经营活动，故无论其是否确由该平台经营者自主经营，电子商务平台经营者仍应对此承担前述注意义务及相应法律责任。本案中，被控侵权产品销售网页上明确标识"1 号店自营"字样，故鉴于前述，纽海商务公司作为"1 号店"之经营者，理应被认定为被控侵权产品之销售者，与被控侵权产品销售发票出具者纽海信息公司承担共同侵权之法律责任。

二、一审法院认定依露美公司构成侵权并应承担相应赔偿责任是否正确

侵权产品署名生产者不得以其与他人签订之委托加工协议免除相应商标侵权责任。本案中，鉴于被控侵权产品上明确标注依露美公司为"制造商"，即依露美公司系以其名义生产该被控侵权产品，故其不应被认定为被控侵权产品之受托加工商，而应被认定为被控侵权产品之生产者，并就此承担生产者之相应法律责任，且该法律性质之认定及相应责任之承担不受其与万豪贸易公司签订之委托生产协议所影响。此外，化妆品生产系属国家许可经营之行业，依露美公司作为该行业内具有资质之生产企业，其知识产权注意义务不仅限于对加工委托方权利基础之审查，更应及于其生产行为侵害他人合法权利之可能性。涉案"DHC"等株式会社 DHC 权利商标亦主要涉及化妆品行业，且具一定知名度，依露美公司作为业内企业对该些注册商标理应知晓，故一审法院相应认定正确。

三、一审法院认定依露美公司应与万豪贸易公司承担共同赔偿责任是否正确

株式会社 DHC 于一审庭审中当庭明确其主张之赔偿责任仅及于商标侵权行为，不涉及不正当竞争行为，故依露美公司、万豪贸易公司分别作为侵害涉案商标专用权产品之生产者及销售者，一审法院判决二者共同对此承担赔偿责任并无不妥。

【案例评析】

《北京市高级人民法院关于审理电子商务侵害知识产权纠纷案件若干问题的解答》（京高法发〔2013〕23 号）（以下简称《解答》）第一条第二款规定，电子商务平台经营者，是指为电子商务提供交易平台，即为交易信息的公开传播提供网络中间服务的网络服务提供者。电子商务法第九条第二款规定，"本法所称电子商务平台经营者，是指在电子商务中为交易双方或者多方提供网络经营场所、交易撮合、信息发布等服务，供交易双方或者多方独立开展交易活动的法人或者非法人组织。"根据上述规定，电子商务平台经营者仅提供平台服务，当有侵权行为发生时，电子商务平台经营者也仅承担平台责任。

但是，随着电子商务的日渐发展，很多电子商务平台呈现出混合型的特征，既为第三方交易提供平台服务，也直接作为交易当事方参与交易，也即兼具"平台经营者"和"平台内经营者"的双重角色。对于具有混合特征的电子商务交易平台而言，当其在自有平台销售商品或者提供服务时，其实质上充当的是平台内经营者的角色，需要承担直接侵权责任。

正如本案二审判决指出的，电子商务平台经营者因该平台中商品或服务构成侵权所应承担之注意义务及法律责任理应以该商品或服务提供之来源有所区分。一方面，对非自营之商品或服务而言，鉴于电子商务平台一般涉及的数据信息较为庞杂，其经营者往往难以自觉发现侵权行为，故对其苛以较高注意义务有违公平原则，亦不利于电子商务产业发展。因此，我国侵权责任法及相关法律规定，电子商务平台经营者对其平台中存在之侵权行为应承担必要合理之注意义务，并应当及时采取相应之必要措施以避免损害扩大，否则应承担电子商务平台经营者所应承担之相应不利后

果。另一方面，对自营商品或服务而言，一则在此种情形下，电子商务平台经营者系实际以平台名义进行该商品或服务之经营活动，理应对该活动之开展具有较强控制力；二则按照通常认识，普通消费者一般容易将此种情形理解为系电子商务平台自主经营，对其往往较其他第三方提供之商品或服务而言具有更高之信赖。

电子商务平台经营者在网站上标明"自营"字样，是平台经营者将其自营部分与其他经营者经营部分加以区分的重要表达方式。正是因为"自营"标记的重要意义，电子商务法第三十七条规定，"电子商务平台经营者在其平台上开展自营业务的，应当以显著方式区分标记自营业务和平台内经营者开展的业务，不得误导消费者。电子商务平台经营者对其标记为自营的业务应当依法承担商品销售者或者服务提供者的民事责任。"

对于标注"自营"标识、以平台经营者名义对外发布交易信息等用平台经营者名义开展经营的，应该承担更高的注意义务。理由在于：首先，从消费者的角度而言，根据平台经营者提供的商业外观，消费者有理由相信其所购买的商品来源于平台经营者本身。相对于第三方经营的商品而言，消费者往往会对平台自营产生更高的信赖。平台本身也因此获得了更多的交易机会和商业利益。其次，从平台经营者的角度，相对于第三方利用平台提供的服务从事经营活动，平台经营者对其自营的产品或服务具有更高的控制力。电商平台不仅提供网络交易媒介，同时，也承担着信息发布和信息审查的职能。平台经营者不仅可以做到对产品本身的基本情况进行形式审查，对于产品的实际状况负有更高的审查义务和注意义务。最后，从行业整体发展的角度，对平台经营者苛以较重的责任，有利于节约消费者的维权成本，更好地解决由于消费者与经营者之间由于信息不对称而产生的利益分配的不均衡。

第六章

固定侵权证据及维权策略

如何获得平台内经营者的主体身份信息

——成都荣乐化妆品有限公司、上海梵欧化妆品有限公司
与浙江淘宝网络有限公司侵犯商标专用权纠纷案①

【案例要旨】

原告向法院起诉立案时，应符合民事诉讼法关于"有明确的被告"的要求，其若无法提供被告的具体信息，人民法院将依法裁定不予受理。若被告方为平台内经营者，且平台内经营者为自然人或个体工商户，权利人往往无能力且无途径获知上述平台内经营者的具体信息，只能向电子商务平台经营者申请提供上述信息，电子商务平台经营者收到该申请后，有义务及时提供该平台内经营者的主体信息。

【案情简介】

2002 年 1 月 21 日，经国家工商行政管理总局商标局审查，第 1750329 号"梵洁诗 FIND FINENESS"文字商标获准注册，核定使用在第 3 类香精油、玫瑰油、香料、化妆品用香料、洗澡用化妆品、化妆剂、化妆品、化妆品清洗剂、成套化妆用具、增白霜等商品上。该商标专用期限从 2002 年 4 月 21 日至 2012 年 4 月 20 日。

2004 年 7 月 2 日，第 1750329 号"梵洁诗 FIND FINENESS"文字商标的商标权人发生变更，即变更为本案原告成都荣乐化妆品有限公司（以下

简称荣乐公司）。

2004 年 12 月 31 日，原告荣乐公司授权原告上海梵欧化妆品有限公司（以下简称梵欧公司）在中国大陆区域内作为总经销销售"梵洁诗"品牌的商品。

2005 年 1 月 1 日，荣乐公司出具授权书，授权梵欧公司全权使用其"梵洁诗"商标。

2008 年 8 月 28 日，原告荣乐公司向被告浙江淘宝网络有限公司（以下简称淘宝公司）寄送律师函，称：荣乐公司拥有的"梵洁诗"品牌，其产品的销售模式是全国范围内授权特约经销商在特定区域内以全国统一价销售，从未授权许可任何单位和个人在互联网上销售该品牌的产品。淘宝网上长期出现的大量销售"梵洁诗"系列化妆品的网店，一方面，由于其销售价格远低于原告的统一售价，造成正牌产品的销售额大量下降；另一方面，由于仿冒产品的质量一般较差，导致不明真相的消费者在购买使用后，认为是荣乐公司的产品质量低劣，影响了荣乐公司的声誉。故要求淘宝公司清理并撤除"淘宝网"上销售"梵洁诗"系列品牌产品的商家链接、相关网页、删除被诉商品信息，屏蔽相关网站链接，不再允许其他企业或个人在"淘宝网"上销售"梵洁诗"品牌的系列产品，并向荣乐公司提供网络销售者的真实身份信息。

2008 年 9 月 16 日，淘宝公司复函，称：1. 未经商标权人授权，销售商标权人生产的商品，并不是商标法中规定的侵权行为，销售商品无须得到商标权人的同意或授权。2. 淘宝卖家以低于荣乐公司订价的价格销售"梵洁诗"产品，不属于违法行为。3. 如荣乐公司发现卖家有销售假冒产品的行为，请填写投诉函、提供代理人与委托人存在代理关系的证明、判断侵权成立的初步证明资料（或足以判断侵权成立的理由）以及侵权商品信息的具体网络链接地址，淘宝公司收到后核实处理。4. 根据相关隐私权保护规定，在没有法律依据的情况下，淘宝公司无权披露淘宝网用户信息。

2008 年 10 月 6 日，荣乐公司根据淘宝公司的要求向其寄送了知识产权侵权通知函及侵权说明。淘宝公司未再给予回复。

2008 年 12 月 1 日，原告荣乐公司向成都市蜀都公证处申请公证保全。在公证人员的监督下，荣乐公司的代理人陈娟使用公证处的电脑，在被告淘宝公司经营的网址为 www.taobao.com 的网站上，搜索到 30 余家销售

"梵洁诗"牌化妆用品的网店。

2009年4月17日，原告荣乐公司、梵欧公司向杭州市西湖区人民法院提起本案诉讼，诉讼请求为：1. 清理并撤除"淘宝网"上销售"梵洁诗"系列品牌产品的商家链接、相关网页、删除被诉商品信息，屏蔽相关网站链接，不再允许其他企业或个人在"淘宝网"上销售"梵洁诗"品牌的系列产品。2. 提供九家网络商店的真实身份信息（商家名单详见清单），并在"淘宝网"上登载启事，消除影响。3. 承担原告荣乐公司支出的证据保全费用（公证费）4000元。

【诉辩意见】

原告荣乐公司、梵欧公司诉称：原告荣乐公司拥有化妆品牌"梵洁诗"的注册商标权。"梵洁诗"系列产品的销售模式为全国范围内授权特约经销商在特定区域内以全国统一价进行销售。原告荣乐公司除授权原告梵欧公司在网络上经销相关产品外，从未授权其他任何单位和个人在互联网上销售"梵洁诗"系列品牌的产品。现原告荣乐公司、梵欧公司发现，在被告淘宝公司经营的"淘宝网"上长期出现大量销售"梵洁诗"系列化妆品的网络商店，其销售价格远低于荣乐公司制定的国内统一零售价。上述行为一方面导致原告荣乐公司的品牌产品销售额大量下降，严重侵害了原告的合法权益；另一方面，由于假冒仿冒产品一般质量较差，不明真相的消费者在购买使用后，认为是原告荣乐公司的产品质量低劣，由此给荣乐公司的名誉造成了非常恶劣的影响。为维护自身合法权益，原告荣乐公司曾于2008年9月11日向被告淘宝公司发送律师函，要求其清理并撤除"淘宝网"上销售"梵洁诗"系列品牌的商家链接及相关网页，及时将相关商品下架，屏蔽相关网站链接，不得再允许其他企业或个人在"淘宝网"上销售"梵洁诗"系列产品；同时，请淘宝公司提供销售者的真实身份信息，以便于荣乐公司进一步维权。被告淘宝公司收函后于2008年9月16日回函。原告荣乐公司按其回函的要求填写了《商标侵权通知函》。但时至今日，被告淘宝公司未再给予任何回应，其经营的"淘宝网"上依然充斥着大量非原告荣乐公司授权销售的"梵洁诗"系列产品。在自力救济无果的情况下，原告只能诉至法院。

被告淘宝公司辩称：1. 淘宝公司是提供信息发布平台的服务提供商，非广告发布者，而涉诉信息属于商品销售信息而非广告。淘宝公司并非原告指控的侵权行为人，侵权责任依法应由侵权行为人承担，淘宝公司不应承担因店铺经营或商品发布、销售而引发的侵权责任。2. "淘宝网"店铺的经营者在"淘宝网"上发布涉诉商品信息的行为是否构成侵权尚不能确认。本案中，原告并无证据证明"淘宝网"店铺的经营者实施了商标侵权行为，无法证实在"淘宝网"上销售的产品并非原告所生产。一方面可能存在网店销售者的货源并非直接来源于原告而来源于其经销商的情况；另一方面也可能存在购买原告产品的购买方在"淘宝网"上进行再次销售的情况，而原告无权限制购买方的再次销售行为。因此，在原告未将网店经营者作为直接侵权人提起诉讼，并给予其充分抗辩权的情况下，法院无权直接认定网店经营者的行为构成侵权。在直接行为人的行为未经认定为侵权的前提下，淘宝公司提供网络发布平台的行为也不构成侵权。3. 即使"淘宝网"店铺的经营者在"淘宝网"上发布涉诉商品信息的行为构成侵权，淘宝公司因没有过错也不构成侵权。因为，淘宝公司的行为即使构成侵权也是间接侵权行为，即只有在明知商品信息侵权而未采取任何措施的情况下才构成侵权。而在本案中，淘宝公司并不存在"明知"的主观过错。涉诉商品的信息是否侵犯原告商标权需要经过专业的法律工作者依据充分的权利证明和侵权证明才能够作出判断。在起诉前，原告荣乐公司虽然进行过投诉，但根据其投诉书和所附信息的链接，都无法得出投诉信息为侵权信息的结论；其称产品的全国售价统一，并不能由此得出比其价格低的商品必然为假货的结论。因此，在原告不能证明涉诉信息为侵权的情况下，淘宝公司不存在"明知"的主观过错。4. 淘宝公司对"淘宝网"店铺的经营者及其经营的商品信息仅应承担法定审查的责任或注意义务，并且该审查责任或注意义务应当在合理的范围之内。综上，被告淘宝公司的行为不构成商标侵权，请求法院依法驳回原告荣乐公司、梵欧公司所有的诉讼请求。

【法院审理】

梵欧公司经荣乐公司授权，全权使用"梵洁诗"商标，因此，其与荣乐公司对"梵洁诗"商标共同享有注册商标专用权。

从淘宝公司和支付宝公司的操作规程看，淘宝公司和支付宝公司所经营的淘宝网及支付宝是一个网络交易服务平台，作为电子网络交易服务平台的提供者，其本身并不参与网上商品交易，不是网络交易主体。

淘宝公司虽不参与交易，但是其是淘宝网的经营者，同时也是淘宝网的管理者，因此，其对在淘宝网上进行的交易负有管理者的义务。从其公布的"淘宝服务协议"来看,其亦明确承担诸多管理者的义务。

原告荣乐公司、梵欧公司作为"梵洁诗"组合商标的权利人,因淘宝网上交易的"梵洁诗"化妆品,涉嫌侵犯其注册商标专用权,向淘宝公司投诉,要求其提供上述卖家的真实信息。而淘宝公司则以"两个原告没有证据证明淘宝卖家销售的产品并非两个原告所生产、没有证据证明淘宝卖家实施了商标侵权行为",以及"通过与卖家真实交易,即可获得卖家的真实信息"两点理由,拒绝提供卖家的包括身份证号码在内的真实信息。

对于上述抗辩理由,法院认为:首先,原告荣乐公司、梵欧公司作为商标权人,其已履行了指控淘宝卖家涉嫌侵权所应履行的初步义务,即向淘宝公司举证证明其为商标权人并指出淘宝卖家低价销售"梵洁诗"产品,存在侵犯其商标权的可能。此时,举证责任已转移,即淘宝公司应承担责令有关卖家提供合法销售凭证的义务,该义务对于淘宝公司来说既是可操作的,也是应尽的管理者的义务。理由为:在技术上,淘宝公司可以控制用户的实际交易,可以删除相关信息甚至停止对用户提供服务;从法理上讲,根据民事法律关系中权利义务对等的理论,淘宝公司也应履行该项义务。淘宝公司通过与支付宝公司合作,实际掌控着交易带来的巨额资金。因为买家付款后,该笔款项要等到卖家发货、买家收货进行验收并确认付款后,款项才实际转入卖家的账户。在此期间,该款实际存于支付宝公司的账户,此期间的时间长度为2—7天甚至更长。以C2C电子商务市场2008年第2季度市场为例,在市场规模为257.25亿元、在线商品数17069万件、淘宝网占整个市场的比例超过85%的情况下,淘宝公司和支付宝公司所控制的资金量之巨大可以想见,由此可以带来的收益也是可以想象的。因此,根据权利义务对等的理论,淘宝公司在获得利益的同时,理应履行与之权益相适合的义务。

而对于淘宝公司认为原告举证未完成,未能证明涉嫌侵权的卖家实际实施了侵权行为的观点,法院认为,所谓"卖家实际实施了侵权行为"即意味着卖家未获得商标权人的授权而销售带有"梵洁诗"注册商标的商品,而"未获得授权"是没有发生过的事,在举证规则中,未发生过的事是无法也不须举证的。因此,原告荣乐公司、梵欧公司无法也无须举证证明存在所谓的"未获得授权"而销售的行为。

其次,对于被告淘宝公司提出的"通过与卖家真实交易,即可获得卖家真实信息"的抗辩理由,法院认为,通过荣乐公司注册为卖家的行为,以及其作为买家与淘宝卖家进行真实交易的行为，可以得知，买家通过交易仅能获得卖家的姓名、手机号及发货的地址；而淘宝公司的网络后台除了上述信息外还储存有卖家的身份证号及其银行账户，可见，淘宝公司掌握的卖家信息比买家通过交易所获得的卖家信息要多；且淘宝公司通过与支付宝公司合作，能够得知卖家的真实身份情况，该真实身份情况已能够在民事诉讼中作为确定身份的证据之用，而买家通过交易得知的卖家姓名、手机号码及发货地址，并不能作为民事诉讼中确定"明确的被告"的依据。因此，淘宝公司的该抗辩理由亦不能成立。

原告荣乐公司在 2008 年 8 月至 10 月期间，与被告淘宝公司几次函件来往，要求淘宝公司提供涉嫌侵权的淘宝卖家的身份信息，且按照淘宝公司的要求寄送了知识产权侵权通知函及侵权说明，但未从淘宝公司处获得可以用作诉讼的卖家身份信息。此时，两个原告已穷尽了所有的自力救济方法。而淘宝公司作为淘宝网的经营、管理者，既有义务也有能力帮助两个原告获得诉讼所需要的淘宝卖家身份方面的信息，因此，淘宝公司应履行上述义务。原告荣乐公司、梵欧公司要求被告淘宝公司提供诉状中列举的九家网络商店店主的真实身份信息的诉讼请求应予支持。

【案例评析】

民事诉讼法第一百一十九条规定："起诉必须符合下列条件：（一）原告是与本案有直接利害关系的公民、法人和其他组织；（二）有明确的被告；（三）有具体的诉讼请求和事实、理由；（四）属于人民法院受理民事诉讼的范围和受诉人民法院管辖。"

《最高人民法院关于适用〈中华人民共和国民事诉讼法〉的解释》第二百零九条规定："原告提供被告的姓名或者名称、住所等信息具体明确，足以使被告与他人相区别的，可以认定为有明确的被告。起诉状列写被告信息不足以认定明确的被告的，人民法院可以告知原告补正。原告补正后仍不能确定明确的被告的，人民法院裁定不予受理。"

在司法实践中，被告若为法人，原告须列明被告的全称及住所地，而被告若为自然人，则须向法院提供该自然人的姓名、性别、住址、身份证号等具体信息，否则，便不符合上述"有明确的被告"的要求，人民法院将裁定不予受理。

众所周知，淘宝网上的涉案商户一般为自然人或个体工商户，故按照民事诉讼法第一百一十九条的规定，原告在针对涉案侵权店铺经营者起诉立案时，应向法院提供上述店铺经营者的姓名、性别、住址、身份证号等具体信息。然而，原告通过个人能力显然无法获知上述具体信息，即使通过实际发生交易的方式，亦仅能获知该侵权店铺的发货人、发货地址等简单信息，而该信息显然不足以满足民事诉讼法关于"有明确的被告"的要求。因此，为起诉涉案侵权店铺经营者的需要，原告只能向电子商务平台经营者申请提供上述侵权店铺经营者的具体信息，以便向法院起诉立案。若电子商务平台经营者拒不提供侵权店铺经营者的具体信息，权利人可采用迂回策略，即先起诉电子商务平台经营者，尔后，再向法院提交申请，申请法院责令电子商务平台经营者提供上述侵权店铺经营者的具体信息。

本案中，原告为获得上述侵权店铺经营者的具体信息，曾向淘宝公司发送律师函，要求其提供。然而，淘宝公司接到该律师函后，并未向原告提供上述具体信息。淘宝公司拒绝提供涉案侵权店铺经营者信息的行为，显然有悖于电子商务平台经营者应负的法律义务，并致使原告无法直接起诉涉案店铺经营者，最终只能通过起诉淘宝公司后，申请法院责令淘宝公司提供上述侵权店铺的主体信息。本案管辖法院充分考虑了民事诉讼法关于"有明确的被告"的规定，以及获知涉案侵权店铺具体信息的途径和难度，最终依法判令淘宝公司限期提供涉案九家淘宝卖家的身份证号码等真实身份信息。

如何保全网络环境下的侵权证据

——陈哨东与浙江淘宝网络有限公司侵害实用新型专利权纠纷案①

【案例要旨】

在涉及电子商务的知识产权诉讼中，由于互联网信息具有数量大、变化快、易篡改等特性，及时、有效固定侵权证据是该类诉讼的必要环节，甚至直接影响到最终的维权成败。在司法实践中，基于互联网信息易篡改、变化快等因素的考虑，权利人一般采用传统公证的形式进行证据保全。传统公证模式具有程序严格、证明力高等优点，根据民事诉讼法第六

---

① 案例来源：（2017）浙民终 436 号民事判决书，浙江省高级人民法院。

十九条的规定，在无相反证据的情况下，针对公证机关公证的法律事实，人民法院应当直接认定为案件事实，足见传统公证的重要性。

【案情简介】

2011 年 11 月 23 日，陈哨东向国家知识产权局申请一种"能够折叠的框架"实用新型专利，并于 2012 年 7 月 11 日获得授权，专利号为 ZL20112046××××.7，该专利现在有效期内。该专利的权利要求 1 为：一种能够折叠的框架，其特征在于：两个折叠架（1）、连接杆（2）和底板（3），两个折叠架分开两侧摆放，两个折叠架通过连接杆连接，所述的折叠架由两根长度相同的直杆（11）将中点处通过连接件（12）连接形成，直杆依连接件转动，所述的连接杆连接在两个折叠架之间，且连接杆的数量为四个，分别连接两个折叠架对应直杆的端点处，当两个直杆之间形成 X 形状时，底板设置于下方的两个连接杆上。

陈哨东提交的淘宝订单信息显示，其于 2015 年 11 月 6 日从淘宝网店（卖家昵称完美靓店 KK、真实姓名肖宴）购买名称为"正品包邮老年人购物手推买菜爬楼代步车助行器可推坐折叠四轮轻便"的产品一个，支付了产品单价 97.8 元及快递费 15 元，订单编号为 1373369317128002，运单号为国通快递 2600844366，陈哨东已收到相应单号快递。陈哨东当庭提交了无包装的四轮推车一部。

陈哨东认为浙江淘宝网络有限公司（以下简称淘宝公司）运营的淘宝网上的上述行为构成专利侵权，故起诉至杭州市中级人民法院（即一审法院），一审诉讼请求为：1. 淘宝公司停止容许他人销售、许诺销售侵权产品的行为；2. 淘宝公司赔偿陈哨东经济损失（含维权费用和诉讼费用）15000 元。

2017 年 5 月 22 日，一审法院依法作出（2016）浙 01 民初 1379 号民事判决书，驳回了陈哨东的全部诉讼请求。

2017 年 7 月 7 日，陈哨东因不服一审判决，向浙江省高级人民法院提出上诉。

【诉辩意见】

陈哨东上诉称：一、被诉侵权产品将底板设置于上方连接杆上的技术特征，与涉案专利权利要求 1 中"底板设置于下方的两个连接杆上"的技术特征物理结构相同，均可作为板凳使用，两者构成等同。涉案专利权利要求 5、7，附图 10、12 及实施例 4、5 亦表明底板可以置于上方连接杆上，故被诉侵权产品落入涉案专利权保护范围，一审判决认定事实错误。二、陈哨东提供了被诉侵权产品实物及其外包装、淘宝网订单、物流信息等证据用以证明被诉侵权产品系从淘宝网购买，一审判决对该事实未予认定，存在不当。

淘宝公司辩称：一、陈哨东一审提交的证据未经公证，被诉侵权产品上无任何生产者、销售者信息，外包装亦已拆封，故无法证明被诉侵权产品系来源于淘宝网店"完美靓店 KK"。二、被诉侵权产品与涉案专利相比具有明显差异，未落入涉案专利权的保护范围。三、淘宝公司作为网络交易平台，仅提供平台服务，具体信息均系由淘宝网店卖家自行上传。淘宝公司未实施销售、许诺销售被诉侵权产品的行为，亦未实施帮助或教唆等共同侵权行为，其收到诉状后，已及时删除有关淘宝页面，并向陈哨东提供了淘宝网店"完美靓店 KK"的卖家信息，已尽相应法定义务，不应由其承担侵权责任。

【法院审理】

一审法院认为：

专利号为 ZL20112046××××.7 的"能够折叠的框架"实用新型专利现行有效，法律状态稳定，应受法律保护，陈哨东作为专利权人，依法对侵犯其专利权的行为享有诉权。

陈哨东提交的订单信息和快递单，仅能够证明其从淘宝网店"完美靓店 KK"以 97.8 元的价格购得名称为"正品包邮老年人购物手推买菜爬楼代步车助行器可推坐折叠四轮轻便"产品一个。但是，陈哨东提交的产品实物无包裹包装，产品本身未标注任何生产、销售者信息。陈哨东意图证明被诉侵权产品实物系其从淘宝网店"完美靓店 KK"购得，但其未申请对购买行为进行公证，亦未按收货时原样保持快递包装完好，故陈哨东就该关键事实未尽到举证义务，法院无法依据其证据确定被诉侵权产品为淘宝网店"完美靓店 KK"所销售。

因被诉侵权产品来源不能认定，即无法认定被诉侵权行为由淘宝公司及淘宝网店"完美靓店 KK"作出，故亦缺乏认定侵权的事实基础。

淘宝公司作为网络交易平台提供者，对淘宝卖家身份进行了核实并要求不得销售侵权商品，向主张维权的陈哨东提供了实际经营者的身份信息，并删除涉案产品信息链接，已经尽到合理的义务。被诉侵权产品不构成对涉案专利权的侵害，即使产品构成侵权，本案中淘宝公司并无违反法律、行政法规的规定向淘宝网店"完美靓店 KK"提供便利条件，亦不构成共同侵权。

二审法院认为：

陈哨东主张淘宝公司应就其共同侵权行为承担赔偿责任，须就淘宝网店"完美靓店 KK"实施了侵害涉案专利权的行为、被诉侵权产品落入涉案专利权保护范围、淘宝公司存在共同侵权的意思表示及行为等事实提供证据予以证明。

首先，陈哨东并未就其向淘宝网店"完美靓店 KK"购买推车产品的全过程进行过公证，其提交法庭的被诉侵权产品实物已拆封，产品上亦无任何生产者、销售者的信息，在淘宝公司未予认可的情况下，仅凭上述证据不能证明该被诉侵权产品系从淘宝网店"完美靓店 KK"购买。

其次，淘宝公司已在本案中提交证据证明淘宝网店"完美靓店 KK"系由肖宴经营，但陈哨东最终仅起诉淘宝公司，并未起诉销售者，在此情况下，陈哨东所称淘宝网店"完美靓店 KK"实施的销售、许诺销售的侵权行为是否真实存在亦难以得到确认。

再次，陈哨东并未提供证据证明淘宝公司与淘宝网店"完美靓店 KK"存在共同侵权的意思表示。根据淘宝公司提交的（2016）浙杭钱证内字第9151、6630 号公证书、删除链接网页截图、淘宝网店"完美靓店 KK"用户身份信息等证据，淘宝公司在为淘宝用户提供服务前已明确要求销售的商品不得侵害他人合法权益，其在未收到陈哨东通知的情况下，在获悉本案诉讼后即依法采取了删除相关链接等必要措施，已尽了合理注意义务，并不存在过错。由于陈哨东未就本案基本侵权事实提供充分证据加以证明，故其要求淘宝公司承担赔偿责任的主张，缺乏事实依据，不能成立。

【案例评析】

民事诉讼法第六十四条规定："当事人对自己提出的主张，有责任提供证据。"

《最高人民法院关于适用〈中华人民共和国民事诉讼法〉的解释》第九十条第二款规定："在作出判决前，当事人未能提供证据或者证据不足以证明其事实主张的，由负有举证证明责任的当事人承担不利的后果。"

根据上述法律及司法解释的规定，原告若主张被告实施了知识产权侵权行为，其有义务向法院提交证据，用以证明被告未经许可擅自实施了知识产权侵权行为，否则，应承担举证不能的法律后果。

在涉及电子商务的知识产权诉讼中，由于互联网信息具有数量大、变化快、易篡改等特性，因此，及时、有效固定侵权证据是该类诉讼的必要环节，甚至直接影响到最终的维权成败。

在司法实践中，基于互联网信息易篡改、变化快等因素的考虑，权利人一般采用传统公证的形式进行证据保全。传统公证的取证模式具有程序严格、证明力高等优点，根据民事诉讼法第六十九条的规定，在无相反证据的情况下，针对公证机关公证的法律事实，人民法院应当直接认定为案件事实，足见传统公证的重要性。当然，传统公证的取证模式也存在明显不足，比如效率低、费用高、灵活性不够等。

如上所述，由于互联网信息变化迅速，甚至稍纵即逝，若不能及时固定侵权证据，则无法启动维权诉讼。然而，传统公证模式由于工作时间相对固定、办理公证程序较为严格等因素，难以有效满足互联网环境下的取证、存证需求。同时，由于传统公证收费较高，动辄须花费千元以上，这对权利人启动维权而言，无疑也是一个不小的经济负担。

针对传统公证模式存在的上述问题，及其对涉互联网维权案件的负面影响，最近几年出现了一大批电子取证存证机构，并向社会公众提供涉互联网的取证、存证服务。电子取证存证与传统公证模式相比，其在效率、成本等方面优势非常明显，极大满足了社会公众的取证、存证需求。

电子取证、存证模式的出现，是科技发展、科学精神普及的必然结果。在传统公证模式中，公证事项的真实性更多来源于法律赋予公证处、公证员的超然定位，以及该超然定位下的与公正、客观、无偏私相关的想象。然而，随着科技的发展，特别是科学精神的普及，人们更加相信科技自身所蕴含的确定性，以及该确定性所蕴含的信赖感。

本案中，由于涉案专利侵权行为发生在电子商务平台上，属于互联网环境下的侵权行为，然而，原告并未采用公证的形式固定该侵权证据，且提交法庭的被诉侵权产品实物已拆封，同时，该侵权产品上亦无任何生产者、销售者的信息，因此，在淘宝公司不予认可侵权行为存在的情况下，仅凭上述证据不能证明该被诉侵权产品系从淘宝网店"完美靓店KK"购得。依据民事诉讼法及相关司法解释的规定，原告理应承担举证不能的法律后果。

网络环境下公证保全侵权证据的特殊性

——刘伟伦与英德市东华镇黄花电子工具厂、杭州阿里巴巴广告有限公司侵害实用新型专利权纠纷案①

【案例要旨】

通过公证形式保全的证据具有极高的证明效力，若无相反证据，公证保全的证据可直接被推定为案件事实。在涉及电子商务的侵权案件中，原告方一般采用公证形式保全证据，且被告方能够提交反证的情形非常鲜见。鉴于公证保全证据在涉电子商务侵权案件中的重要性，故在权利人发现电子商务平台上出现侵权信息后，应及时采用公证形式保全侵权证据。同时，由于互联网技术复杂、极易篡改，故针对互联网侵权信息的公证较为特殊，其在公证流程、程序、设备等方面均有较为具体的规定。

【案情简介】

2012 年 6 月 25 日，刘伟伦向国家知识产权局申请了名称为"一体式温度可控的电烙铁"的实用新型专利，并于 2013 年 1 月 2 日获得授权，专利号为 ZL20122030××××.6。该专利最新缴费时间为 2017 年 4 月 29 日，至今合法有效。根据涉案专利权利要求书记载，涉案专利包括 1 项独立权利要求（即权利要求 1）和 6 项从属权利要求（即权利要求 2—7）。在案件审理过程中，刘伟伦明确被告侵犯其涉案专利权利要求 1—7。

2017 年 6 月 23 日，刘伟伦委托代理人陈绪辉向广东省东莞市东部公证处申请保全证据。陈绪辉会同公证处工作人员利用公证处的网络设备及计算机设备登录杭州阿里巴巴广告有限公司（以下简称阿里巴巴公司）网站"https://www.1688.com/"，在"英德市东华镇阿里电子工具厂"的网店上点击购买产品名称为"908 烙铁 60W 直插式电烙铁防静电烙铁调温焊台 60W 电烙铁"2 把，单价金额为 25 元，运费 8 元，合计 58 元。在网页搜索该店铺登记的经营信息，显示该店铺成立于 2010 年 12 月 2 日，法

---

① 案例来源：（2017）粤 73 民初 3115 号民事判决书，广州知识产权法院。

定代表人为张廷星，类型为个体经营，住所为广东省××镇浦岭村，注册登记的经营范围为电子工具和设备组装加工、销售，经营模式为生产厂家、生产加工。广东省东莞市东部公证处于2017年7月5日据此作出（2017）粤莞东部第020269号公证书。

2017年6月27日，陈绪辉会同公证处工作人员到广东省××××常马路世纪康城旁一间标有"G463店"的美宜佳店铺收取百世快递运单号为70564619030522的包裹1箱，陈绪辉会同公证处工作人员将该包裹带回公证处，公证人员监督陈绪辉拆开包裹，公证员对包裹内的物品进行拍照及封存后将包裹交由陈绪辉保管，广东省东莞市东部公证处于2017年7月25日据此作出（2017）粤莞东部第020732号公证书。

公证封存的实物内含：1. 标注商标的型号为NO.908、外包装标识"生产商：黄花电子工具厂"的调温无铅电烙铁两盒（每盒内含蓝色电烙铁1把）；2. 抬头有标识的"黄花电子工具厂长寿牌系列产品中山营销中心"销售单1张，该销售单显示联系方式，其中地址为中山市小榄镇广源南路63号小榄五金城2栋1—4号。

2017年8月31日，刘伟伦向广州知识产权法院提起本案诉讼，诉讼请求为：1. 黄花电子厂立即停止侵犯本案专利权（专利号：ZL20122030×××.6）产品的生产、使用、销售、许诺销售等一切侵权行为，并销毁生产涉嫌侵权产品的模具；2. 阿里巴巴公司停止帮助侵权行为，包括删除涉嫌侵权产品的网络链接，不再为相同的涉嫌侵权产品提供网络链接；3. 黄花电子厂、阿里巴巴公司赔偿刘伟伦经济损失（含刘伟伦维权支出的合理费用）共5万元人民币；4. 本案的诉讼费由黄花电子厂、阿里巴巴公司承担。

【诉辩意见】

刘伟伦诉称：刘伟伦是专利号为ZL20122030××××.6、名称为"一体式温度可控的电烙铁"的实用新型专利权人，该专利权处于有效法律状态。黄花电子厂未经刘伟伦许可，擅自生产制造、使用、销售、许诺销售侵犯刘伟伦专利权的被诉侵权产品，构成了对涉案专利的侵权。阿里巴巴公司是网络平台，为黄花电子厂的侵权行为提供帮助，应对黄花电子厂的债务承担共同责任。

黄花电子厂辩称：涉案产品的技术特征属于现有技术，涉案产品不构成侵权。黄花电子厂没有生产、使用、许诺销售等行为，刘伟伦主张黄花电子厂销毁生产侵权产品的模具没有事实依据。即使涉案产品构成专利侵权，黄花电子厂也没有进行大量销售，刘伟伦要求黄花电子厂停止侵权、销毁生产侵权产品的模具，赔偿经济损失5万元没有事实依据。

阿里巴巴公司辩称：一、阿里巴巴公司仅是网络服务提供者，并未实施涉案被控侵权行为；二、阿里巴巴公司在刘伟伦起诉前，并不知道侵权信息的存在，对侵权行为的发生不存在主观过错；三、阿里巴巴公司尽到事前提醒义务，明确要求用户承诺不得发布侵犯他人知识产权的信息，尽到事前提醒以及对信息发布者身份的审核义务，并对卖家身份信息置于显著位置公示。在刘伟伦起诉本案后，阿里巴巴公司已采取制止侵权的必要措施将黄花电子厂涉案产品的网页链接及相关信息删除，并对该事实进行公证保全。四、刘伟伦主张黄花电子厂和阿里巴巴公司赔偿经济损失及其他费用5万元无任何证据支持。请求法院驳回刘伟伦的诉讼请求。

【法院审理】

根据刘伟伦提交的涉案专利证书、专利登记簿副本等证据可以证实刘伟伦是名称为"一体式温度可控电烙铁"、专利号为 ZL20122030××××.6 的实用新型专利权人，该专利按期缴纳年费，现处于合法有效期内，其专利权应受法律保护，他人未经刘伟伦的许可，不得为生产经营目的实施该专利。

刘伟伦在本案中请求保护涉案专利的权利要求1—7。经当庭勘验比对，刘伟伦所主张被诉侵权产品所使用的技术方案包含的技术特征与涉案专利7项权利要求及其所引用的技术要求1—7项所记载的全部技术特征能一一对应，故法院认定被诉侵权技术方案落入刘伟伦涉案专利权利要求1—7的保护范围，刘伟伦主张被诉侵权产品落入涉案专利要求1—7的保护范围，有事实和法律依据，予以支持。

黄花电子厂以涉案侵权产品是依据现有技术进行创新改造所得为理由进行抗辩。黄花电子厂用于抗辩的现有技术是一种可控硅电路和电热丝等构成的可调温度电烙铁，其特征在于由可控硅电路实现温度调节。而本案被诉侵权产品是一种一体式可控的电烙铁，包括有烙铁手柄以及与该烙铁手柄连接固定的烙铁头，该烙铁手柄的后端延伸出有电源线，烙铁手柄的前端延伸出有烙铁芯，该烙铁头套设于该烙铁外，其特征在于：该烙铁把柄内设置有连接电源线和烙铁芯之间用于控制烙铁芯温度的控制电路板，该控制电路板连接有调节钮，该调节钮露出烙铁手柄外。黄花电子厂提交上述公开的现有技术不包含被诉侵权产品的大部分的组成构件、配置以及各构件之间连接方式、构件的材质等技术特征，被诉侵权产品已超出现有技术特征的范围，因此与公众所知的现有技术特征不构成等同。被诉侵权产品落入涉案专利权利要求1—7的保护范围，构成侵权。故黄花电子厂认为被诉侵权产品为现有技术的抗辩理由不能成立。

刘伟伦为证明黄花电子厂存在侵权行为，向法院提交了涉案（2017）粤莞东部第020732号、（2017）粤莞东部第020269号公证书。根据该涉案公证书记载，刘伟伦委托的代理人在广东省东莞市东部公证处公证人员的监督下从涉案网店购买到的被诉侵权产品以及从美宜佳便利店取得了装有被诉侵权产品的包裹，包裹内有标识电烙铁2把以及抬头有标识的"黄花电子工具厂长寿牌系列产品中山营销中心"销售单1张，该销售单显示涉案侵权产品的交易详情以及黄花电子厂的联系方式、公司网址等，且黄花电子厂确认其销售了涉案侵权产品，依据上述证据足以认定本案被诉侵权产品是黄花电子厂所销售的。因此，刘伟伦认为黄花电子厂实施了销售被诉侵权产品的侵权行为的诉讼理由成立，予以采纳。

被诉侵权产品上有黄花电子厂经营使用的商标、涉案店铺的网页介绍上明确表示为生产厂家，结合黄花电子厂工商登记的经营范围为生产厂家，上述证据已形成完整的证据链足以证明黄花电子厂实施了制造被诉侵权产品的行为，刘伟伦认为黄花电子厂实施了制造被诉侵权产品的行为依法有据，予以支持。黄花电子厂否认有制造被诉侵权产品的抗辩理由不充分，不予采纳。

黄花电子厂在其在1688网站上开设的网店内对被诉侵权产品进行展示，作出销售商品的意思表示，其行为构成许诺销售被诉侵权产品的行为。

阿里巴巴公司是网络交易平台提供者，并非侵权产品的销售者。刘伟伦未提供在起诉前向阿里巴巴公司发出过律师函及提供黄花电子厂构成侵权的证明材料。而根据（2017）浙杭钱证内字第18247号公证书可知，阿里巴巴公司在收到本案起诉状后已对被诉侵权产品的链接进行了断开和删除。综上，刘伟伦的证据不能证明阿里巴巴公司存在主观过错，其诉请阿里巴巴公司对黄花电子厂侵权行为共同承担侵权责任缺乏事实和法律依据。

【案例评析】

民事诉讼法第六十九条规定："经过法定程序公证证明的法律事实和文书，人民法院应当作为认定事实的根据，但有相反证据足以推翻公证证明的除外。"

《最高人民法院关于民事诉讼证据的若干规定》第十条规定："下列事实当事人无须举证证明：……（七）已为有效公证文书所证明的事实。"

公证法第三十六条："经公证的民事法律行为、有法律意义的事实和文书，应当作为认定事实的根据，但有相反证据足以推翻该项公证的除外。"

根据上述规定可知，通过公证形式保全的证据具有极高的证明效力，若无相反证据，公证保全的证据可直接推定为案件事实，作为裁判者定案的依据。

针对涉及电子商务的侵权案件，原告方一般采用公证的形式保全证据，且被告方能够提交反证的情形非常鲜见。鉴于公证保全证据在涉电子商务侵权案件中的重要性，故权利人发现电子商务平台上存在侵权信息后，及时采用公证形式保全侵权证据极为必要，其将成为后续维权成功的关键因素之一。

由于互联网技术复杂，且互联网信息极易被篡改，故针对互联网侵权信息的公证，相比传统侵权行为的公证而言较为特殊，其在公证流程、程序、设备等方面都有较为特殊的规定。针对互联网取证存证问题，中国公证协会于 2012 年 1 月 7 日通过《办理保全互联网电子证据公证的指导意见》，该规定针对互联网领域的取证流程、设备、清洁性检查等重要问题，均作出了非常具体的规定。

然而，在司法实践中，由于部分当事人，甚至部分公证机关的工作人员对互联网领域的公证流程、技巧等较为陌生，故在公证过程中，仍经常出现未检查 Windows 系统的 "HOSTS" 文件、未对公证设备做清洁性处理等严重程序性瑕疵，进而导致该公证书最终无法被法院采信。

因此，针对电子商务领域的侵权行为进行公证时，应格外谨慎，须严格按照公证法、《办理保全互联网电子证据公证的指导意见》等相关规定规范操作。否则，该公证证据的证明效力将大打折扣，进而决定维权成败。

如何追加平台内经营者作为共同被告

——法律出版社与浙江淘宝网络有限公司
侵犯作品发行权纠纷案①

【案例要旨】

原告若直接起诉网店经营者，往往难以获得该经营者的真实姓名、性别、住址、身份证号等立案信息。为获得网店经营者的上述具体信息，原告一般采用两种诉讼策略，其一，于起诉前向电子商务平台经营者发函，要求其提供网店经营者的具体信息；其二，先行起诉电子商务平台经营者，立案后向法院提交调查取证申请，要求电子商务平台经营者公开涉案网店经营者具体信息，尔后，再将该网店经营者追加为共同被告。

【案情简介】

2011 年 5 月，法律出版社出版由其法律考试中心组编的《2011 年司法考试辅导用书配套测试题解》（全 8 本），发行定价为 138 元。

2011 年 6 月 17 日，法律出版社的委托代理人向北京市长安公证处申请办理证据保全公证。当日，在公证处使用该处的电脑，打开相应页面，法律出版社代理人登录浙江淘宝网络有限公司（以下简称淘宝网公司）经营的淘宝网（网址为 www.taobao.com），进入淘宝昵称为 "liukuili999" 的店铺，在该店铺以 77 元一套购买了二套《2011 年国家司法考试辅导用书》（全 3 卷）、《2011 年司法考试辅导用书配套测试题解》（全 8 本）和《2011 年国家司法考试法律法规汇编》（全 1 本）在内的共 24 本图书（每套 12 本），另加运费 40 元。订单卖家信息显示，卖家昵称为 "liukuili999"，真实姓名：牟某某。同年 6 月 20 日，法律出版社的委托代理人在公证人员的现场监督下，接收了快递公司的包裹，内有法律出版社的委托代理人前述购买的二套图书。同年 6 月 27 日，北京市长安公证处出具（2011）京长安内经证字第 10106 号、第 10110 号、第 10114 号公证书。

上述网购的《2011 年司法考试辅导用书配套测试题解》（全 8 本）与

---

① 案例来源：（2011）杭余知初字第 91 号民事判决书，杭州市余杭区人民法院。

法律出版社出版的图书相比书名和内容一致，但两者在图书的尺寸、封面色泽、纸张厚度、印刷清晰度上存在差异。

2011 年 6 月 9 日起，法律出版社与浙江淘宝网络有限公司（以下简称淘宝公司）就淘宝网上存在的侵权链接通过电子邮件方式进行沟通。

2011 年 6 月 22 日，法律出版社向淘宝公司明确指出相关侵权链接地址，法律出版社确认淘宝公司同日已经删除了相关链接（包括本案淘宝昵称为 liukuili999 的卖家）。

2011 年 7 月 20 日，法律出版社向杭州市余杭区人民法院提起本案诉讼，诉讼请求为：1. 判令淘宝公司立即停止在淘宝网（www.taobao.com）上销售盗版《2011 年司法考试辅导用书配套测试题解》（全 8 本）的侵权行为；2. 判令淘宝公司立即设置有效的过滤机制，禁止一口价在 90 元以下的全新《2011 年司法考试辅导用书配套测试题解》（全 8 本）在淘宝网（www.taobao.com）上销售；3. 判令淘宝公司在淘宝网（www.taobao.com）首页显著位置以与其他正文字号相同的方式公开刊登保证不再侵权、消除影响的声明，声明内容应经人民法院审核认可并持续保留 1 个月；4. 判令淘宝公司赔偿原告经济损失及制止侵权行为支付的费用 20 万元；5. 判令淘宝公司承担本案诉讼费。

【诉辩意见】

原告法律出版社诉称：原告系知名法律专业出版机构，一直承担我国司法考试出版辅导用书任务。2011 年 3 月 1 日，原告与司法部国家司法考试中心签署《法律出版社图书出版合同》，约定由原告在合同有效期限出版发行《2011 年国家司法考试辅导用书》（全 3 卷）的中文简体本，在合同有效期限内原告对该套辅导用书享有排他性的专有出版权及版式设计、装帧设计权等。同年 5 月 21 日，原告出版发行该辅导用书，发行定价为 300 元。同月，原告出版由原告的法律考试中心组编的《2011 年司法考试辅导用书配套测试题解》（共 8 本），发行定价为 138 元。两套用书的总发行商中国法律图书有限公司要求各级经销商在发行时，《2011 年国家司法考试辅导用书》（全 3 卷）的批发或零售折扣不得低于 70% 即 210 元，《2011 年司法考试辅导用书配套测试题解》（共 8 本）的批发或零售折扣不得低于 65% 即 90 元。

涉案图书上市伊始，淘宝公司主办的淘宝网（www.taobao.com）上出现大量销售盗版图书的现象。原告发现淘宝昵称为"liukuili999"的卖家专设"快乐考试吧"大肆兜售包括《2011年国家司法考试辅导用书》（全3卷）、《2011年司法考试辅导用书配套测试题解》（共8本）和《2011年国家司法考试法律法规汇编》在内的共12本图书，总价仅77元。原告经公证购买比对鉴定，确认名为"liukuili999"的卖家销售的《2011年司法考试辅导用书配套测试题解》（共8本）为盗版书籍，其行为侵犯原告享有的合法权益。被告作为淘宝网的主办单位，在明知有卖家实施侵权行为的情况下，未采取有效措施，放任侵权行为的发生，违反了我国侵权责任法的相关规定，侵害了原告的合法权益，给原告造成严重的经济损失。根据法律规定，被告淘宝公司应承担侵权损害赔偿责任。

被告淘宝公司辩称：第一，淘宝公司是提供信息发布平台的服务商，并非被控侵权商品的发布者，并未实施任何侵权行为。淘宝公司在公布的《淘宝网服务协议》中规定，"淘宝网站仅作为交易地点。淘宝仅作为用户物色交易对象，就货物和服务的交易进行协商，以及获取各类与贸易相关的服务的地点。淘宝并不作为买家或是卖家的身份参与买卖行为的本身。"所有在网上交易的买家均明白自己的交易卖家并非淘宝网，而是网店的经营者，淘宝公司不应承担因店铺经营或商品发布、销售而引发的侵权责任。

第二，涉案卖家是否构成侵权应该由其进行抗辩后才能确认，在无法查明直接行为人是否构成侵权的情况下，不应直接认定淘宝网是否构成侵权。

第三，即使涉案淘宝卖家在淘宝网上发布涉诉商品信息的行为构成侵权，淘宝公司因没有过错也不构成侵权，因涉诉商品信息是否侵犯权利人的著作权，在权利人未投诉前，淘宝公司根本无从得知。

第四，淘宝公司对淘宝网店铺经营者及其经营的商品信息已经尽了合理的审查注意义务。首先，淘宝公司尽到了事前提醒的注意义务。其次，淘宝公司要求所有的淘宝网上的卖家必须经过支付宝实名认证，对信息发布者的身份进行确认，尽到了对信息发布者身份审核的义务。再次，针对书籍类商品，淘宝网设定了5折的价格进行管理，低于5折的商品，将无法实现发布。最后，淘宝公司在2011年6月22日收到法律出版社的律师函后，即删除了相关信息。收到起诉状后，淘宝公司再次检查确认涉嫌侵权信息已经不存在，尽到了合理的注意义务。

第五，无论涉案行为是否构成侵权，原告针对被告提出的诉讼请求无事实与法律依据，都不应该得到支持。

【法院审理】

依据原告出版的图书，可以确认原告对涉案图书享有著作权，他人未经许可，不得发行上述原告享有著作权的图书。

从被告提供的经营许可证、《淘宝网服务协议》、《商品发布管理规则》及操作规程来看，淘宝网是一个网络交易服务平台，并非交易当事人。电子网络交易服务平台的提供者一般只提供在线平台作为交易市场，其本身并不参与网上商品交易，不是网络交易主体。因淘宝网涉及的商品数量巨大、类别繁多；涉及的卖家情况不同，其网络交易平台的卖家分为个人卖家和商家卖家；由于目前法律、行政法规中并未明确规定网络交易平台的提供者负有审查个人卖家经营资质的义务，故淘宝网公司仅审查个人卖家的真实姓名和身份证号码即可。本案中，从原告提供的公证书来看，卖家昵称为"liukuili999"的真实姓名为牟某某，这与被告提供的昵称为"liukuili999"的卖家注册相吻合，且被告也提供了身份证号码，因此，被告已尽事前审查的义务。被告接到原告的投诉后，及时删除卖家链接，履行了作为一个网络服务提供者的基本义务。虽然原告提交的正版图书与指控的侵权图书在尺寸、封面色泽、纸张厚度、印刷清晰度上存在差异，但在未经诉讼程序听取牟某某抗辩的前提下，法院无权也没法对牟某某的行为是否构成侵权作出认定。因此，淘宝公司对于牟某某注册为淘宝网个人卖家已尽合理审查义务和事后补救义务，对于牟某某可能侵犯他人知识产权行为并未违反法律、行政法规的规定提供便利条件，不构成侵权。

同时，原告主张淘宝网上出现大量销售盗版图书的现象，其依据是图书价格明显低于定价。法院认为，在这些网络卖家没有作为本案被告参加诉讼并对原告的侵权指控进行抗辩的情况下，法院无权也没法对他们是否构成侵权作出认定。同时，法律、行政法规仅明确规定了禁止流通和限制流通的物品，并未要求网络交易平台的提供者审查卖家销售商品的价格是否明显低于市场价格，在未经相关权利人提出异议的情况下，淘宝公司并不能直接从卖家发布的涉案图书信息中发现侵权事实的存在，因此淘宝网对卖家以明显低于定价的价格销售涉案图书的行为并不构成共同侵权，亦不存在淘宝网明知网络用户侵犯他人权益而不采取措施的情形。

【案例评析】

民事诉讼法第一百一十九条规定："起诉必须符合下列条件：（一）原告是与本案有直接利害关系的公民、法人和其他组织；（二）有明确的被告；（三）有具体的诉讼请求和事实、理由；（四）属于人民法院受理民事诉讼的范围和受诉人民法院管辖。"

《最高人民法院关于适用〈中华人民共和国民事诉讼法〉的解释》第二百零九条规定："原告提供被告的姓名或者名称、住所等信息具体明确，足以使被告与他人相区别的，可以认定为有明确的被告。起诉状列写被告信息不足以认定明确的被告的，人民法院可以告知原告补正。原告补正后仍不能确定明确的被告的，人民法院裁定不予受理。"

一般而言，若被告为自然人，原告应向法院提供该自然人的姓名、性别、住址、身份证号等具体信息，否则，便有违上述"有明确的被告"的规定，人民法院将据此裁定不予受理。

根据我国互联网管理规定，对网络用户普遍坚持"前台自愿，后台实名"的原则。原告若直接起诉网店经营者，往往难以获得该经营者的真实姓名、性别、住址、身份证号等立案信息。为获得网店经营者的上述具体信息，原告一般采用两种诉讼策略：其一，于起诉前向电子商务平台经营者发函，要求其提供网店经营者的具体信息；其二，先起诉电子商务平台经营者，立案后向法院提交调查取证申请，要求电子商务平台经营者公开涉案网店经营者具体信息，尔后，再将该网店经营者追加为共同被告。

在司法实践中，原告采用第一种诉讼策略的较为普遍。然而，在部分案件中，电子商务平台经营者收到原告发送的律师函后，并未如期公开涉案网店经营者的具体信息，进而导致权利人只能先行起诉电子商务平台经营者，然后，再申请将网店经营者追加为共同被告。

本案中，原告并不知悉涉案网店经营者的具体信息，无法直接起诉网店经营者，只能先行起诉电子商务平台经营者。在诉讼过程中，被告淘宝公司及时公开了涉案网店经营者的具体信息，然而，令人遗憾的是，涉案网店经营者并未被依法追加为共同被告，法院无权对其是否构成直接侵权作出认定，因此，在认定淘宝公司对于牟某某注册为淘宝网个人卖家已尽合理审查义务和事后补救义务的情况下，法院只能依法驳回原告的诉讼。

电子取证存证模式对电商领域维权的影响

——菲安妮（亚太）有限公司与广州市花都区佛里诺皮具厂侵害商标权纠纷案①

【案例要旨】

伴随着互联网技术的快速发展，在诉讼证据保全方式上，已发生重大变革，权利人将会大量采用电子取证模式进行证据保全。在电子商务维权领域，电子取证存证模式的普及将极大节省社会成本。由于电子商务平台存在海量信息，侵权信息数量往往也非常可观，如果一味采用传统公证模式进行取证存证，该证据保全成本对权利人而言，无疑难承其重。

【案情简介】

2002年11月14日，经国家工商行政管理总局商标局核准，幸达时皮具有限公司获准注册第2002780号商标，核定使用商品在第18类公文包、旅行包（箱）、旅行用具（皮件）、钱包、伞、手提包、书包等商品上，经续展，该商标有效期自2012年11月14日至2022年11月13日止。

2011年12月21日，经国家工商行政管理总局商标局核准，幸达时皮具有限公司获准注册第8928863号商标，核定使用商品在第18类旅行箱、旅行袋、（行李）箱、手提包、运动用手提包、旅行提包、购物袋、公事皮包等商品上，该商标有效期自2011年12月21日至2021年12月20日止。

2013年2月20日，国家工商行政管理总局商标局核准菲安妮（亚太）有限公司（以下简称菲安妮公司）为第2002780号注册商标、第8928863号注册商标的受让人。

菲安妮公司为证明上述商标使用情况及知名度所提交的证据显示：1993年，惠州市对外经济发展公司通丽贸易部与成都商厦太平洋百货有限公司签订《专柜销售合同书》；1994年，惠州市对外经济发展公司通丽贸易部与上海太平洋百货有限公司签订《专柜厂商合约书》；1998年，中国对外贸易广州商贸公司与南京金鹰国际购物中心签订《代销合同》；1998、

---

① 案例来源：（2016）粤0114民初6554号民事判决书，广州市花都区人民法院。

1999 年，中国对外贸易广州商贸公司与武汉中商广场管理有限公司签订《专柜设置合同书》。上述合同约定销售的商品均包含"FION"。

2016 年 9 月 28 日，国家工商行政管理总局商标局出具商标驰字〔2016〕96 号《国家工商总局商标局关于认定"FION"商标为驰名商标的批复》，认定菲安妮公司使用在商标注册用商品和服务国际分类第 18 类钱包、手提包商品上的"FION"注册商标为驰名商标。

2016 年 4 月 6 日，菲安妮公司向深圳市商标协会申请对菲安妮公司的 FION 菲安妮旗舰店和淘宝网上 FLDN 箱包店、天猫网上 fldn 佛里诺旗舰店销售的 FION、FLDN 女包进行可信时间戳取证。深圳市商标协会于当日对上述申请内容进行时间戳取证截图、录屏及外部录像，并出具《可信时间戳取证报告》（2016 深商协时间戳取证字第 3 号）。

2016 年 4 月 27 日，菲安妮公司向深圳市商标协会申请对天猫网上 fldn 佛里诺旗舰店销售的 FLDN 女包进行购买可信时间戳取证，在收到货物后对快递包裹进行拍照并于 2016 年 5 月 3 日登录淘宝网对整个确认收货过程进行截图。深圳市商标协会对上述申请内容进行时间戳取证截图、录屏及外部录像，并于 2016 年 5 月 3 日出具《可信时间戳取证报告》（2016 深商协时间戳取证字第 4 号）。

2016 年 4 月 28 日，菲安妮公司向深圳市商标协会申请对与天猫网上 fldn 佛里诺旗舰店客服在阿里旺旺的聊天记录进行可信时间戳取证。深圳市商标协会于当日对上述申请内容进行时间戳取证截图、录屏及外部录像，并出具《可信时间戳取证报告》（2016 深商协时间戳取证字第 5 号）。

上述 3 份《可信时间戳取证报告》将时间戳取证描述为"我会将上述文件保存为原始证据包，在联合信任时间戳服务中心系统进行了时间戳申请。在诉讼活动中采用本取证报告及其申请可信时间戳后生成的时间戳文件（tsa）在联合信任时间戳服务中心系统上进行验证通过后，即可采信取证时间的权威性与取证文件内容的完整性，即符合《电子签名法》要求的未被修改过的可靠的电子文件的要求，具有原件和书面形式的法律效力。"同时，上述报告均附有联合信任时间戳服务中心出具的《可信时间戳认证证书》："本证书时间戳由国家授时中心负责授时和守时保障的联合信任时间戳服务中心签发，证明文件（或电子数据）自申请时间戳时起已经存在且内容保持完整、未被篡改。时间戳文件（＊.tsa）以附件形式保存在本证书中。"

原告菲安妮公司向广州市花都区人民法院提起诉讼，诉讼请求为：1.被告广州市花都区佛里诺皮具厂（以下简称佛里诺皮具厂）立即停止侵犯原告第2002780、8928863号注册商标专用权的行为；2.被告佛里诺皮具厂赔偿原告经济损失人民币150万元及维权所支出的合理开支人民币15万元；3.被告佛里诺皮具厂承担全部诉讼费用。

【诉辩意见】

原告菲安妮公司诉称：被告佛里诺皮具厂在箱包商品上使用与原告商标近似商标的行为，侵犯了原告第2002780、8928863号注册商标专用权。被告未经原告许可，在相同的手提包、钱包等商品上擅自使用与原告上述两商标近似的商标，造成了相关公众的混淆和误认，已经构成了对原告注册商标专用权的侵犯。

被告佛里诺皮具厂辩称：1.被告并没有实施侵权行为，当然不存在停止侵权行为。2.原告要求被告赔偿损失没有依据，原告并没有证据证明被告存在侵权行为，也没有证据证明原告因被告侵权所造成的损失。

【法院审理】

菲安妮公司作为第2002780号注册商标、第8928863号注册商标的专用权人，享有上述注册商标的专用权，上述注册商标均处于有效保护期内，依法应当受法律保护。

一、被控侵权产品是否侵犯菲安妮公司注册商标专用权

菲安妮公司享有的上述注册商标的核定使用商品类别与涉案被控侵权产品类别相同。经比对，涉案被控侵权产品上的"FLDN"标识与菲安妮公司的第2002780号注册商标、第8928863号注册商标构成近似；在整体观感上，以普通消费者认知眼光，如不经特别仔细辨认，会对商品的来源产生误认，易导致相关公众误认为被控侵权产品为菲安妮公司或者其许可制造的商品。故法院认定涉案被控侵权产品为侵害菲安妮公司注册商标专用权的产品。

二、侵权主体及侵权责任的认定

天猫"fldn佛里诺旗舰店"及淘宝"FLDN箱包店"销售被控侵权产品并在网店宣传中使用与菲安妮公司享有的涉案注册商标近似的标识，该行为经过深圳市商标协会进行时间戳取证截图、录屏及外部录像，并附有联合信任时间戳服务中心出具的《可信时间戳认证证书》，符合电子签名法规定的数据电文要求，亦满足法律、法规规定的原件形式要求。依据前述法律规定，佛里诺皮具厂销售涉案被控侵权产品侵害了菲安妮公司的注册商标专用权。

三、侵权赔偿数额的确定

菲安妮公司已提交民事诉讼委托代理合同及律师费发票、知识产权时间戳服务费发票，故法院对律师费、知识产权时间戳服务费予以支持。关于菲安妮公司主张的经济损失，无充分证据证明菲安妮公司的实际损失情况，也没有充分证据证明佛里诺皮具厂因全部侵权行为而实际获利的数额，故法院综合考虑涉案商标的声誉、侵权者的主观过错、侵权商品的生产、销售形式、价格、期间及权利人为制止侵权行为所支付的合理开支等因素，酌情确定佛里诺皮具厂侵权赔偿数额 80 万元（含合理费用）。

【案例评析】

《最高人民法院关于互联网法院审理案件若干问题的规定》第十一条第二款明确规定："当事人提交的电子数据，通过电子签名、可信时间戳、哈希值校验、区块链等证据收集、固定和防篡改的技术手段或者通过电子取证存证平台认证，能够证明其真实性的，互联网法院应当确认。"由此可见，伴随着互联网技术的快速发展，在诉讼证据保全方式上，已发生重大变革，当事人将会大量采用电子取证存证模式进行证据保全。

电子取证方式不仅会大大降低诉讼成本，更为重要的是，它可能会颠覆人们对于司法公正来源的认知。在传统认知模式中，人们对司法公正的认知更多源自对"人"的信任，而非科学或技术及其背后的因果关系。例如，公证员虽对科学或技术知之甚少，甚至一无所知，然而，从目前法律层面，仍会直接推定公证员的所见所闻即为法律真实。这显然不是因为公证员更神通广大，而是因为在无科技支撑的传统司法时代，只能通过塑造"人"的角色来建构"公正"，即通过创设公证员的角色、职责及特殊的法律地位，来逐步营造公正、客观、无偏私的想象，并由此作为公正的源头或逻辑起点。而在缺乏科技手段、更缺科学思维、科学信仰的传统年代，无论是裁判者，抑或当事人均无能力对案件中的因果关系做更深远的追问，有时只能通过角色、形象的塑造，营造一种有关"公正"的合理想象或直观感觉。

然而，随着科技的日新月异，以及认知水平的巨大飞跃，人们愈发相信科技手段的客观性、真实性，更加信任以科技手段固定的案件事实及其背后的因果关系，而非裁判者、公证员等特殊身份、形象下的系列想象。电子存证取证模式的出现无疑是证据保全上的巨大跨越，它影响的不仅是个案，而是整个司法系统，它是人们认知升级的必然结果，从此，司法审判模式变得"更科学了"，也自然会更接近"实质正义"。

更重要的是，电子取证存证模式的普及将极大节省社会成本，以电子商务领域的维权为例，由于电子商务平台存在海量信息，侵权信息数量往往也非常可观，如果一味采用传统公证模式取证存证，该证据保全成本对权利人而言，无疑难承其重。

本案中，权利人采用"时间戳"方式针对涉案侵权行为进行了取证存证，并出具了《可信时间戳取证报告》，且在报告中详细描述了整个取证的过程，可谓程序严格、步骤完整，无篡改可能性，法院对该取证模式也予以认可，并以此为基础，作出本案判决。

第七章

侵权抗辩事由

合法来源除提供产品来源外，还要根据产品情况判断销售者是否有主观过错

——东莞怡信磁碟有限公司诉纽海电子商务（上海）有限公司等侵害实用新型专利权案①

【案例要旨】

合法来源抗辩的认定包括"来源"与"合法"两个方面，平台内的经营者应当证明销售的产品有明确的来源且自己主观上不知道其销售的产品为侵权产品。平台内的经营者有查验商品的合格证明、产品名称、生产商名称等信息的义务，未履行检验的义务属于存在主观过错。平台内经营者的主观过错的判断，一般应结合产品的表面合法性及可识别性、经营者审查能力等进行综合判断。

【案情简介】

原告东莞怡信磁碟有限公司（以下简称怡信磁碟公司）诉被告纽海电子商务（上海）有限公司（以下简称纽海公司）、浙江小也网络科技有限公司（以下简称小也公司）侵害实用新型专利权纠纷一案。

东莞怡信磁碟有限公司于 2008 年 12 月 26 日向国家知识产权局申请"改进型便携可充式喷液瓶"实用新型专利，并于 2009 年 10 月 21 日获得授权，专利号为 ZL200820206225.2，该专利目前处于有效状态。上述专利

---

① 案例来源：（2014）沪一中民五（知）初字第 84 号民事判决书，上海市第一中级人民法院。

投入市场后，因其具有实用性强等优点，很快受到广大用户的肯定和欢迎，产品畅销世界，给权利人带来了可观的经济效益，也正因为如此，该产品很快成为被侵权的对象。

经东莞怡信磁碟有限公司调查，发现二被告公然生产、销售侵犯原告专利权的产品。为维护自身权利，怡信磁碟公司向广州市海珠公证处申请了证据保全公证。原告认为，二被告未经许可生产、销售侵权产品，以此谋取丰厚利益，其行为给原告造成了重大的经济损失，依法应当承担停止侵权、赔偿经济损失的民事责任。被告小也公司除涉案侵权行为外，还在京东、淘宝等网站上有类似侵权行为，而其在已有生效判决的情况下仍然从事侵权行为，可见其侵权故意明显、侵权情节严重。

2014 年 6 月 17 日，原告怡信磁碟公司向上海市第一中级人民法院提起诉讼，请求法院判令：1. 二被告立即停止对原告涉案专利权的侵犯，即被告纽海公司停止销售并销毁库存侵权产品；被告小也公司停止生产、销售、许诺销售侵权产品，并销毁库存侵权产品及生产模具和设备；2. 二被告赔偿原告经济损失及因调查、制止侵权所支付的合理费用共计人民币（以下币种相同）20 万元。

【诉辩意见】

原告怡信磁碟公司诉称：二被告未经许可生产、销售侵权产品，以此谋取丰厚利益，其行为给原告造成了重大的经济损失，依法应当承担停止侵权、赔偿经济损失的民事责任。被告小也公司除涉案侵权行为外，还在京东、淘宝等网站上有类似侵权行为，而其在已有生效判决的情况下仍然从事侵权行为，可见其侵权故意明显、侵权情节严重。

被告纽海公司辩称：纽海公司仅是网络服务提供商，不存在明知或应知小也公司侵权而继续帮助销售的情形，其已尽到了合理的注意义务，不应承担侵权责任。

被告小也公司辩称：原告怡信公司对其已提起多起诉讼，原告的起诉违反了一事不再理的原则；被控侵权产品有合法来源，被告在收到诉状后已经停止销售，故不应承担赔偿责任；原告针对被告的诉讼在浙江省杭州市中级人民法院的相关案件中已经获得了赔偿，希望本案在判决时考虑前述因素。

【法院审理】

一、被控侵权产品是否落入原告涉案专利权的保护范围

根据专利法第五十九条的规定，被控侵权技术方案包含了权利要求记载的全部技术特征相同或等同的技术特征的，人民法院应当认定其落入专利权的保护范围。经比对，被控侵权产品为便携可充式喷液瓶，包括喷头组件、内瓶和外壳。喷头组件安装于内瓶上部，内瓶底部设有充液结构，充液结构包括内瓶底部的充液口、安装在充液口的顶杆、顶杆回位结构以及密封结构；内瓶上还设有排气结构。充液结构的顶杆上部为一限位块，下部有一凹槽，密封结构包括第一密封圈和第二密封圈，其中第一密封圈与顶杆上部的限位块相连，第二密封圈嵌入顶杆下部的凹槽中。排气结构包括设置于内瓶底部的排气孔及与排气孔接通并延伸到内瓶顶部的导气管。第二密封圈与排气孔形成动态密封，即充液时，第二密封圈随顶杆上移，其与排气孔分离，常态时，第二密封圈环压在排气孔处，形成密封。由此可见，被控侵权产品包含了经修改后的涉案专利权利要求 1 的全部技术特征，已经落入了涉案专利权的保护范围。被告认为排气结构不在内瓶上的比对意见，与事实不符，法院不予采纳。

据此法院认定被控侵权产品落入原告涉案专利权的保护范围，构成专利侵权。

二、被告合法来源抗辩是否成立

专利法第七十条规定，"为生产经营目的使用、许诺销售或者销售不知道是未经专利权人许可而制造并售出的专利侵权产品，能证明该产品合法来源的，不承担赔偿责任。"依上述规定理解，有无合法来源是侵权产品的销售商等应否承担赔偿责任的判定条件，而非认定被告应否承担制造商责任的依据，原告仅以无合法来源为由主张被控侵权产品由被告小也公司生产，缺乏法律依据。

根据被告小也公司的工商登记信息显示，该被告的经营范围只有销售而无生产化妆品、日用百货等的业务，现有证据亦无法显示被控侵权产品的具体生产商。原告主张被控侵权产品由被告小也公司生产，但未能提交证据证明，根据"谁主张、谁举证"的举证原则，原告应对此承担举证不能的不利后果。据此，法院依现有证据认定被告小也公司仅实施了销售、许诺销售行为。

根据专利法第七十条的上述规定，侵权产品的销售商免除赔偿责任的条件是能够证明该产品有合法来源且不知道其所销售的产品为侵权产品。而所谓的合法来源，应当包括"来源"与"合法"两个层面，前者即产品的出处，是纯粹的客观事实；后者则是对产品出处的法律评价，一般应结合产品的表面合法性及可识别性、抗辩者的审查能力等进行综合判断。首先，对于销售商而言，应当要建立并执行严格的进货查验制度，所进货品应具备产品质量检验合格证明、产品名称、生产商的厂名厂址等标识，这是对销售商最基本的要求。但本案被控侵权产品既无外包装亦无产品合格证，产品上也无商标或生产厂家的信息，为典型的"三无"产品，明显不符合此类产品的质量要求。被告小也公司对外销售"三无"产品的行为应推定为其在销售时主观上具有过错。其次，法院还注意到，本案公证购买被控侵权产品的时间为 2014 年 1 月 3 日，而此时浙江省杭州市中级人民法院的两起案件已在审理之中，被告小也公司自认其系该两案涉诉侵权店铺的实际控制人，其应当能够注意到本案被控侵权产品可能涉嫌侵权，但其仍然对外进行销售，足见其主观上具有过错。因此，即便该产品确如被告小也公司所言系从淘宝网进货而来，亦难认定该产品来源合法，故被告小也公司提出的合法来源抗辩不能成立，应当承担停止侵权、赔偿经济损失的民事责任。停止侵权的范围包括停止销售、许诺销售涉案侵权产品，销毁库存侵权产品等。

关于赔偿经济损失的数额，因原告未能举证证明其因被告小也公司的侵权行为所遭受的损失或被告小也公司实施侵权行为的获利，而本案又无专利许可使用费可以参照，故法院将综合考虑被控侵权产品的销售价格、涉案专利在实现产品利润中所占的价值比重、被告小也公司实施侵权行为的性质和情节、原告在本案中主张的经济损失赔偿仅针对该被告在纽海公司网站上的侵权行为、原告为本案支出的购买被控侵权产品的费用等因素酌情确定该被告应承担的赔偿金额为 35000 元。

三、被告纽海公司应否承担侵权责任

在被控侵权产品信息的相关网页上已经明确注明"小也旗舰店"的经营者为被告小也公司，被告纽海公司并未实际参与网上商品交易，而其仅为买卖双方提供网上交易平台服务，故纽海公司不是网络交易的一方主体，其非涉案销售或许诺销售行为的实施者，原告指控被告纽海公司参与了涉案销售行为，缺乏事实依据，法院不予支持。

侵权责任法第三十六条第二款规定，"网络用户利用网络服务实施侵权行为的，被侵权人有权通知网络服务提供者采取删除、屏蔽、断开链接等必要措施。网络服务提供者接到通知后未及时采取必要措施的，对损害的扩大部分与该网络用户承担连带责任。"第三款规定，"网络服务提供者知道网络用户利用其网络服务侵害他人民事权益，未采取必要措施的，与该网络用户承担连带责任。"上述两款规定确立了网络服务提供者承担侵权责任的"通知规则"和"知道规则"。应该看到，由于专利权的特殊性，仅凭网络交易平台上的商品信息一般无法判断是否构成专利侵权，因此，对于网络服务提供者而言，通常对于网络用户侵犯专利权的行为不具有预见和避免的能力。在本案中，依现有证据无法认定被告纽海公司存在明知或应知小也公司在其网站上实施侵权行为，但仍然为该公司提供网络交易平台服务的情形。原告也未向纽海公司发送过要求删除、屏蔽、断开相关链接的通知。因此，纽海公司对小也公司实施的侵权行为没有过错，原告关于被告纽海公司与小也公司构成共同侵权的主张，缺乏事实和法律依据，法院不予支持。

综上所述，法院依照专利法第十一条第一款、第六十五条第二款之规定，判令：一、被告浙江小也网络科技有限公司于本判决生效之日起停止侵犯原告东莞怡信磁碟有限公司享有的名称为"改进型便携可充式喷液瓶"的实用新型专利权（专利号 ZL200820206225.2）；二、被告浙江小也网络科技有限公司于本判决生效之日起 10 日内赔偿原告东莞怡信磁碟有限公司经济损失及合理费用共计人民币 35000 元；三、驳回原告东莞怡信磁碟有限公司的其余诉讼请求。

【案例评析】

电子商务平台侵权诉讼中，"合法来源抗辩"是平台内经营者最常用的抗辩之一。实践中确实销售者不是侵权产生的根源，仅是整个侵权链条中的一环，从实际区分侵权产品的能力看，销售者识别区分侵权产品的能力也十分不足。商标法与专利法对于合法来源抗辩的规定较为接近，专利法第七十条规定，"为生产经营目的使用、许诺销售或者销售不知道是未经专利权人许可而制造并售出的专利侵权产品，能证明该产品合法来源的，不承担赔偿责任。"

合法来源抗辩的立法有助于保护善意销售者的利益，促进商品的流通，避免过度加重销售者的注意义务，导致产品流通不畅。实践中，如果平台内经营者有合法的来源，或者根本没有能力识别商品为侵权产品，纯粹善意销售商品，法律一般不会要求平台内经营者承担过高的注意义务，以免利益失衡。

在司法实践中，是否构成合法来源抗辩要包括三个层面：一是产品来源问题；二是产品来源合法性问题；三是销售者主观是否具有善意。而这三个方面都需要有证据支持，举证责任均由被告负担，无法提供证据证明商品来源，商品来源不合法或者明知是侵权产品仍然坚持销售的，都不构成有效的合法来源抗辩。

首先，对于"来源"的问题，司法实践中往往注重来源事实证据的审查，被告举证的重点与司法审查的重点就是平台内经营者提供的证据是否能够证明商品的来源。通常来说来源的证据主要是证明何年何月从何处取得被控侵权的商品，因此常见的证据包括进货合同、聊天记录、往来的磋商文件、运输合同、开具的购物发票、物流收据、仓储合同等证据。很多时候，平台内经营者主张合法来源抗辩，但无法提供足够的来源证据，也会导致抗辩不被法院采信。

其次，"合法"的证明，一向是司法实践中容易忽略的，究其原因在于合法是一种法律评价，而非单纯的事实判断。有的判决认为平台内经营者证明了产品的来源就算是完成了证明责任，实际上恰恰是错误地理解了"合法来源"的立法目的。合法我们认为必须是产品合法、来源合法与销售行为合法才可能构成合法来源抗辩。本案中平台内经营者虽然称产品有进货，但是法院认为产品是"三无产品"，本身就不合法，因此不适用"合法来源抗辩"。

最后，关于平台内经营者销售是否善意的问题。善意包括两个方面，一方面是指尽到了审核义务。平台内经营者对销售商品具有检查与审核的义务，这种判断的标准并不高，只要能够证明销售者尽到了一般人的注意义务即可。如本案中法院认为"一般应结合产品的表面合法性及可识别性、抗辩者的审查能力等进行综合判断。"常见的如平台内经营者销售的是三无产品、需要特殊资质特定审批手续的商品，法院可以直接认定平台内经营者未尽到审核义务，不适用合法来源抗辩。本案中法院就认定"本案被控侵权产品既无外包装亦无产品合格证，产品上也无商标或生产厂家的信息，为典型的"三无"产品，明显不符合此类产品的质量要求。"

另一方面是指销售不具有主观恶意。恶意销售行为，主观上有侵权的故意，当然不符合合法来源抗辩的要求。恶意的主要证据在于销售者明知销售侵权产品仍然继续销售，或者电子商务平台明知侵权行为存在，仍不采取必要措施制止侵权行为。如法院认为，"本案公证购买被控侵权产品的时间为 2014 年 1 月 3 日，而此时浙江省杭州市中级人民法院的两起案件已在审理之中，被告小也公司自认其系该两案涉诉侵权店铺的实际控制人，其应当能够注意到本案被控侵权产品可能涉嫌侵权，但其仍然对外进行销售，足见其主观上具有过错。"

综上所述，我们认为"合法来源抗辩"应当严格适用，从主客观两个方面审核抗辩是否能够成立。但是当前实践中存在大量的因同情销售者，而过度宽松适用"合法来源抗辩"的情况，有的案件中甚至简化为只要提供"商品来源"即构成抗辩的情况，这些做法都是违反了合法来源抗辩的基本目的的。

在先使用应满足商标在先使用、使用
有一定影响与原有范围使用的条件

——常熟市全优商贸有限公司与上海领弦实业发展有限公司、
浙江天猫网络有限公司侵害商标权案①

【案例要旨】

先用抗辩的适用应满足以下条件：1. 他人在注册商标申请日之前存在在先使用商标的行为；2. 该在先使用行为原则上应早于商标注册人对商标的使用行为；3. 该在先使用的商标应具有一定影响；4. 被诉侵权行为系他人在原有范围内的使用行为。

【案情简介】

常熟市全优商贸有限公司（以下简称全优公司）于 2012 年 12 月 7 日在第 25 类服装等产品上申请"古木夕羊"商标，商标于 2014 年 6 月 21 日经商标局核准并成功注册，原告系"古木夕羊 + gumuxiyang"商标的合法注册人，对该商标在注册商品上拥有独占使用权。

全优公司发现被告上海领弦实业发展有限公司（以下简称领弦公司）在被告浙江天猫网络有限公司（以下简称天猫公司）平台上开设天猫旗舰店，并使用原告的"古木夕羊"商标作为店铺、产品宣传、使用，系对原告全优公司合法权益构成明显侵害。

---

① 案例来源：（2016）浙 0110 民初 18246 号，杭州市余杭区人民法院。

杭州海桦时装有限公司（以下简称海桦公司）为海明控股公司前身，从 1996 年便开始在第 25 类相关商品上使用"古木夕羊"商标，并于 1997 年在第 25 类获准注册第 1100726 号"古木夕羊"商标，该商标于 2004 年转让给杭州明朗时装有限公司（以下简称明朗公司），后海桦公司注销。明朗公司受让"古木夕羊"商标后，一直在包括江苏省在内的全国数十个城市发展了代理商进行门店销售。明朗公司于 2010 年将企业名称变更为海明控股公司。海明控股公司目前旗下拥有 4 家全资子公司，总注册资本 2.8 亿元。2008 年，海明控股公司授权领弦公司进行"古木夕羊"品牌运营，负责对外签订相关特许经营合同。2010 年，海明控股公司全资设立浙江海明实业有限公司（以下简称海明实业公司），并与领弦公司达成协议，约定原由领弦公司签订的有关"古木夕羊"品牌国内特许经营合同书，由海明实业公司代替履行。经营期间，因海明控股公司聘请的商标代理公司出现严重的工作失误，造成第 1100726 号商标未能如期办理续展，后该商标被全优公司抢注。

2016 年 12 月 20 日，全优公司认为领弦公司未经许可使用"古木夕羊"商标，构成商标侵权，遂向杭州市余杭区人民法院提起诉讼。

【诉辩意见】

原告全优公司起诉称：原告是"古木夕羊"商标的权利人，被告领弦公司在被告天猫公司平台上开设天猫旗舰店，并突出使用前述商标进行宣传、销售，二被告共同侵犯了原告的商标专用权。请求判令：一、被告领弦公司、天猫公司立即停止侵权，即停止在天猫店铺名称、商品标题、商品描述及天猫平台投放相应的广告时使用"古木夕羊"关键字样；二、被告领弦公司、天猫公司赔偿原告经济损失 2 万元，并承担原告的律师代理费及调查取证等所发生的费用；三、被告领弦公司、天猫公司承担本案的诉讼费用。

被告领弦公司辩称：海桦公司为海明控股公司前身，从 1996 年便开始在第 25 类相关商品上使用"古木夕羊"商标，并于 1997 年在第 25 类获准注册第 1100726 号"古木夕羊"商标，该商标于 2004 年转让给明朗公司，后海桦公司注销。明朗公司受让"古木夕羊"商标后，一直在包括江苏省在内的全国数十个城市发展了代理商进行门店销售。明朗公司于 2010 年将企业名称变更为海明控股公司。海明控股公司目前旗下拥有 4 家全资子公司，总注册资本 2.8 亿元，总用地 210 亩，在职员工 1700 多人，在国内开设了约 500 家专卖店和专柜，年零售额约 8 亿元。2008 年，海明控股公司授权领弦公司进行"古木夕羊"品牌运营，负责对外签订相关特许经营合同。2010 年，海明控股公司全资设立海明实业公司，并与领弦公司达成协议，约定原由领弦公司签订的有关"古木夕羊"品牌国内特许经营合同书，由海明实业公司代替履行。

被告天猫公司辩称：1. 天猫公司仅是提供信息发布平台的服务提供商，仅提供发布信息的平台，其既非涉案商品信息的发布者，也未实施销售、许诺销售等直接侵害原告商标权的行为。2. 天猫公司在起诉前，并不知晓侵权信息的存在，对侵权行为的发生不存在主观过错。天猫公司网络交易平台拥有海量的店铺和店铺经营者，由于网络信息量的无限庞大，加上信息流动的即时性，网络服务商没有监视网络、寻找侵权行为的法律义务，也不具备这一能力。3. 天猫公司已经尽到事前提醒注意义务，在事后也已采取合理必要措施。原告诉前未向天猫公司发起投诉，天猫公司在收到诉状后确认涉案商品信息已被删除；开庭前天猫公司再次确认涉案商品信息已不存在，采取了必要措施。请求法院依法驳回原告针对天猫公司的全部诉讼请求。

【法院审理】

商标法第五十九条第三款规定："商标注册人申请商标注册前，他人已经在同一种商品或类似商品上先于商标注册人使用与注册商标相同或者近似并有一定影响的商标的，注册商标专用权人无权禁止该使用人在原使用范围内继续使用该商标，但可以要求其附加适当区别标识。"本案主要争议焦点即领弦公司在其天猫店铺名称、商品标题、商品描述及在天猫平台投放相应的广告中使用"古木夕羊"的行为是否符合商标法第五十九条第三款的规定。

本案中法院认为在先使用抗辩的构成要件包括四个方面：1. 他人在注册商标申请日之前存在在先使用商标的行为；2. 该在先使用行为原则上应早于商标注册人对商标的使用行为；3. 该在先使用的商标应具有一定影响；4. 被诉侵权行为系他人在原有范围内的使用行为。

一、领弦公司在涉案商标申请日之前是否存在在先使用行为

本案原告全优公司第 11862984 号商标申请日前，领弦公司经海明控股公司许可已开设天猫店铺"古木夕羊官方旗舰店"销售带有"古木夕羊"标识的服饰物品，该旗舰店于 2012 年 12 月 31 日之前售出 9 万多件服装。上述事实表明，领弦公司使用"古木夕羊"的时间远早于全优公司涉案商标的申请日。

二、领弦公司在先使用古木夕羊的时间是否早于全优公司使用涉案商标的时间

全优公司经核准注册第 11862984 号"古木夕羊 gumuxiyang"商标，但其并未提供有效证据证明其已经实际使用涉案商标，而领弦公司明确举证证明其在第 11862984 号商标申请日前已实际销售带有"古木夕羊"标识商品。综上，领弦公司在先使用"古木夕羊"的时间早于全优公司使用涉案第 11862984 号商标的时间。

三、领弦公司的在先使用商标是否达到"一定影响"

商标法第五十九条第三款系为未注册商标提供保护的条款，其主要目的在于保护那些已经在市场上具有一定影响但未注册的商标所有人的权益，其解决的是在先使用人对其未注册商标进行后续使用行为的合法性问题，在对"一定影响"的认定标准上不宜要求过高，如果在先使用人能举证证明在先商标有一定的持续使用时间、区域、销售量或广告宣传等，通常应认定其有一定的影响力。而商标权人自行使用、许可他人使用以及其他不违背商标权人意志的使用，均可认定属于实际使用的行为。本案中，领弦公司提交的证据显示，"古木夕羊"在第 25 类服装上使用已历时十余年；使用方式除领弦公司经授权开设天猫店铺"古木夕羊官方旗舰店"，其涉案天猫店铺在 2010 年至 2012 年间已累计出售服装 9 万多件外，海桦公司、明朗公司等还与浙江、江西、黑龙江、新疆等多省份的多家商户签订特许经营合同经营"古木夕羊""GMXY"服装销售。同时，《瑞丽》《潮流制造》等多家媒体杂志在 2011 年对"古木夕羊"进行宣传报道。上述事实足以说明"古木夕羊"使用已具有一定规模，符合商标法第五十九条第三款规定的"一定影响"要件。

四、领弦公司在经营活动中对于"古木夕羊"的使用是否符合"原有范围"的要求

全优公司指控领弦公司在其开设的天猫店铺名称、商品标题、商品描述及在天猫平台投放相应的广告中使用"古木夕羊"的行为侵犯其注册商标专用权，领弦公司提交的证据显示其自 2010 年开设涉案店铺"古木夕

羊官方旗舰店"用于销售服装商品，商品类别与原告涉案的第 11862984
号"古木夕羊 gumuxiyang"商标核定使用的商品类别同属第 25 类，领弦公
司在其天猫店铺名称、商品标题、商品描述及在天猫平台投放相应的广告
中使用"古木夕羊"的行为系对"古木夕羊"商标的描述性使用，故领弦
公司在经营活动中对于"古木夕羊"的使用行为并未脱离"原有范围"的
范畴。

综上，领弦公司在服装商品上使用古木夕羊的行为符合商标法第五十
九条第三款的适用要件，未构成对原告注册商标专用权的侵犯。鉴于领弦
公司未侵犯全优公司的涉案注册商标专用权，故对全优公司向领弦公司、
天猫公司主张停止侵权、赔偿损失等全部诉请均不予支持。综上，依据商
标法第五十九条第三款，民事诉讼法第六十四条第一款，《最高人民法院
关于民事诉讼证据的若干规定》第二条之规定，判决如下：驳回原告常熟
市全优商贸有限公司的全部诉讼请求。

【案例评析】

在先使用抗辩是 2013 年商标法修正后新增的抗辩，第五十九条第三款
规定"商标注册人申请商标注册前，他人已经在同一种商品或类似商品上
先于商标注册人使用与注册商标相同或者近似并有一定影响的商标的，注
册商标专用权人无权禁止该使用人在原使用范围内继续使用该商标，但可
以要求其附加适当区别标识"。对于该条规定，司法实践中要从立法目的
上把握商标在先使用抗辩的认定，在先使用抗辩的立法目的在于，更好地
实现在先使用人与注册商标权利人之间的利益平衡。

我国商标保护采取的注册制，只有依法申请并经国家核准注册的商标
权才受到法律保护。因此，在先使用抗辩实际上是商标注册保护制度的例
外规定，主要目的就是为了保护那些已经实际作为商标使用且具有较高知
名度，但未注册的商标。因此在先使用抗辩的适用必须遵循严格的标准，
避免在实践中出现过的在先使用的商标，破坏商标注册保护制度的基础地
位。但是在先使用抗辩，在实际适用中一直存在很大争议，争议核心就在
于对在先使用的构成要件认定不同。通常有两个误区，一是认为商标使用
在先即可。二是认为有一定影响，是要求达到了较高的知名度，否则不予
保护。本案对构成要件、在先使用与"有一定影响"都进行了探讨，具有
很强的借鉴意义。

首先，关于在先的界定，要判断在商标申请日前是否存在实际使用。

这里需要注意两点，一是时间判断的节点是商标申请日，二是使用必须是商标性使用，常见的作为企业字号、描述性的使用，不属于在先使用。如本案中，法院就查明了全优公司第 11862984 号商标申请日前，领弦公司经海明控股公司许可已开设天猫店铺"古木夕羊官方旗舰店"销售带有"古木夕羊"标识的服饰物品，该旗舰店于 2012 年 12 月 31 日之前售出 9 万多件服装。上述事实表明，领弦公司将"古木夕羊"作为商标使用的时间，早于全优公司涉案商标的申请日，构成了使用在先。

其次，何谓"有一定影响"的商标。在先使用并有一定影响的商标，才受到法律的保护，但是由于立法含义上的模糊，对何谓有一定影响仍然存在争议，且存在很大的主观判断空间。本案中法院认为，"一定影响"的认定标准不宜要求过高，如果在先使用人能举证证明在先商标有一定的持续使用时间、区域、销售量或广告宣传等，通常应认定其有一定的影响力。也就是说"一定影响"远低于驰名的要求，只要商标进行了一定的使用、宣传行为，就可以认定为有一定影响。立法的要求显然不是希望在先使用商标为未注册的驰名商标，因此只要进行了真实的、持续的在先使用，在一定范围内具有知名度被消费者认知即可。

最后，在先使用商标后续使用范围的界定。在先使用抗辩，从文义解释的角度看，尽管在先使用商标构成一种抗辩，但后续的使用行为仍然是受到限制的，使用人不得扩大商标使用范围。这充分体现了在实际使用与商标注册之间的利益平衡，也体现了商标注册保护制度在整个商标法中的基础地位。就本案的使用证据看，在商标申请日前，实际使用人一直将商标使用在第 25 类，从其店铺开始之日到公司商标注册之日，再到本案商标的核准，都一直在从事服装的销售。因此可以认定，领弦公司在经营活动中对于"古木夕羊"的使用行为并未脱离"原有范围"的范畴。

商标在先使用抗辩本质上是商标注册制度的例外，根据商标使用遵循诚实信用的原则，商标在先使用需要保护的是善意的商标在先使用人，要维护的是商标注册权利人与实际使用人之间的利益平衡，而尤其要抵制的是本案中出现的商标抢注。

在先使用抗辩成立，人民法院可以主动判决
要求在先使用人添加适当的区分标识

——曹建兴与乐清瑞姿商贸有限公司、浙江天猫
网络有限公司侵害商标权纠纷①

【案例要旨】

商标在先使用抗辩成立后，法院有权依职权或依据商标权利人的申请，要求在先使用权人在原有的范围内对使用的商标添加适当的区分标识，以便与商标权利人的商标相区分，避免消费者的混淆。

【案情简介】

原告曹建兴于 2013 年 11 月 18 日向国家工商行政管理总局商标局提出了涉案"贝嘉琦 + BEIJIAQI"商标的注册申请，2015 年 2 月 7 日，原告申请注册的涉案商标取得第 13556298 号商标注册证，商标核定使用商品为第 28 类：儿童游戏用踏板车（玩具）；玩具；玩具车；由无线电控制的玩具车；比例模型套件（玩具）；成比例的模型车；室内游戏玩具；晚会、舞会道具；玩具汽车；智能玩具（截止）。该商标由文字部分"贝嘉琦"及拼音部分"BEIJIAQI"组成，文字部分在上，拼音部分在下。注册有效期限为 2015 年 2 月 7 日至 2025 年 2 月 6 日，现在有效期内。

原告发现在被告浙江天猫网络有限公司（以下简称天猫公司）的天猫网络平台上，被告乐清瑞姿商贸有限公司（以下简称瑞姿公司）开设的网络店铺"贝嘉琦童车旗舰店"涉嫌销售、许诺销售侵害原告注册商标权的商品的行为。为保全证据，原告于 2015 年 5 月 18 日至天津市西青公证处就被告瑞姿公司网络店铺涉嫌侵犯原告商标权的销售及许诺销售行为进行了公证。

2015 年 6 月 2 日，原告委托天津益清律师事务所向被告天猫公司发送了律师函，告知天猫公司被告瑞姿公司在天猫网上存在以"贝嘉琦"名义发布并销售带有"贝嘉琦"商标的侵权商品的行为，要求被告天猫公司立即停止互联网侵权行为，下架侵权产品，并向原告提供所有侵权商品的销

---

① 案例来源：（2015）一中民五初字第 0108 号民事判决书，天津市第一中级人民法院。

售数据。天猫公司收到原告的投诉后，将原告的投诉事实和理由提供给被告瑞姿公司，被告瑞姿公司的法定代表人林托针对原告投诉于 2015 年 6 月 9 日以反通知的形式提出了申诉。被告天猫公司自行审查认为申诉成立，因无法确定被投诉的商品是侵害原告商标权的商品，天猫公司对投诉商品没有作出删除处理。

【诉辩意见】

原告曹建兴起诉称：原告申请注册的第 13556298 号商标，于 2015 年 2 月 7 日被国家工商行政管理总局商标局予以核准注册，商标核定使用商品第 28 类："儿童游戏用踏板车（玩具）；玩具；玩具车；由无线电控制的玩具车；比例模型套件（玩具）；成比例的模型车；室内游戏玩具；晚会、舞会道具；玩具汽车；智能玩具（截止）"。该商标经原告投入大量广告宣传，在市场上享有较高知名度与美誉度。

被告天猫公司经营的天猫网为提供商品或服务电子交易平台的网络服务运营商，疏于履行法律规定的审查义务，致使天猫网上存有未经原告许可擅自销售涉嫌侵权产品的网络店铺。侵权销售利润 1005578 元，加之公证费 2700 元、律师费 45000 元，故原告请求赔偿总额 1053278 元。经天津市西青区公证处证据保全被告瑞姿公司的侵权网络店铺"贝嘉琦童车旗舰店"未经原告许可，大肆销售、许诺销售含有儿童游戏用踏板车的童车。请求法院依法判令：1. 确认两被告侵犯原告第 13556298 号注册商标专用权；2. 判令两被告立即停止销售侵权产品行为；3. 判令两被告连带赔偿原告合理费用支出及损失额共计 1053278 元；4. 判令被告二提供被告一店铺相关产品的销售数据；立即删除、封停被告一所有侵犯第 13556298 号注册商标专用权的店铺网页；关闭被告一店铺；冻结被告一店铺资金；赔偿原告被告一店铺销售金额的 5%；同时在其网页上发布启事、消除影响；5. 本案诉讼费用由两被告承担。

被告瑞姿公司辩称：被告瑞姿公司不构成侵权，请求驳回原告的全部诉讼请求。1. 被告瑞姿公司并不构成侵权。被告瑞姿公司在 2013 年 11 月 18 日之前，也是原告申请涉案商标之前已经在网络平台销售涉案滑板车，属于在先销售。2. 被控侵权产品来源合法。被告瑞姿公司的产品采购自贝嘉琦自行车公司，已经取得贝嘉琦自行车公司商标授权，并且被告瑞姿公司并不知道原告抢注了 28 类拼音加文字商标，在原告申请注册后到现在，原告都是知道被告瑞姿公司在网络上销售贝嘉琦牌滑板车，但是在商标核准之前，从来没有对被告瑞姿公司销售行为提出任何异议，在取得核准之后向各大网络平台进行投诉，分别是天猫、国美、京东，当时三个平台接收了被告瑞姿公司的答辩意见，所以继续销售。被告瑞姿公司在本案诉讼后，及时对网页标识进行了更换，并没有侵犯原告商标的故意，属于善意的销售。3. 原告注册贝嘉琦加拼音的商标属于恶意抢注。原告与贝嘉琦自行车公司同在天津王庆坨镇，原告和贝嘉琦自行车公司老板娘是同学关系，原告也是贝嘉琦自行车公司的销售商，知晓贝嘉琦商标，其在 28 类抢注商标之后，没有进行任何宣传，没有使用，没有生产或者销售相关产品。原告申请了商标后，向被告瑞姿公司提出了巨额赔偿，其主观有恶意。原告没有生产和销售，没有实际损失，请求赔偿额过高，依法不应支持。

被告天猫公司辩称：天猫公司已经尽到了审查义务，没有实施侵权行为，不应承担法律责任。1. 天猫公司是网络服务的提供者，仅仅是作为用户交易对象就货物和服务的交易进行协商，以及获取各类与交易相关商品的地点，天猫本身并不作为买家或者卖家的身份参与到交易中，天猫公司因此没有直接实施涉嫌侵权的行为。2. 天猫公司在原告起诉之前，并不知晓本案所提及的涉嫌侵权信息的存在，对于涉嫌侵权行为的发生不存在主观过错。3. 天猫公司在事前已经尽到了注意义务，平台在用户开设店铺时要求提供真实的身份证明和联系方式，并进行审核和备案，并且在签署的服务协议中要求用户不得发布侵害他人的信息。4. 本案诉讼之前原告以权利人身份通过淘宝知识产权投诉平台进行了投诉，接到原告投诉后，天猫公司立即组织核查了原告投诉的权利依据和投诉被告瑞姿公司的具体侵权行为，天猫公司发现涉案商标，核定使用商品是第 28 类，被告瑞姿公司得到案外人贝嘉琦自行车公司 12 类商品上贝嘉琦文字商标的授权，同时被告瑞姿公司在原告注册商标申请之日前已经大量使用贝嘉琦商标，符合商标法关于在先使用的规定，因此天猫公司没有对原告指控的被控侵权进行处理，并将信息反馈给了原告。天猫公司这样的处理符合法律规定，不应当承担法律责任。

【法院审理】

本案原告拥有的第 13556298 号"贝嘉琦＋BEIJIAQI"注册商标合法有效，其对侵害其商标权的违法行为有权予以制止。

根据被告瑞姿公司提交的（2015）浙乐证内经字第 390 号公证书，被告瑞姿公司在原告申请"贝嘉琦＋BEIJIAQI"商标注册前，已经在天猫网络平台上开设了名称为"贝嘉琦童车旗舰店"的网络店铺，并在与原告注册商标相同或类似商品的介绍中使用了贝嘉琦中文文字。基于天猫网络平台的影响力以及被告瑞姿公司的销售情况，被告瑞姿公司对于贝嘉琦中文文字的在先使用行为形成了一定影响，故原告作为"贝嘉琦＋BEIJIAQI"注册商标的专用权人，无权禁止被告瑞姿公司在原使用范围内继续使用贝嘉琦中文文字，但可要求被告瑞姿公司附加适当区别标志。

被告天猫公司作为网络服务的提供者，在被告瑞姿公司开设店铺前对其进行了资质审核及备案，并在服务协议中对不得侵犯知识产权作了明确要求。原告投诉后，被告天猫公司也对被告瑞姿公司进行了必要的核查处理。因此，原告要求被告天猫公司承担连带责任的主张，无事实及法律依据，法院不予支持。综上，法院判决如下：1. 被告乐清瑞姿商贸有限公司可在原告曹建兴申请第 13556298 号"贝嘉琦＋BEIJIAQI"商标注册前的原使用范围内继续使用"贝嘉琦"中文文字，但应附加适当区别标识；2. 驳回原告曹建兴的其他诉讼请求。

【案例评析】

商标法第五十九条第三款规定："商标注册人申请商标注册前，他人已经在同一种商品或者类似商品上先于商标注册人使用与注册商标相同或者近似并有一定影响的商标的，注册商标专用权人无权禁止该使用人在原使用范围内继续使用该商标，但可以要求其附加适当区别标识。"在具体适用的时候，即便商标在先使用抗辩成立，法律也赋予了商标注册权利人对实际使用人使用行为进行适当限制的权利。

本案中，法院可以主动判令在先使用权人增加区别标识。法律尽管规定了在先使用权人有添加区分标识的义务，但究竟是注册商标权利人主动提出请求，还是依职权主动适用，法律没有明确规定。从权利性质看，在先使用抗辩本质上是一项抗辩权，旨在对抗注册商标权利人的请求权。在商标侵权案件中，原告的诉讼请求常常是请求判令被告停止侵害、消除影响并赔偿损失，而不包含请求被告附加区别标识。若经法院审理，在先使用抗辩成立，不构成侵权，则法院判决即面临两难：究竟是释明后由商标注册权利人提出，还是直接判决在先使用权利人添加区分标识。

对此问题可以分两个方面考虑：第一，作为注册商标权利人当然有权利主动提起诉讼，要求在先使用权利人添加区分标识。但是在实践中这么做的比较少，因为商标权利人一般不会主动认可在先使用权的存在，通常是起诉商标侵权，在无法确认商标侵权后才退而求其次要求在先权利人增加区分标识。第二，在侵权诉讼确认了在先使用权后，法院可以依法律规定，直接判令在先使用权人添加适当的区分标识。

如何界定"适当的区分标识"也是容易产生争议的问题。根据法律规定显然即便享有在先使用抗辩，实际使用人也只能在"原使用范围"内继续使用商标。因此实际使用权人的使用方式是受到限制的，值得讨论的是何种方式是符合法律要求的、必要的区分标识，法律对此没有明确的规定。但是从商标的立法目看，所谓的"适当"应当是指可以起到区分商品或服务来源的功能。本案中法官尽管判决了添加适当标识，但对如何具体添加没有作出明确的限定。实践中可以尝试以下几种方式：第一，由商标权利人提出添加标识的具体请求与做法，由法院审核请求的可行性与合理性。第二，改变使用的商标标识，通过增加标识包括文字、图形等起到区分作用。第三，则是声明方式，在使用商标周边以文字的方式写明"与××注册商标无关"等字样，直接提醒消费者注意区分商品来源。

综上所述，即便司法实践中法院认定被控侵权人构成在先商标在先使用，商标权利人依然可以要求实际使用人添加标识区分商标。而且从当前的实践看，如何添加区分标识能够实现区分商品来源的目的，仍然有很多值得探索研究的地方。

权利人无法证明被控侵权产品确实为侵权产品时，销售者适当使用商标可以构成指示性使用

——郭东林与葛晓丹、浙江淘宝网络有限公司商标侵权案[1]

【案例要旨】

指示性使用是使用商标用来指示商品或服务的来源，是正当使用商标的一种方式。被控侵权人提出指示性使用抗辩时，平台内经营者使用商标既可能构成商标侵权使用，又可能构成指示性使用时，商标权利人对平台内经营者销售的商品为侵权产品承担举证责任，否则就要承受举证不能的

---

[1] 案件来源：（2014）浙杭知终字第18号民事判决书，杭州市中级人民法院。

不利后果。

【案情简介】

1999 年 7 月 14 日，广州市白云区矿泉晓业服装行取得注册号为第 1293407 号"以纯"注册商标，商标核定使用商品为第 25 类，包括服装、针织品衣服、亚麻布贴身服装、睡衣裤、衬衫、衬裤、皮衣、浴衣、工作服、裤子，有效期自 1999 年 7 月 14 日至 2009 年 7 月 13 日止。2006 年 6 月 14 日，国家工商行政管理总局商标局核准第 1293407 号商标转让，受让人为郭东林。2009 年 9 月 3 日，国家工商行政管理总局商标局核准第 1293407 号商标续展注册，续展注册有效期自 2009 年 7 月 14 日至 2019 年 7 月 13 日。

2008 年 1 月 4 日，郭东林取得了注册号为第 4118078 号"YISHion"注册商标，核定使用商品为第 25 类，包括服装；风衣、裤子、裙子、外套……。商标专用权期限自 2008 年 1 月 14 日至 2018 年 1 月 13 日止。

2008 年 1 月 14 日，郭东林取得了注册号为第 4118079 号"YISHion 以纯"注册商标，核定使用商品为第 25 类，包括服装；风衣、裤子、裙子、外套……，有效期自 2008 年 1 月 14 日至 2018 年 1 月 13 日止。

2013 年 3 月 14 日，郭东林发现用户名为"太子妃麦兜兜"的淘宝店铺，其中网页显示的商品名称中均含有"以纯"字样。"太子妃麦兜兜"店铺半年来所获得的好评评价有 68 条，其中评价中对应的宝贝信息中均带有"以纯"字样，对应的买家评价中大多有"所购的商品为正品或者与专卖店的一样"的类似表述。经淘宝公司确认用户名为"太子妃麦兜兜"的实际经营者是葛晓丹。郭东林遂起诉葛晓丹、淘宝公司共同侵害其注册商标专用权，请求判令：1. 葛晓丹立即停止侵犯郭东林"YISHion"、"YISHion 以纯"、"以纯"等商标专用权；2. 葛晓丹赔偿郭东林经济损失 310899 元；3. 淘宝公司承担连带赔偿责任。

一审法院认为：郭东林系本案所涉商标注册号为第 1293407 号、第 4118078 号、第 4118079 号注册商标专用权人，该商标尚属保护期限内，法律状态稳定，其商标专用权应受法律保护。葛晓丹关于郭东林与涉案商标无关，不享有诉权的抗辩，与事实不符，法院不予采信。郭东林主张葛晓丹销售假冒涉案商标的服装侵犯其涉案商标专用权。根据商标法第五十二条第（二）项规定，销售侵犯注册商标专用权的商品属于侵犯注册商标专用权的行为。在确定葛晓丹的销售行为是否构成侵权之前，须确定葛晓丹销售的商品本身是否属于侵权产品。根据"谁主张谁举证"原则,郭东林应就葛晓丹销售的商品属于侵权产品加以举证。在本案中,首先,郭东林并没有提供葛晓丹销售的商品以判断其是否侵权;其次,郭东林主张葛晓丹未经其许可在商品名称信息中使用"以纯"表明所对应的商品属于侵权产品。根据商业惯例,葛晓丹在商品名称中使用"以纯"字样应是为指示其所销售商品的品牌信息,如果这名称所对应的商品本身系郭东林或经郭东林授权的第三方所生产,则葛晓丹在商品名称中标明商品品牌应属于商标指示性使用,不构成商标侵权。因此,在认定葛晓丹在商品名称中使用"以纯"是否构成侵权之前,首先应确定这些信息所对应的商品本身是否属于侵权商品。由此可见,郭东林关于葛晓丹未经其许可在商品名称中使用"以纯"即表明对应的商品本身侵权的主张,显属本末倒置,且缺乏法律依据。因此,郭东林应就葛晓丹销售的商品属于侵权产品的主张继续加以举证,现郭东林并未提供充分证据证明葛晓丹销售的商品属于侵权产品,对此,应承担举证不能的法律后果。综上,依据民事诉讼法第六十四条第一款,《最高人民法院关于民事诉讼证据的若干规定》第二条之规定,判决如下:驳回郭东林的诉讼请求。

【上诉意见】

郭东林不服上诉认为:1. 被上诉人葛晓丹未经许可,擅自在其开设的网店中使用"YISHion"、"YISHion 以纯"和"以纯"商标,侵犯了上诉人郭东林的商标专用权。2. 一审判决适用法律错误。首先,上诉人郭东林主张构成侵权的是被上诉人葛晓丹未经许可使用"以纯"商标并进行销售的行为。也就是说,判定被上诉人葛晓丹是否构成侵权的关键应该是其是否使用了"以纯"商标,且这种使用行为是否征得上诉人郭东林同意。一审法院无疑犯了偷换概念的错误,以被上诉人葛晓丹售假来替换擅自使用商标的行为。其次,被上诉人葛晓丹没有提供包括发票在内的证据,证明所销售商品的来源,也没有证明其获得授权或许可使用涉案商标。上诉人郭东林提供的公证书可以证明被上诉人葛晓丹在网店中大量使用"以纯"等商标,并作为商品名称进行销售。这足以使普通消费者误认为该网店是上诉人郭东林开设或授权开设。上诉人郭东林已完成举证义务,而被上诉人葛晓丹没有提供任何证据证明其主张,一审法院颠倒了双方的举证责任。最后,被上诉人葛晓丹擅自使用"YISHion"、"YISHion 以纯"和"以纯"商标并作为商品名称进行广告宣传,属于商标法第五十二条的商标侵权行为。3. 淘宝公司未履行注意义务，也没有尽到监管职责，应该对被上诉人葛晓丹的侵权行为及其后果承担连带赔偿责任。

淘宝公司辩称：1. 淘宝公司并非涉诉商品信息的发布者，未实施侵权行为。从淘宝公司的《增值电信业务经营许可证》可见，淘宝公司经营的业务为互联网信息服务业务，覆盖范围包括消费购物类电子公告信息服务。淘宝公司是网络服务提供者，并非信息发布者，未实施侵权行为。2. 本案证据无法确定涉诉商品信息侵犯了涉案商标权。上诉人郭东林未购买涉诉商品，无法确定涉诉商品为侵权产品。上诉人郭东林用于证明涉诉商品信息侵犯其商标权的公证书表明其购得的产品为正品，因此上诉人郭东林提供的证据无法判断涉诉商品信息是否侵犯其商标权。3. 即使涉诉商品信息构成侵权，淘宝公司因没有过错也不构成侵权。本案中，淘宝公司并不存在明知侵权的主观多错。涉诉商品信息是否侵犯涉案商标权，在权利人没有投诉前，淘宝公司根本无从得知，对侵权不存在主观过错。淘宝公司尽到了事前提醒的注意义务和事后的注意义务。在收到本案起诉状之后，淘宝公司检查了涉案商品信息，并进行了删除。4. 上诉人郭东林提出的诉讼请求不应得到支持，其要求立即停止侵犯其商标权没有法律与事实依据。综上，一审法院认定事实清楚，适用法律正确，请求驳回上诉，维持原判。

【法院审理】

郭东林系第 1293407 号、第 4118078 号、第 4118079 号注册商标的专用权人，该商标尚属保护期限内。

本案中，郭东林主张葛晓丹销售假冒涉案商标的服装侵犯其涉案商标专用权。根据商标法第五十二条第（二）项规定，销售侵犯注册商标专用权的商品属于侵犯注册商标专用权的行为。在确定葛晓丹的销售行为是否构成侵权之前，须确定葛晓丹销售的商品本身是否属于侵权产品。根据"谁主张谁举证"原则，郭东林应就葛晓丹销售的商品属于侵权产品加以举证。

本案中，首先，郭东林并没有提供葛晓丹销售的商品以判断其是否侵权；其次，郭东林主张葛晓丹未经其许可在商品名称信息中使用"以纯"表明所对应的商品属于侵权产品。根据商业惯例，葛晓丹在商品名称中使用"以纯"字样应为指示其所销售商品的品牌信息，如果这些商品名称所对应的商品本身系郭东林或经郭东林授权的第三方所生产，则葛晓丹在商品名称中标明商品品牌应属于商标指示性使用，不构成商标侵权。因此，在认定葛晓丹在商品名称中使用"以纯"是否构成侵权之前，首先应确定这些信息所对应的商品本身是否属于侵权商品。由此可见，郭东林关于葛晓丹未经其许可在商品名称中使用"以纯"即表明对应的商品本身侵权的主张，显属本末倒置，且缺乏法律依据。

因此，郭东林应就葛晓丹销售的商品属于侵权产品的主张继续加以举证，现郭东林并未提供充分证据证明葛晓丹销售的商品属于侵权产品，对此，应承担举证不能的法律后果。综上，郭东林关于葛晓丹构成侵权的主张，证据不足，不能成立。因葛晓丹的行为并不构成侵权，郭东林关于淘宝公司构成帮助侵权的主张亦不能成立。郭东林要求葛晓丹赔偿损失并要求淘宝公司承担连带责任的诉请，证据不足，法院不予支持。葛晓丹、淘宝公司抗辩称其均不构成侵权，该抗辩理由成立，法院予以采信。据此，依照民事诉讼法第六十四条第一款，《最高人民法院关于民事诉讼证据的若干规定》第二条之规定，判决如下：驳回郭东林的诉讼请求。

【案例评析】

商标指示性使用抗辩是指使用人对他人商标的正当使用，使用行为的目的就是用来指示商品或服务的实际来源，指示性使用是对商标的正当使用不属于商标侵权。指示性使用抗辩并不是法律明确规定的抗辩事由，而是根据商标的功能与商标实际使用方式得出的一种抗辩。最高人民法院在"五粮液"案①中认为"授权经销商为了指明其授权身份、宣传推广，商标权人的商品而善意使用商标，未破坏商标的功能，不构成侵犯商标权。"这就是指示性使用的意思，使用商标是为了指示真实身份或者真实的体现商品、服务的来源。

在涉及电子商务平台内经营者侵权的判断上，是否构成指示性使用要分两个步骤：第一个层面上，是要确定被控的侵权产品确定属于侵权产品。通常侵权产品的确定有赖于证明责任的分配，商标权利人有义务通过购买、公证等方式证明销售的产品为侵权产品。如果认定销售的产品属于侵权产品，则不存在适用指示性抗辩的余地。第二个层面上，在确定被控产品不是侵权产品或者对是否属于侵权产品存有疑问时，则需要进一步分析是否构成指示性使用。

---

① 参见最高人民法院（2012）民申字第887号民事裁定书。

　　本案中由于权利人没有实际购买被控侵权的产品，所以法官认为无法排除葛晓丹销售的商品为正品，权利人对此要承担举证不能的责任。在此基础上才考虑销售者葛晓丹的行为是否构成指示性使用。从目前的司法实践来看，原告承担举证责任证明被控侵权人销售的商品为侵权产品，已经成了司法实践中的惯例。① 具体而言，指示性使用要满足三个要件：（1）商标使用是合法的必要的。（2）商标使用是符合诚实信用原则与交易惯例的，不能出于不正当目的。（3）商标使用不会对商标权产生损害后果。

　　第一，合法、必要的使用。从商标法的目的来看，指示性使用是对商标权的限制，这里面本质上包含着使用人与商标权人的利益平衡。实践中商标指示性使用仍然应当尊重商标权利人的权利，即使描述性使用商标标志也应当是必要的合理的使用。比如在"五粮液"案中，经销售商可以使用"五粮液"的商标，标名自己的销售身份，但是不能够大规模地用于宣传、销售误导消费者。比如本案中销售者葛晓丹如果销售的"以纯"服装为正品，她有权在合法必要的限度内，指示自己的商品为"以纯"品牌，而不能在店名、店内广告、网站装潢上大规模无限制地使用权利人商标。

　　第二，指示性使用必须符合诚实信用原则与交易惯例。也是对指示性使用行为的限制，避免使用人借助指示性使用抗辩，滥用商标标志，损害权利人利益。所谓诚实信用原则主要是考虑商标使用人的主观因素，即使用商标标志主观上没有侵权的恶意。而遵守交易惯例，则要求使用人在使用权利人商标时，符合该行业或销售特定商品一贯的使用行为，通常情况下使用他人的商标即便是描述性使用，也不能过度地突出使用或夸张地使用，误导消费者。比如对于指示性使用是为了指示产品的来源，而不是用来销售、宣传目的。本案中葛晓丹使用"以纯"商标是否构成侵权，主要就是要考察她使用商标是否善意，使用行为是否超出合理的限度。从判决认定的事实看，平台内经营者葛晓丹仅表示销售的商品为"以纯"品牌商品，行为与目的上均是描述商品的品牌名称与来源，属于指示性使用。

　　第三，指示性使用商标不侵害商标权人的利益。指示性商标使用根据使用的方式与目的，不会损害商标权人的利益，因此也不会构成侵权或产

---

① 参见（2015）杭余知初字第 267 号民事判决书。大量案例中法院认为确认被控侵权人销售的商品为侵权产品是审理商标侵权案件的前提。如判决中法院表述到"在认定王莹（被控侵权人）的涉诉行为是否构成侵权之前，首先应确定该些信息所对应的商品本身是否属于侵权商品。"

生损害赔偿。商标侵权的构成要件，要求商标使用必须有损害后果，但是指示性使用由于使用具有合理性与正当性，客观描述商品或服务的来源，因此不会产生损害的后果。如本案中，平台内经营者葛晓丹销售的商品如果属于正品，那么她使用权利人的"以纯"商标，就是为了说明销售的商品是"以纯"牌的。消费者通过指示性的商标使用，得出的结论是商品为"以纯"服装，完全真实地体现商品的来源，根本不会产生混淆和误认。同时从商标权利用尽的角度看，平台内经营者购买然后再次销售"以纯"品牌服饰，是不构成侵权的。

因此，在指示性商标使用的认定过程中，应当注意的是权利人的举证义务与指示性使用的认定要件。避免权利人不实际购买侵权产品，导致无法确定被控的商品为侵权产品，给了被控侵权人适用"指示性适用抗辩"的机会。同时在确定是否构成指示性抗辩时，也要注意使用商标方式的必要性与主观是否善意，并注意通过具体的使用方式、交易惯例来判断被控侵权人是否有侵权的恶意。

被控侵权人提出商标实际使用抗辩后，商标权利人对商标实际使用情况承担证明责任，否则要承担不利后果

——盘子公司与辛晓娜、浙江淘宝网络有限公司商标侵权案①

【案例要旨】

商标实际使用抗辩在诉讼中是一个证明规则问题。商标权利人指控侵权人实施侵权行为，被控侵权人可以针对涉案商标提出商标未使用抗辩。商标权利人对涉案商标进行了实际使用的证明责任，由商标权利人承担，若无法证明涉案商标进行了实际使用，则被控侵权人不承担赔偿责任。

【案情简介】

盘子公司是第 10192854 号、第 10192840 号、第 7406446 号、第 7406447 号、第 6960011 号、第 9430337 号、第 9430245 号、第 9430353 号、第 9430374 号的

---

① 案例来源：（2016）浙 0110 民初 12343 号民事判决书，浙江省杭州市余杭区人民法院。

注册商标权人。注册商标的文字名称为"盘子女人坊"和"凤绫"。

2015 年 11 月，原告发现淘宝网上掌柜名为"影楼加油站"，经营者辛晓娜销售标有"盘子女人坊"和"凤绫"商标的摄影服装、头饰等商品，而且使用的图片为盘子公司享有版权的图片。盘子公司认为被告辛晓娜没有经过商标权人许可，侵犯原告注册商标专用权，原告盘子公司随后申请长沙市公证处进行了证据保全，并授权湖南中楚律师事务所律师向淘宝公司寄送了律师函要求停止侵权。被告淘宝公司向盘子公司提供了淘宝网上名为"影楼加油站"经营者的姓名、身份证号码和手机号码，但并没有要求辛晓娜停止侵权行为。盘子公司遂向法院提起诉讼。

【诉辩意见】

原告盘子公司起诉称：盘子公司是第 10192854 号、第 10192840 号、第 7406446 号、第 7406447 号、第 6960011 号、第 9430337 号、第 9430245 号、第 9430353 号、第 9430374 号的注册商标权人。上述注册的文字商标名称为"盘子女人坊"和"凤绫"。2015 年 11 月，原告发现淘宝网上掌柜名为"影楼加油站"，销售标有"盘子女人坊"和"凤绫"商标的摄影服装、头饰等商品，而且使用的图片为盘子公司享有版权的图片。对于被告辛晓娜没有经过商标权人许可，侵犯原告注册商标专用权的行为，原告盘子公司已申请长沙市公证处进行了证据保全，授权湖南中楚律师事务所律师向淘宝公司寄送了律师函。

被告淘宝公司向原告提供了淘宝网上掌柜为"影楼加油站"经营者的姓名、身份证号码和手机号码。但被告淘宝公司和辛晓娜并没有停止侵权行为。原告认为，被告辛晓娜在没有获得商标使用权许可的前提下，使用"盘子女人坊"和"凤绫"商标，销售标有"盘子女人坊"和"凤绫"商标字样的商品，侵犯了原告的注册商标专用权，给原告造成了巨大的经济损失，应承担相应的法律责任。被告淘宝公司作为第三方交易平台经营者，未采取必要的手段保护注册商标专用权，在原告投诉的情况下，没有制止侵权行为，也应承担相应的法律责任。故诉至法院请求判令：一、被告淘宝公司、辛晓娜停止侵犯原告盘子公司第 10192854 号、第 10192840号、第 9430337 号注册商标专用权的行为；二、被告淘宝公司、辛晓娜对原告造成经济损失和维权合理费用 93508.8 元承担连带赔偿责任；三、被告淘宝公司、辛晓娜承担本案全部诉讼费用。诉讼过程中，因确认被控侵权链接已删除，原告自愿放弃第一项诉请，不违反法律规定，法院予以准许。

被告淘宝公司辩称：第一，从身份上来说，淘宝公司作为网站经营者，是提供信息发布平台的网络服务提供者，它仅为平台上进行销售的网络卖家提供技术服务，并非涉诉商品信息的发布者和涉诉商品的生产者、销售者，商铺销售和信息发布环节中的所有事宜均由卖家完成，淘宝公司未实施侵权行为，依法不应承担侵权责任。同时，经工信部审核的《增值电信业务经营许可证》亦载明，淘宝公司的经营业务种类也仅是互联网信息服务业务。

第二，主观上，淘宝公司在此事发生前，并不知晓侵权信息的存在，对侵权行为的发生不存在主观过错。因为淘宝网是我国最大的品牌及零售平台。平台存在海量的经营者与商品、服务信息，且这些信息处于实时变化状态，淘宝公司没有能力对每个经营者的经营活动及上架商品是否侵害他人商标权进行事前审查。

第三，采取措施上，淘宝公司在事前已尽到注意义务，在事后已采取制止侵权的必要措施。1. 事前，淘宝公司在其《淘宝服务协议》和《淘宝规则》中均明确要求网络卖家不得发布侵犯他人合法权益的商品信息，不得发布侵犯他人知识产权的信息。淘宝公司尽到了事前提醒的注意义务；且淘宝公司尽到了对信息发布者身份的审核义务，淘宝公司要求所有淘宝网卖家必须经过支付宝实名认证，对网络卖家的身份进行确认，并对卖家的身份在该店铺的显著位置进行公示。2. 事后必要措施：此事发生后，淘宝公司依法履行了作为网络服务提供者的义务，对涉嫌侵权的信息予以删除，确认链接已断开，在事后已采取制止侵权的必要措施，并对上述事实进行了公证保全。

综上，即使本案网络卖家的行为构成商标权侵权，淘宝公司亦未在知道上述侵权行为的情况下，为网络卖家的侵权行为提供便利条件，不构成帮助侵权，无须承担侵权责任。

被告辛晓娜辩称：一、本案争议注册商标"盘子女人坊"注册类别25类，注册日期为2013年2月16日，"凤绫"注册类别25类，注册日期2012年6月11日，即核定商品包含服装的两个商标，原告并未实际使用，而本案被告的实际经营商品为服装。此外，根据国家企业信息公示系统查询得知，原告在2017年1月23日进行了企业经营范围变更，增加了服装销售这个经营项目，也就是在此之前原告没有开展服装经营销售这个业务，此外，从原告对外公布的中文名为"盘子女人坊"的网站的企业介绍上，也说明原告的主营业务是提供摄影服务，并未实际经营服装销售业务，也没有经营其他类似商品销售的业务。根据商标法第六十四条，"注册商标专用权人不能证明此前三年内实际使用过该注册商标，也不能证明因侵权行为受到其他损失的，被控侵权人不承担赔偿责任。"根据《最高人民法院关于当前经济形势下知识产权审判服务大局若干问题的意见》的通知，请求保护的注册商标未实际投入商业使用的，确定民事责任时可将责令停止侵权作为主要方式，在确定赔偿责任时可以酌情考虑未实际使用的事实，除为维权而支出的合理费用外，如果确无实际损失和其他损害，一般不根据被控侵权人的获利确定赔偿；注册商标已构成商标法规定的连续三年停止使用情形的，可以不支持其损害赔偿请求。因此，原告在起诉之前并未实际使用所争议商标，且已满三年，被告辛晓娜不应当承担赔偿责任。

二、被告辛晓娜的侵权行为轻微。本案中，被告辛晓娜店铺内的商品有一千多件，侵权商品仅占全部商品极小一部分，另外，被告辛晓娜的店铺属于淘宝店铺中的个人店铺，信用等级也不高（蓝冠），由于流量的限制，店铺的销售额比较少，利润额较低。

三、原告提供的有关湖南省工商行政管理局颁发的有关湖南省著名商标的认定，仅涉及"盘子女人坊"的41类，不涉及"凤绫"，同时也不能证明"盘子女人坊"为驰名商标，不能适用跨类保护。

【法院审理】

盘子公司系第10192854号、第10192840号、第9430337号注册商标（以下简称涉案商标）专用权人，该些商标尚属保护期限内，其商标专用权应受法律保护。原告主张涉案店铺销售的商品名称中使用涉案商标侵犯其注册商标专用权，被告应承担相应赔偿责任。被告辛晓娜抗辩称原告未实际使用涉案商标，其不应承担赔偿责任。故本案的争议焦点为被告辛晓娜的行为是否侵犯原告注册商标专用权及被告辛晓娜是否应承担赔偿责任。

1. 根据商标法第五十七条之规定，未经商标注册人的许可，在同一种商品上使用与其注册商标相同的商标的，或未经商标注册人的许可，在同一种商品上使用与其注册商标近似的商标，或在类似商品上使用与其注册商标相同或近似的商标，容易导致混淆的行为以及销售侵犯注册商标专用权的商品的行为均属侵犯注册商标专用权的行为。本案中，被控侵权店铺所销售的商品在商品名称中使用"盘子女人坊""盘子女人""凤绫""凤凌"等标识，明显起到识别商品来源的作用，属于商标使用行为。原告关于被告辛晓娜在商品名称中使用"盘子女人坊"标识的行为构成商标侵权且要求其承担赔偿责任的主张，法院予以支持。

2. 关于商品名称中使用的"盘子女人"标识是否侵害原告商标权及辛晓娜是否应承担赔偿责任。如前所述，原告能够证明其实际使用了第10192854号商标，商品名称中使用的"盘子女人"标识与第10192854号商标构成近似，容易导致相关公众产生混淆，被控侵权店铺中，该标识所指向的商品为服装，而第10192854号商标核定使用商品亦包括服装等，盘子公司明确未许可辛晓娜使用该商标，故被告辛晓娜在其销售的商品名称中使用"盘子女人"标识的行为，属于未经注册商标人许可，在同一种商品的名称上使用与其注册商标近似的商标，容易导致混淆的行为，属于侵犯盘子公司第10192854号注册商标专用权的行为。被告辛晓娜应承担赔偿损失的责任。原告关于被告辛晓娜在商品名称中使用"盘子女人"标识的行为构成商标侵权且要求其承担赔偿责任的主张，法院予以支持。

3. 关于商品名称中使用的"凤绫"标识是否侵害原告商标权及辛晓娜是否应承担赔偿责任。被告辛晓娜在商品名称中使用的"凤绫"标识，与原告第9430337号商标相同，被控侵权店铺中，该标识所指向的商品为服装，而第9430337号商标核定使用商品亦包括服装等，盘子公司明确未许可辛晓娜使用该商标，故被告辛晓娜在其销售的商品名称中使用"凤绫"标识的行为，属于未经注册商标人许可，在同一种商品的名称上使用与其注册商标相同的商标的行为，属于侵犯盘子公司第9430337号注册商标专用权的行为。被告辛晓娜抗辩称该商标未实际使用故其无须承担赔偿责任。法院认为，商标法第六十四条第一款规定，"注册商标专用权人请求赔偿，被控侵权人以注册商标专用权人未使用注册商标提出抗辩的，人民法院可以要求注册商标专用权人提供此前三年内实际使用该注册商标的证据。注册商标专用权人不能证明此前三年内实际使用过该注册商标，也不能证明因侵权行为受到其他损失的，被控侵权人不承担赔偿责任。"本案中，对于第9430337号商标，原告未能提供相应产品实物，在其提交的品牌加盟合作协议、店中店销售合同等授权第三方使用商标的协议中亦未体现该商标使用的内容，原告亦未提供其他证据证明其在此前三年内使用过该商标，亦不能证明因被告辛晓娜的侵权行为受到其他损失，故原告要求被告辛晓娜承担侵犯该注册商标专用权的赔偿责任的主张，法院不予支持。被告辛晓娜关于因原告未在此前三年内实际使用该商标从而免于赔偿责任的抗辩，理由成立，法院予以采信。

原告同时主张被告淘宝公司构成帮助侵权。本案中，被告辛晓娜发布在涉案店铺中的信息并不存在明显违法情形，原告以律师函方式向淘宝公司投诉时，并未提供涉案商品的链接，不构成有效通知，且淘宝公司已向原告披露了卖家有效身份信息，原告确认涉案商品链接现已不存在，原告并未举证证明淘宝公司存在明知或应知侵权行为存在而未采取必要措施的情形，淘宝公司已尽到作为网络平台服务提供者的义务，故关于原告要求淘宝公司承担帮助侵权责任的主张，法院不予支持。淘宝公司关于其不构成侵权的抗辩，理由成立，法院予以采纳。

综上，依据商标法第五十七条、第六十四条，《最高人民法院关于审理商标民事纠纷案件适用法律若干问题的解释》第九条、第十条、第十六条、第十七条，民事诉讼法第六十四条第一款之规定，判决如下：一、被告辛晓娜于本判决生效之日起十日内赔偿原告湖南盘子女人坊文化科技有限公司经济损失（含合理费用）40000元；二、驳回原告湖南盘子女人坊文化科技有限公司的其他诉讼请求。

【案例评析】

本案中被告人辛晓娜提出了盘子公司未使用引证的商标，根据法律规定可以不用承担赔偿责任。商标未实际使用抗辩本身的立法是为了促进商标使用，防止有人囤积商标，浪费商标资源。但司法实践中却有着很大的劣势，导致抗辩被滥用，成了拖延诉讼，随意使用对抗商标权利人维权的一种工具，背离了这一抗辩的立法初衷，严重加剧了商标权利人的举证责任。

从法律规定看，商标未使用抗辩规定在商标法第六十四条，该条第一款规定："注册商标专用权人请求赔偿，被控侵权人以注册商标专用权人未使用注册商标提出抗辩的，人民法院可以要求注册商标专用权人提供此前三年内实际使用该注册商标的证据。注册商标专用权人不能证明此前三年内实际使用过该注册商标，也不能证明因侵权行为受到其他损失的，被控侵权人不承担赔偿责任。"在具体的法律适用上，根据这一规定，当商标权权利人提起损害赔偿的时候，被控侵权人可以任意的行使商标未使用抗辩。此时实际上产生证明责任转移的效果，法院会要求商标权利人提交商标使用证据，如果不能证明商标在三年内进行了实际使用，被控侵权人则不承担赔偿责任。也就是说商标权利人除了证明侵权的事实外，还要证明自己商标的进行了持续的使用，证明责任增加。

从法律效果看，未实际使用抗辩增加限制了维权的难度，因为抗辩对侵权人来说毫无成本，且无论是否成功都会从策略上拖延诉讼，尤其容易导致滥用。当商标权利人主张多个商标侵权时，被控侵权人很可能会选择部分防御性注册，未实际使用的商标进行抗辩，导致诉讼周期延长。同时如果一旦商标权利人无法举出实际使用证据，其损害后果或者对法官的心证影响却是非常大的。

就本案而言，商标权利人主张了多达9枚商标，估计权利人为了证明侵权的恶意与严重程度将全部注册的商标——包括防御性商标，都作为权利商标主张了。被控侵权人辛晓娜则针对性地选择部分商标提出未实际适用的抗辩。法院结合证据分析认为，"原告未能提供相应产品实物，在其提交的品牌加盟合作协议、店中店销售合同等授权第三方使用商标的协议中亦未体现该商标使用的内容，原告亦未提供其他证据证明其在此前三年内使用过该商标，亦不能证明因被告辛晓娜的侵权行为受到其他损失，故原告要求被告辛晓娜承担侵犯该注册商标专用权的赔偿责任的主张，法院不予支持。"其中显然是认定了被控侵权人辛晓娜的抗辩成立。

值得注意的是，本案中也存在一些适用"未实际使用抗辩"的普遍问题。法院认定商标属于最近三年未实际使用存在一些不足，违反了该抗辩适用的法律流程。因为根据法律规定抗辩权的行使是一个证明责任转移的过程，而如果被控侵权人当庭提出抗辩，法院不能就当事人提交的证据进行审查，而是有释明的义务指引商标权利人进行举证。从程序上看：首先，是权利人提出侵权指控；其次，被控侵权人提出未实际使用抗辩；再次，法院有义务根据向原告释明并给予一定的期限来提交使用证据；最后，判决赔偿责任的有无。但是在实践中法院往往忽略法院的释明义务与权利人举证权利。

商标未实际使用抗辩是新商标法实施后增加的内容，从司法实践的效果看，已经成为了适用最普遍的抗辩之一。一定程度上促进了商标的使用，但更多的是赋予了被控侵权无条件的抗辩权。但实际适用时有两个问题也同样值得我们关注：一是被控侵权人未提出抗辩，法院主动适用；二是被控侵权人提出抗辩后，法院不能释明商标权利人举证，损害了商标权利人权利。

第八章

赔偿数额的确定

申请法院责令电子商务平台公开交易数据

——斯托克股份有限公司与浙江多宝贝婴童用品有限公司、
浙江大晶进出口有限公司、浙江天机电子有限公司、
浙江天猫网络有限公司侵害发明专利权纠纷案①

【案例要旨】

在主要通过电子商务渠道销售侵权产品的侵犯知识产权纠纷案件中，相关产品及被控侵权网店的销售数据和订单情况一般由天猫、京东、淘宝等电子商务平台掌握，当事人可向法院申请调取相关证据，以便更好查明侵权获利情况。电子商务法第三十一条也规定电子商务平台必须保存交易记录，因此，通过电子商务平台调取销售数据将越来越普遍。

【案情简介】

2002年10月22日，斯托克联合股份有限公司（以下简称斯托克公司）向国家知识产权局申请一种"手推车"发明专利，于2009年10月7日获得授权，且在有效期内。国家知识产权局专利复审委员会于2017年6月28日作出第32673号无效宣告请求审查决定，宣告涉案专利权部分无效，在斯托克公司于2017年3月17日提交的权利要求13—18及权利要求19中引用权利要求13—16的技术方案的基础上维持涉案专利继续有效。

2016年4月20日，斯托克公司通过浙江大晶进出口有限公司（以下

---

① 案例来源：（2016）浙01民初1278号民事判决书，杭州市中级人民法院。

简称大晶公司）在天猫平台上经营的"douxbebe 多宝贝旗舰店"公证购买了网页显示型号为"DDB-STK-V4""英国 DouxBebeV4 高景观婴儿推车手"2 辆，网页显示价格为 3999 元、月销量 398 件、累计评价 3367 条；以及网页显示型号为"DDB-STK-V4""英国 DouxBebeV3 高景观婴儿手推车"2 辆，网页显示价格为 3260 元、月销量 102 件、累计评价 3862 条。提交订单后在线支付 14518 元，发票开具单位为大晶公司。

2016 年 5 月 18 日，斯托克公司通过大晶公司在京东平台上经营的"douxbebe 多宝贝旗舰店"购买了售价为 3660 元、名为"英国 DouxBebe 多宝贝/V4 版婴儿推车"以及售价为 3262 元、名为"DouxBebe 多宝贝高景观婴儿推车/V3"的婴儿手推车各一辆，在线支付 6920 元，发票开具单位为大晶公司。

2016 年 10 月 18 日，斯托克公司通过浙江天机电子有限公司（以下简称天机公司）在天猫平台上经营的"浙江天机母婴专卖店"以 2990 元购买"英国 DouxBebe 多宝贝/V3 婴儿车"紫色完整版 1 辆，网页显示月销量 0 件、累计评价 240 条；以 3499 元购买"英国 DouxBebe 多宝贝/V4 高景观婴儿车"黑色完整版 1 辆，网页显示月销量 2 件、累计评价 253 条；网页显示前述商品经 3C 认证、制造商为英国多宝贝科技有限公司（DOUXBEBETECHNOLOGIESLTD，以下简称"DOUXBEBE 公司"），产品包装标注的制造商为 DOUXBEBE 公司，中国总代理为大晶公司，发票开具单位为大晶公司；产品检验合格证标注制造商为浙江多宝贝婴童用品有限公司（以下简称多宝贝公司）。

2016 年 11 月 9 日，斯托克公司对大晶公司经营的"douxbebe 多宝贝旗舰店"进行网页公证，显示商品"英国 DouxBebeV4 高景观婴儿推车"售价 2777—3899 元、双 11 狂欢价 2499—3499 元，月销量 263 件、累计评价 5274 条；网页显示商品经 3C 认证、证书编号 2012012201550964、制造商为 DOUXBEBE 公司，3C 产品型号为 DBB-STK（9 款）、厂商型号为 DBB-STK-V4。经"中国质量认证中心"网上查询，编号 2012012201550964 证书申请人和制造商为 DOUXBEBE 公司，生产厂家为多宝贝公司，型号规格为 DBB-STK（9 款）。

2016 年 11 月 11 日，斯托克公司认为涉案婴儿手推车侵犯其专利权，向杭州市中级人民法院起诉多宝贝公司、大晶公司、天机公司和浙江天猫网络有限公司（以下简称天猫公司），请求法院判令：1. 多宝贝公司立即停止制造、销售、许诺销售型号为 DBB-STK 的 DouxBebe 牌童车产品；2. 大晶公司立即停止在天猫商城和京东商城上销售、许诺销售型号为 DBB-STK 的 DouxBebe 牌童车产品；3. 天机公司立即停止在天猫商城和京东商城上销售、许诺销售型号为 DBB-STK 的 DouxBebe 牌童车产品；4. 天猫公司立即停止在其运营的天猫商城上为大晶公司及天机公司销售、许诺销售型号为 DBB-STK 的 DouxBebe 牌童车产品提供网络交易平台；5. 多宝贝公司及大晶公司连带赔偿斯托克公司经济损失及制止侵权的合理费用共计人民币 1000 万元，天机公司对其中人民币 50 万元承担连带赔偿责任。斯托克公司书面确认，其在本案中主张的侵权损害赔偿期间为 2015 年 4 月 13 日至 2017 年 4 月 13 日。

庭审中，多宝贝公司确认制造了涉案产品，大晶公司确认经营 "douxbebe 多宝贝旗舰店" 网店及销售涉案产品，天机公司确认经营 "浙江天机母婴专卖店" 网店及销售涉案产品。斯托克公司向法院申请向天猫公司和支付宝（中国）网络技术有限公司、北京京东叁佰陆拾度电子商务有限公司（以下简称京东公司）调取涉案网店销售数据。

京东公司向法院回函确认，大晶公司经营的京东店铺于 2014 年 11 月 11 日至 2017 年 8 月 3 日期间共销售 DBB-STK 型 "Douxbebe" 牌童车 104 件，总销售额 354933 元。天猫公司向法院提交的销售数据显示，大晶公司网店 2015 年 4 月 13 日至 2017 年 4 月 12 日就涉案 DBB-STKV3/V4 型童车的销售订单总额为 45768384.04 元。天机公司网店 2015 年 4 月 13 日至 2017 年 4 月 7 日就涉案 DBB-STKV3/V4 型童车的销售订单总额为 417576 元。

【诉辩意见】

斯托克公司诉称：斯托克公司拥有一种 "手推车" 的发明专利，该专利至今合法有效。斯托克公司在大晶公司的天猫网店 "DouxBebe 多宝贝旗舰店" 和京东同名网店购买 DBB-STK 型的 DouxBebe 牌婴儿手推车以及在天机公司的天猫网店 "浙江天机母婴专营店" 购买的 DBB-STK 型的 DouxBebe 牌婴儿手推车落入斯托克公司专利保护范围。多宝贝公司未经授权为经营目的制造、销售、许诺销售被控侵权产品，大晶公司及天机公司销售和许诺销售被控侵权产品，天猫公司为其余被告实施上述侵权行为提供网络商品交易平台的便利条件，均构成侵权，应承担法律责任。

多宝贝公司、大晶公司和天机公司共同辩称：涉案产品未落入斯托克公司专利权保护范围，不构成侵权。即使构成侵权，斯托克公司所主张的赔偿金额过高，没有事实和法律依据。本案虽有订单数据，但应扣除消费者退货14.07%、平台服务费和推广费16.8%、增值税17%后，余额减去消费者部分退款2.53%、捆绑商品57.4%、分离销售部件22.8%、运费5%，最终获利金额仅为2954216.11元。大晶公司和天机公司销售涉案产品具有合法来源，均仅作为多宝贝公司产品的销售者，无须承担赔偿责任。

天猫公司辩称：一、天猫公司是提供信息发布平台的服务提供商，既非涉案商品信息的发布者，也未实施销售、许诺销售等直接侵害斯托克公司专利权的行为，所有商品信息均是卖家上传。二、天猫公司尽到了事前的注意义务。卖家作为会员入驻天猫网络时，天猫公司在对其企业主体资格进行审核确认，并在服务协议中明确要求用户不得发布及销售侵犯他人知识产权的商品。且天猫商城拥有海量店铺，网络信息量无限庞大加上信息流动的即时性，网络服务商没有监视网络的能力和法律义务。三、天猫公司尽到了事后的注意义务。本案中斯托克公司诉前未向天猫公司进行投诉，亦未提供侵权对比分析，天猫公司作为网络平台没有专业能力判断涉案商品是否构成侵权，如本案经审理认为构成侵权，天猫公司将立即采取断开、屏蔽、删除产品链接等必要措施。综上，请求依法驳回对天猫公司的诉讼请求。

【法院审理】

一、侵权比对和判定

根据专利法的规定，发明或者实用新型专利权的保护范围以其权利要求的内容为准，说明书及附图可以用于解释权利要求的内容。一方面，在本领域技术人员阅读专利权利要求而不能明确其保护范围的情况下，可基于说明书及附图的解释；另一方面，在权利要求表述明确的情况下，不能基于说明书和附图，尤其是说明书中的具体实施例，而不当缩小专利的权利保护范围。经比对，被控侵权产品完全覆盖了与涉案专利权利要求1、2、13—15、17—18全部相同的技术特征，已落入涉案专利的保护范围，构成侵权。

二、各被告的法律责任

多宝贝公司为生产经营目的，未经许可实施涉案专利，制造和销售涉案侵权产品，大晶公司和天机公司通过京东和天猫网店销售及许诺销售涉案侵权产品，其行为均构成侵权。

对于大晶公司来说，其作为多宝贝公司侵权产品的天猫旗舰店经营者，不仅自身产生巨额销售额，还为天机公司所销售的侵权产品开具销售发票，故其与多宝贝公司之间的关系不同于一般销售合同关系，是涉案产品的中国总代理。大晶公司对产品是否侵权具有较高注意义务。根据网页公证，大晶公司天猫网店涉案侵权产品的评论中有消费者提及与斯托克公司产品外观相同，结合涉案侵权产品型号标注为 DBB—STK 的侵权产品，显系由"多宝贝"和"斯托克"的中文拼音首字母组成，可推定大晶公司明知涉案产品与斯托克公司产品之间的涉嫌侵权关系，对侵权具有明知的主观故意。综上，大晶公司在明知可能侵权的情况下，参与了多宝贝公司产品的所有销售行为（包括天机公司网店产品），故与多宝贝公司就全案构成共同侵权，应承担连带赔偿责任。

对于天机公司来说，鉴于涉案侵权产品的发票系大晶公司开出而非天机公司开具，法院认为天机公司未提供有效证据证明其系从多宝贝公司和大晶公司处购入产品后进行销售，即不足以认定其产品具有合法来源，其免责抗辩不能成立。天机公司应就其所涉销售和许诺销售行为，与多宝贝公司和大晶公司承担连带赔偿责任。

对于天猫公司来说，其为网络交易平台提供者，在服务协议中通知并约定卖家不得销售侵权商品，在涉案网店标注了与实际经营者主体身份信息一致的公司信息，已尽到合理的注意义务，不构成共同侵权，但应删除涉案网店相关侵权商品信息。

三、赔偿数额的确定

各被告的侵权获利或者斯托克公司因侵权受到的具体损失均无法查明，在案证据显示涉案侵权产品的利润超出法定赔偿限额，应依照专利法的有关规定，综合考虑各种因素，在法定赔偿限额之上酌情确定判赔金额。

首先，关于侵权期间，《最高人民法院关于审理专利纠纷案件适用法律问题的若干规定》第二十三条中规定，"侵权损害赔偿数额应当自权利人向人民法院起诉之日起向前推算二年计算。"本案起诉日为 2016 年 11 月 11 日，而斯托克公司主张的侵权损害赔偿期间为 2015 年 4 月 13 日至 2017 年 4 月 13 日，即包含了诉讼期间的部分侵权事实。对此各被告均无异议，为及时维护专利权人合法利益、避免当事人诉累，法院对斯托克公司该主张予以支持。

其次，根据法院调取的大晶公司和天机公司的就涉案产品的网店销售数据，2015 年 4 月 13 日至 2017 年 4 月 12 日，大晶公司在天猫网店的订单金额 45768384.04 元；2015 年 4 月 13 日至 2017 年 4 月 7 日，天机公司的天猫网店的订单金额 417576 元；2014 年 11 月 11 日至 2017 年 8 月 3 日期间，大晶公司在京东商城总订单金额 354933 元，斯托克公司主张 2015 年 4 月 13 日至 2017 年 4 月 13 日期间的销售数额无法查明，法院按日期折算为 260498.02 元。以上总计 46446458.06 元，作为酌定判决金额的初步依据。

再次，大晶公司和天机公司网店中销售、并标注多宝贝公司品牌的商品众多，有婴儿推车、婴儿床、婴儿床垫、婴儿辅食机、孕妇枕及婴儿车配件等多种商品，婴儿推车项下除涉案侵权型号产品之外，亦有其他型号的推车在售，不属于专以侵权为业的经营者。

最后，在计算侵权获利时还应考虑专利贡献率的问题，法院认为专利技术方案有较高的商业价值，理应就高酌定侵权产品所实施的专利有效部分对产品整体的贡献率。

据此，法院最终判令：多宝贝公司、大晶公司、天机公司停止侵权，天猫公司立即删除侵权商品信息，多宝贝公司、大晶公司连带赔偿斯托克公司经济损失人民币 200 万元、合理费用人民币 25 万元，天机公司就其中的 2 万元承担连带赔偿责任。

【案例评析】

在侵权诉讼中如何确定损害赔偿额，一直是知识产权司法实践中的突出瓶颈。本案是一起典型的主要通过天猫、京东等电子商务平台进行销售、许诺销售的侵犯专利权纠纷案件。在原告的实际损失和被告的侵权获利均无法精确查明的情况下，经原告申请，法院向天猫、京东等电子商务平台调取了涉案侵权产品在侵权期间的销售数据，并将此作为酌定法律赔偿数额的基础和依据。

根据民事诉讼法第六十四条第二款规定，"当事人及其诉讼代理人因客观原因不能自行收集的证据，或者人民法院认为审理案件需要的证据，人民法院应当调查收集。"根据《最高人民法院关于民事诉讼证据的若干规定》第十七条的规定，当事人及其诉讼代理人可以申请人民法院调查收集的证据包括：属于国家有关部门保存并须人民法院依职权调取的档案材料；涉及国家秘密、商业秘密、个人隐私的材料；当事人及其诉讼代理人确因客观原因不能自行收集的其他材料。因此，在侵犯知识产权民事诉讼中，当事人对于其因客观原因不能自行搜集的证据，可以申请人民法院责令证据持有人进行披露，特别是在案外人掌握了与损害赔偿额相关的证据时，如产品市场份额数据、行业利润率、许可使用费、转让费的一般标准、惯例和行情。

京东、天猫、淘宝等电子商务平台已经成为最重要的销售、推广渠道之一，绝大多数经营者均会通过电子商品平台销售产品、提供服务，甚至越来越多的经营者将电子商务渠道作为主要销售渠道。在主要通过电子商务渠道销售侵权产品的侵犯知识产权纠纷案件中，相关产品及被控侵权网店的销售数据和订单情况一般由天猫、京东、淘宝等电子商务平台掌握，当事人可向法院申请调取相关证据，以便更好查明侵权获利情况。

电子商务法第三十一条规定，"电子商务平台经营者应当记录、保存平台上发布的商品和服务信息、交易信息，并确保信息的完整性、保密性、可用性。商品和服务信息、交易信息保存时间自交易完成之日起不少于三年；法律、行政法规另有规定的，依照其规定。"因此，随着电子商务法的实施，电子商务平台保存交易信息成为强制性的要求，在主要通过电子商务渠道销售侵权产品的侵犯知识产权纠纷案件中，向法院申请调取电子商务平台上存储的被控侵权产品的交易信息将越来越普遍。目前，支付宝公司已出台了明确的规章制度来对接法院调证工作，但仍有部分情况下，当事人或其代理人在持有法院调查令向有关单位调取相关材料时会存在一定阻碍和困难。期待越来越多的电子商务平台能够明确证据披露规则，以方便当事人取证，从而实现侵犯知识产权诉讼中确定赔偿数额的精细化。

平台销售数据可以用来证明侵权获利情况

——三一集团有限公司、三一重工股份有限公司与深圳三一纳米节能技术股份有限公司等侵害商标权纠纷案①

【案例要旨】

知识产权的保护范围和强度要与其对品牌经营的贡献相协调，使侵权人的侵权代价与其主观恶性和行为危害性相适应。电商平台的销售数据可

---

① 案例来源：（2015）京知民初字第 1670 号民事判决书，北京知识产权法院。

以作为证明被告获利的证据。

【案情简介】

湖南三一重工业集团有限公司于 1994 年成立，1995 年 1 月 25 日变更名称为三一重工业集团有限公司，2000 年 12 月 8 日变更名称为三一重工股份有限公司，即原告一（以下简称三一股份公司）。2000 年 10 月 18 日，三一集团有限公司成立，即原告二（以下简称三一集团）。本案两原告提起诉讼时，三一集团公司持有三一股份公司 46.17% 的股份，是该公司持股最多的股东。

第 1550869 号"三一"文字商标（以下简称商标一）于 2001 年 4 月 7 日核准注册，注册人为三一重工业集团有限公司，核定使用的商品为国际分类第 7 类的"压路机、挖掘机、挖掘机（机器）、刷墙机、升降设备、搅拌机、压滤机、铁路建筑机器、混凝土搅拌机（机器）、推土机"。2003 年 11 月 14 日，该商标转让给三一控股有限公司。2004 年 11 月 9 日，注册人名义变更为三一集团有限公司。2009 年 8 月 7 日，该商标转让给三一股份公司。经续展，该商标专用权期限至 2021 年 4 月 6 日。第 3343981 号"三一"文字商标（以下简称商标二）于 2004 年 7 月 14 日获准注册，注册人为三一控股有限公司，核定使用的商品为第 11 类的"喷焊灯、汽灯、冰箱、电吹风、热气装置、太阳能热水器、饮水机、气体打火机、原子堆"。2004 年 11 月 9 日，该商标注册人名义变更为三一集团。商标专用权期限至 2024 年 7 月 13 日。第 3838220 号"新三一"文字商标（以下简称商标三）于 2005 年 12 月 14 日获准注册，注册人为三一集团，其核定使用的商品为第 11 类的"车辆灯、烹调器、冷却设备和装置、空气调节设备、水暖装置、电加热装置、太阳能热水器、浴室装置、消毒设备"。该商标专用权期限至 2025 年 12 月 31 日。

自 2002 年以来，原告一先后获得"中国机械工业企业核心竞争力 100 强""民营上市公司 100 强""投资者心目中最亲切的上市公司""中国工程机械行业用户满意最具影响力第一品牌""亚洲品牌 500 强""中国最具价值品牌""中国对外贸易 500 强企业""中国机械工业百强"等多项国家级荣誉称号。湖南省高级人民法院（2012）湘高法民三终字第 61 号民事判决书以及江苏省南京市中级人民法院（2012）宁知民初字第 926 号民事判决书均认定"三一"在第 7 类"挖掘机、混凝土搅拌机、推土机"上达到驰名程度，作为驰名商标予以保护。

为证明商标二、商标三的使用情况，原告提交了多份公证书证明三一集团公司授权株洲天一焊接切割有限公司使用商标二的许可使用合同，以及株洲天一焊接切割有限公司将其生产的三一产品出售给三一汽车制造有限公司的买卖合同，该合同附件中包含喷焊灯产品。原告还提交了三一集团公司授权广州五蕴会展服务有限公司在其生产的气体打火机上使用商标二的相关证据。但原告未就本案商标三在车辆灯等核定商品上的使用情况提交证据。

原告发现，被告深圳三一纳米节能技术股份有限公司（以下简称深圳公司）在其官网和对外宣传中大量突出使用"三一"、"三一纳米"及"三一节能"等标识宣传推广由其生产销售的照明类灯具产品；被告二深圳三一纳米节能技术股份有限公司北京海淀分公司（以下简称北京公司）的办公大厦顶部有"三一节能照明"的标牌。

【诉辩意见】

原告诉称：首先，被告深圳公司在其官网和对外宣传中大量突出使用"三一"、"三一纳米"及"三一节能"等标识宣传推广由其生产销售的照明类灯具产品，违反了商标法第十三条的规定，侵犯了两原告的驰名商标权利。其次，被告深圳公司在照明类产品上使用与"三一"商标相同或近似商标，系借助"三一"商标的极高知名度来吸引相关公众的注意，使公众误认为被告产品与原告之间存在联系，或者淡化原告商标与原告之间的联系，从而损害了原告的利益，违反了商标法第五十七条的规定，构成了对原告在先注册的商标二、三的侵犯。最后，被告未经原告许可，擅自在产品和对外宣传中使用"三一"文字标识，并且在企业名称中使用"三一"文字，攀附原告在其企业字号上建立的良好声誉，易使相关公众对其产品来源产生误解，违反了反不正当竞争法第二条和第五条第（二）项、第（三）项的规定，构成不正当竞争。请求判决：1. 被告立即停止在生产经营活动中使用"三一""三一纳米""三一节能"或与之近似的标识；2. 被告立即停止使用含有"三一"的企业名称，变更企业名称且变更后的企业名称中不得包含"三一"文字；3. 被告在其官方网站和《法制日报》上刊登为期一个月的声明（内容须经原告认可），消除侵权影响；4. 被告赔偿原告经济损失人民币300万元并承担原告为制止侵权而支出的合理费用人民币209000元。

被告深圳公司辩称：1. 被告的字号"三一纳米"于2010年4月29日

被预先核准，2010 年 7 月 1 日公司成立时开始使用，其创作来源于珠算术语，寓意使用的照明设备"用 1/3 灯、省 2/3 电"，其独创性明确，设计构思鲜明，并非模仿、抄袭于原告。2. 原告的全部证据不足以证实其商标在 2010 年 4 月 29 日之前已属驰名。特别是原告提交的（2012）湘高法民三终字第 61 号、（2012）宁知民初字第 926 号民事判决书，认定驰名时间在后，与本案没有可比性和关联性，不能作为认定原告商标在 2010 年 4 月 29 日之前驰名且应予跨类保护的依据。3. "三一"是汉语中的固有词汇，代表了"天一、地一、太一"、"精气神三一"以及"三一律"等客观事物的固定名称，绝非原告独创、臆造及在先使用。4. 挖掘机、起重机等机械与灯具、照明设备在功能、用途、生产方式、销售渠道、消费对象、消费者认知等方面差异极为显著，没有任何形式的关联，任何人都不可能对这两种商品产生联想或联系。且"三一"独创性弱、显著性弱，被告以"三一纳米"为字号在灯具上使用，根本不会误导公众，不会让消费者产生任何形式的误解或误认，更不会淡化或影响到建筑机械上的原告。5. 根据原告提交的全部证据及其官方网站可知，原告从未经营灯、照明设备产品，其商标二、三从未使用过，根据商标法第六十四条的规定，被告无须承担赔偿责任。6. 被告是深圳企业，主营纳米节能照明产品，原告是湖南企业，经营机械工业，两者相隔甚远，业务范围没有任何关联。被告仅把"三一纳米"作为企业名称使用，从未将其作为商标使用，而是持续使用"1/3"商标。被告仅在久凌大厦、某辆 345 公交车上偶然使用过企业字号，使用时间极短，使用方式影响极小，且与原告经营产品没有任何关联性与可比性，不会给原告造成任何损失或妨碍。7.《北京市高级人民法院关于印发〈关于商标与使用企业名称冲突纠纷案件审理中若干问题的解答〉的通知》第 6 条中规定："商标与使用企业名称发生冲突，商标权人自企业名称登记之日起五年内未提出请求的，不予保护。……"另，《国家工商行政管理局关于解决商标与企业名称中若干问题的意见》第七条规定："处理商标与企业名称混淆的案件，应当符合下列条件：……（三）自商标注册之日或者企业名称登记之日起五年内提出请求（含已提出请求但尚未处理的），但恶意注册或者恶意登记的不受此限。"被告公司成立于 2010 年 7 月 1 日，距原告起诉之日已过五年期限，根据上述两项规定，原告的诉讼请求应予驳回。综上所述，被告请求根据商标法第六十四条、反不正当竞争法第二条等规定，依据公平、平等、诚实信用的法律原则，依法驳回原告的诉讼请求。

【法院审理】

被告在与原告商标二、三核定使用商品相类似的商品上使用与原告商标二、三近似的商标，容易引起消费者的混淆误认，侵犯了原告对商标二、三享有的商标专用权。原告在第 7 类商品上的商标一符合中国驰名商标的条件，依法应予跨类扩大保护。被告使用的标识完整包含了原告商标一"三一"，已经构成了对该标识的复制、摹仿。尽管原告的工程机械类商品与被告的节能照明产品不属于相同或者类似商品，但原告的注册商标在相关公众中具有较高的知名度和认同感，被告摹仿原告驰名商标在不同商品上作为商标标识使用的行为，构成了对相关公众的误导，造成了对驰名商标权利人合法权益的损害。被告将"三一"作为企业字号注册使用的行为构成不正当竞争。

关于赔偿数额的计算，法院根据在案证据，并结合各方主张，考虑以下因素，确定本案的赔偿数额：第一，被告被诉行为的持续时间。被告不正当竞争行为的持续时间应为 2010 年被告成立时至今。被告以包含"三一"字号开展经营行为，不仅应考虑其营利过程中对原告品牌价值的利用，亦应考虑到该行为持续的时间。第二，原告"三一"商标及商号的知名度和影响力。原告"三一"商号和字号经过多年经营在机械工程领域具备了极高的知名度，其蕴含的商业价值随着"三一重工"股票的发行进一步提高。第三，被告的经营情况。法院认为应当结合被告对外宣传和公布的经营数据以及双方提交的证据所能证明的经营情况综合判断：1. 根据原告提交的被告电子商务平台上公布的数据，其年均销售收入在 250 万至 500 万美元左右，即被告近 4 年的销售收入总计已达 1000 万至 2000 万美元，约为人民币 7000 万元至 1.4 亿元；2. 根据被告一提交的证据，其通过富平县路灯节能改造项目每年可获取的收益不低于人民币 244.014 万元，该项目的收益期为 8 年，仅通过前述一个项目，被告一的获利应达人民币 1952 万元，虽然其收益期较长，但体现了被告项目较高的经营收益数额，而根据被告在其官网站公布的成功项目案例统计，与该项目规模相当的项目不少于 50 个；3. 根据被告在其官方网站中公布的"海外出口额占其整体销售额的 80%"的比例换算，其海外经营收入额应当更高；4. 据被告在其官方网站上公布，其销售网络覆盖全国，被告在成立不足 5 年的时间内"形成了以深圳为生产基地，以北京为营销总部（即被告二），以福州、南京、苏州、沈阳、海口、上海、广州、梅州、宁波、日照等地为分销点的覆盖全国的营销网络""厂房面积 5000 多平方米，现有职工 300 多人，具有年产 200 多万套照明产品的能力，是中国最大的纳米节能照明产品生产企业"；5. 被告一、二虽提交了相应证据证明其经营状况不佳，然而被告一提交的其 2012 年度至 2014 年度的审计报告和纳税证明等证据与其网站宣传的内容存在巨大差异，即使根据审计报告，被告一 2012—2014 年的经营收入超过一千万元，而考虑到被告一在税收方面可能获得的减免政策，税收数额的高低难以体现其经营收入情况。被告二在本案中提交的财务报表等证据缺少权威性，难以真实反映被告二的实际经营状。综合上述情况，又考虑到不正当竞争行为难以通过销售商品数量等方式进行计算，只能通过经营活动及经营收入予以体现，被告企业的经营收益虽不能作为被告就被诉行为的直接获利，但体现了被告经营活动的规模较大，其经营所得数额较高。

法院认为，在考虑赔偿额时，权利人和侵权人的主体身份及市场竞争地位、企业经营规模、侵权行为的性质、持续时间、实施范围和实施后果、被告对被控侵权产品宣传和广告等均可以成为影响损害赔偿问题的考量因素。因此，法院综合考虑原告商标及字号的价值较高、被告侵犯商标权及不正当竞争行为交织、被告被诉行为的表现形式复杂、侵犯客体的数量较多、侵权商品或服务的价值较高、持续的时间较长等因素，认定原告因被诉行为所遭受的损失已超过原告主张的赔偿数额，对于原告损害赔偿的诉讼请求予以全额支持。

【案例评析】

保护商业标识权利人付出不受侵害，保证市场竞争的公平有序是商标法以及反不正当竞争法的重要目的，保护商业标识权利人的合法权益是实现该目的的重要路径。为营造侵权人不敢侵权、不愿侵权的司法保护氛围，对于法律明文规定构成侵犯知识产权的行为，应降低维权成本，给权利人提供充分的司法救济，使侵权人付出足够的侵权代价。严格保护知识产权的同时，还应使知识产权保护范围和强度与其对品牌经营的贡献相协调，使侵权人的侵权代价与其主观恶性和行为危害性相适应，最终实现保护经营成果的目的。因此，知识产权的保护强度应当遵循法律法规和司法解释的精神，并结合双方当事人所提交的证据在法律允许的空间和裁量权的范围内确定。赔偿数额是体现保护力度的重要方面。

最高人民法院多次提出要加大知识产权保护力度，"以实现市场价值为指引，进一步加大损害赔偿力度。在确定知识产权赔偿数额时，既要力求准确反映被侵害的知识产权的相应市场价值，又要适当考虑侵权行为人的主观状态，实现以补偿为主，以惩罚为辅的双重效果。"

在知识产权诉讼中，因为知识产权与生俱来的无形性，导致知识产权侵权认定的低门槛和维权的高难度。通过举证责任适当转移，将部分证明责任从一方转移至另一方，对可能导致失当的一般证明责任分配原则进行适时调整，可缓解知识产权权利人举证难问题。

本案中，被告通过其官网（相当于自营电子商务）销售了涉案侵权商品，原告为证明自己所遭受的损失，提交了被告电子商务平台上公布的数据，包括其项目规模、成功案例数量、销售网络规模和覆盖地域等多个数据。法院认为原告充分尽到了与其举证能力相当的举证责任，由于被告掌握着与侵权行为相关的账簿、财产报表、税务等经营资料，法院依据商标法第六十三条之规定责令其提交。但被告所提交的证据没有任何证明力，不能反驳原告的主张。因此，在考虑赔偿额时，权利人和侵权人的主体身份及市场竞争地位、企业经营规模、侵权行为的性质、持续时间、实施范围和实施后果、被告对被控侵权产品宣传和广告等均可以成为影响损害赔偿问题的考量因素。最终，法院结合权利人和侵权人的主体身份及市场竞争地位、企业经营规模、侵权行为的性质、持续时间、实施范围和实施后果、被告对被控侵权产品宣传和广告等全部支持了原告的赔偿请求。法院的这一做法，是落实加大知识产权保护力度，突破传统判赔方式的典型，能够起到激励权利人维权的效果。

免费许可合同对于确定赔偿数额
不具有可参照性

——金立根与宁波菲格工具有限公司、浙江淘宝网络有限公司侵害实用新型专利权纠纷案①

【案例要旨】

在权利人损失或侵权人获利难以确定的情况下，专利权的许可使用费

---

① 案例来源：（2017）浙民终 386 号民事判决书，浙江省高级人民法院。

可以作为损害赔偿的参考和依据，但免费许可使用的情形除外。此时，法院可适用法定赔偿的方式，酌情考虑专利类型、侵权情节、主观恶意等案件的实际情况确定赔偿数额。

【案情简介】

2013 年 12 月 19 日，洪邦禹申请名为"一种改进的墙面打磨机"的实用新型专利，授权公告日为 2014 年 5 月 21 日，专利号为 ZL201320837961.9（以下简称涉案专利），目前专利权有效。经国家知识产权局核准，该专利的专利权人于 2014 年 7 月变更为金立根。

2014 年 8 月 21 日，金立根将涉案专利许可案外人宁波华企工具有限公司实施，许可方式为普通许可，使用费为人民币 0 元。

2016 年 11 月 16 日，金立根在淘宝网上"鑫盛工具品牌店"以人民币 758 元公证购买名称为"菲格带灯无尘式墙面壁打磨机自吸尘腻子抛光机涂料砂皮机"的墙面打磨机（以下简称涉案产品）一个。其中，点击产品链接，显示产品图片、产品价格、交易成功 14 次、累计评价 70 条等相关信息。涉案产品及其外包装上均标注"宁波菲格工具有限公司"（以下简称菲格公司）字样、"Figol 菲格"注册商标标识及型号"FG-S225B-2"字样。

2016 年 12 月 15 日，浙江永鼎律师事务所受金立根委托就涉案专利向菲格公司寄送律师函及侵权分析报告。

2017 年 3 月 15 日，金立根对 www.alibaba.com 网站上名为"NINGBO-FEIGETOOLSCO，LTD"的店铺进行网页公证，其中展示有"Figol"标识、型号为"FG-S225B-2"的墙面打磨机产品图片等信息，并在展示页面上有标注"宁波菲格工具有限公司"字样的照片。

2016 年 1 月 28 日，浙江淘宝网络有限公司（以下简称淘宝公司）取得增值电信业务经营许可证，获准经营第二类增值电信业务中的信息服务业务（仅限互联网信息服务业务），其中网站名称包括"淘宝"等，网站域名包括 taobao.com 等，有效期至 2018 年 10 月 25 日。同年 4 月 28 日，淘宝公司对有关网页截屏、打印、公证。其中，《淘宝平台服务协议》就账户注册与使用、淘宝平台服务及规范、用户信息的保护及授权等作出明确约定。登陆公证购买被诉侵权产品的链接，显示"很抱歉，您查看的宝贝不存在，可能已下架或者被转移"。

原告金立根认为涉案产品侵犯其专利权，向杭州市中级人民法院起诉菲格公司和淘宝公司。起诉请求：1. 判令菲格公司立即停止侵权行为；2. 判令淘宝公司删除发布有侵权信息的所有网页链接；3. 判令菲格公司、淘宝公司赔偿金立根经济损失、律师费及因调查和制止菲格公司、淘宝公司侵权行为所支付的公证费、交通费等合理维权费用合计30万元。

一审庭审中，金立根主张被诉侵权产品与涉案专利权利要求1—6对应的技术方案相同；菲格公司确认被诉侵权产品落入上述专利权保护范围，但以名为"无尘电动磨光机"（申请号为91216508.1）的实用新型专利主张现有技术抗辩；淘宝公司确认涉案专利权利要求1—6记载技术特征与被诉侵权产品对应部分均相同。

一审法院认为各方当事人均认为被诉侵权产品与涉案专利权利要求1—6记载的技术方案相同，该院审查后予以确认，故被诉侵权产品包含涉案专利权利要求1—6记载的全部技术特征。就菲格公司主张的现有技术抗辩，一审法院认为，该证据不能反映被诉侵权产品采用的技术方案系在涉案专利申请日前就已经形成并被公开，无法证明被诉侵权产品采用了现有技术展示的技术方案。

一审法院认为，菲格公司未经专利权人许可，以生产经营为目的制造、销售、许诺销售侵权产品，侵犯了涉案实用新型专利权。淘宝公司系网络交易平台提供者，在得知本案诉讼后及时删除了侵权链接，已经尽到合理的义务。淘宝公司行为并未违反法律、行政法规的规定提供帮助行为，不构成共同侵权。据此，一审法院判令：菲格公司立即停止侵权并赔偿金立根经济损失及为制止侵权支出的合理费用共计100000元。

菲格公司不服一审判决，上诉至浙江省高级人民法院。

【诉辩意见】

菲格公司上诉称：1. 其提交的申请号为91216508.1的"无尘电动磨光机"实用新型专利申请日为1991年6月24日，早于涉案专利申请日，属于现有技术。被诉侵权产品实施的是现有技术，菲格公司并未侵犯金立根的专利权。2. 虽然金立根从淘宝网上的"鑫盛工具品牌店"购买的被诉侵权产品在外包装、产品说明书等上记载有菲格公司信息，但该被诉侵权产品并非从菲格公司住所地发出，系假冒商品。金立根提交的证据均无法证明被诉侵权产品系由菲格公司制造、销售及许诺销售。3. 金立根将涉案专利许可案外人宁波华企工具有限公司实施，许可方式为普通许可，许可费为 0 元。在金立根未提交因侵权受到实际损失的情况下，应参照该专利许可使用费的倍数合理确定，故本案的赔偿数额应当仅包括金立根为制止侵权行为所支付的合理开支，一审判决认定赔偿数额过高。

被上诉人金立根辩称：1. 被诉侵权产品的技术方案并非现有技术；2. 其提供的证据足以证明被诉侵权产品系菲格公司生产销售；3. 一审法院认定赔偿数额合理。

淘宝公司述称：一审判决认定事实清楚，适用法律正确，应予维持。

【法院审理】

二审法院认为，本案的争议焦点主要在于菲格公司的现有技术抗辩是否成立；菲格公司是否实施了被诉侵权行为；一审判决认定的赔偿数额是否合理。

就菲格公司主张的现有技术抗辩，二审法院组织各方当事人就被诉侵权产品与现有技术进行对比，发现二者存在区别点。就区别点中二者所涉技术特征，二者所使用的技术手段、实现的技术效果均不同，且菲格公司不能证明该等区别点所涉技术特征系公知常识或本领域内的常规技术手段，故菲格公司的现有技术抗辩不能成立。

菲格公司在其网店上发布的 FG-S225B-2 墙壁打磨机外观与被诉侵权产品外观相同。被诉侵权产品上标注有菲格公司的注册商标，其外包装、说明书亦明确标注了菲格公司的企业名称、注册商标及 FG-S225B-2 型号等内容。菲格公司虽主张被诉侵权产品系假冒产品，但仅凭发货地非其住所地并不能证明被诉侵权产品非其公司产品，其亦未能提供其他有效证据证明其主张。一审判决根据上述证据，并结合菲格公司经营范围等事实，认定菲格公司实施了制造、销售、许诺销售被诉侵权产品的行为，并无不当。

在权利人损失或侵权人获利难以确定的情况下，专利许可使用费可以作为确定赔偿数额的参照因素，但由于金立根对案外人宁波华企工具有限公司实施的许可系免费许可，故不能作为赔偿数额的参照因素，一审判决适用法定赔偿方式，酌情考虑本案实际情况确定赔偿数额 10 万元，并无不当。

【案例评析】

对于赔偿数额的确定，专利法第六十五条①和商标法第六十三条②均规定在权利人的损失或者侵权人获得的利益难以确定的情形下，可参照许可使用费的倍数合理确定。虽然著作权第四十九条没有类似的规定，但司法实务中不乏适用许可使用费的判例，最高人民法院的相关司法解释在明确许可使用费的适用规则时，也并未区分具体的知识产权类型。③ 而且，最新版的著作权法（修订草案送审稿）也有类似参照许可使用费倍数合理确定的规定。④

司法实务中，参照许可使用费的倍数的难题在于"可参照性"的理解和把握，至少可能涉及许可使用方式、许可地域、许可期间、履行方式等协议内容的可参照性。当然，我国知识产权许可使用率不高也是影响适用许可使用费的直接因素，即使是存在许可协议的情形下，还面临许可协议的签订主体是否有关联性、许可协议是否真实履行等质疑。

本案二审阶段提出的问题是，当在案证据中的许可使用合同为免费许可时，法院如何参照该许可使用费确定赔偿数额？菲格公司上诉认为，金立根将涉案专利许可案外人宁波华企工具有限公司实施，许可方式为普通许可，许可费为0元，在金立根未提交因侵权受到实际损失的情况下，应

---

① 专利法第六十五条："侵犯专利权的赔偿数额按照权利人因被侵权所受到的实际损失确定；实际损失难以确定的，可以按照侵权人因侵权所获得的利益确定。权利人的损失或者侵权人获得的利益难以确定的，参照该专利许可使用费的倍数合理确定。赔偿数额还应当包括权利人为制止侵权行为所支付的合理开支。权利人的损失、侵权人获得的利益和专利许可使用费均难以确定的，人民法院可以根据专利权的类型、侵权行为的性质和情节等因素，确定给予一万元以上一百万元以下的赔偿。"

② 商标法第六十三条第一款："侵犯商标专用权的赔偿数额，按照权利人因被侵权所受到的实际损失确定；实际损失难以确定的，可以按照侵权人因侵权所获得的利益确定；权利人的损失或者侵权人获得的利益难以确定的，参照该商标许可使用费的倍数合理确定。对恶意侵犯商标专用权，情节严重的，可以在按照上述方法确定数额的一倍以上五倍以下确定赔偿数额。赔偿数额应当包括权利人为制止侵权行为所支付的合理开支。"

③ 《最高人民法院关于当前经济形势下知识产权审判服务大局若干问题的意见》（法发〔2009〕23号）第16条中指出，在确定损害赔偿数额时要注意参照许可费计算赔偿时的可比性，充分考虑正常许可与侵权实施在实施方式、时间和规模等方面的区别，并体现侵权赔偿金适当高于正常许可费的精神。

④ 著作权法（修订草案送审稿）第七十六条第一款：侵犯著作权或者相关权的，在计算损害赔偿额时，权利人可以选择实际损失、侵权人的违法所得、权利交易费用的合理倍数或者一百万元以下数额请求赔偿。

参照该专利许可使用费的倍数合理确定，故本案的赔偿数额应当仅包括金立根为制止侵权行为所支付的合理开支。法院则认为，在权利人损失或侵权人获利难以确定的情况下，专利许可使用费可以作为确定赔偿数额的参照因素，但由于金立根对案外人宁波华企工具有限公司实施的许可系免费许可，故不能作为赔偿数额的参照因素，一审判决适用法定赔偿方式，酌情考虑本案实际情况确定赔偿数额 10 万元，并无不当。

　　本书认为，二审法院的做法是妥当的。根据民事侵权赔偿的"填平原则"，不论是适用"权利人的损害"、"侵权人获得的利益"、"许可使用费的倍数"或者"法定赔偿"的方式确定赔偿数额，其最终所要达到的目的就是要实现涉案知识产权的市场价值。在"填平原则"的逻辑下，权利人因侵权受到的实际损失是指在假定没有侵权行为的情况下本可由权利人获得的利益。当权利人自身没有能力穷尽涉案知识产权的所有使用方式、并授权许可他人使用该知识产权时，因侵权行为而导致的损失就相当于一定数额的许可使用费。然而，权利人和实施人之间达成许可使用协议的情形是复杂的，尤其是对许可使用费等许可条件的约定，甚至会出现在正常情况下不太可能会出现的免费许可的情形。很显然，这种情况下的许可使用费是特例，而非常态，不应作为法院确定赔偿数额的参考。此时，法院仍应适用法定赔偿。

　　综上，在权利人损失或侵权人获利难以确定的情况下，专利权的许可使用费可以作为损害赔偿的参考和依据，但免费许可使用的情形除外。此时，法院可适用法定赔偿的方式，酌情考虑专利类型、侵权情节、主观恶意等案件的实际情况确定赔偿数额。

适用法定赔偿的考虑因素

——图们惠人电子有限公司与青岛澳柯玛生活电器有限公司、北京京东叁佰陆拾度电子商务有限公司、北京京东世纪信息技术有限公司侵害发明专利权纠纷案①

【案例要旨】

在当事人提交的证据无法证明权利人因被侵权所受到的实际损失、侵

---

① 案例来源：（2015）京知民初字第 202 号民事判决书，北京知识产权法院。

权人因侵权所获得的利益，且也无涉案专利许可使用费可供参照的情况下，法院通常采取法定赔偿的方式确定赔偿数额。法院可考虑的因素包括涉案专利的类型、涉案专利产品的性能、涉案专利的市场价值、侵权行为性质及情节等。对于有证据佐证的合理开支，法院亦应一并支持。

【案情简介】

2007年4月27日，金煐麒申请名为"榨汁机"的发明专利，该专利于2010年11月24日获得授权，专利号为ZL200780001269. X（以下简称涉案专利）。2014年12月17日，金煐麒授权图们惠人电子有限公司（以下简称图们惠人公司）在中国大陆范围内独占使用涉案专利并以图们惠人公司的名义进行专利维权，使用期限自2013年1月1日至涉案专利保护期届满。2011年9月16日，专利复审委员会作出无效宣告审查决定，宣告涉案专利权全部无效，但经一、二审行政诉讼，该无效宣告审查决定被撤销，涉案专利维持有效。

2014年12月2日，图们惠人公司在"京东商城（www. jd. com）"上公证购买"澳柯玛（AUCMA）SZ20L1"原汁机（以下简称涉案产品），货款为599元，由北京京东世纪信息技术有限公司（以下简称京东世纪公司）开具发票。涉案产品的包装纸盒上有"AUCMA澳柯玛原汁机""型号：SZ20L1""青岛澳柯玛生活电器有限公司"（以下简称澳柯玛公司）等字样。

经工业和信息化部ICP/IP地址/域名信息备案管理系统，查询域名jd. com的主办单位为北京京东叁佰陆拾度电子商务有限公司（以下简称京东叁佰陆拾度公司）。京东叁佰陆拾度公司、京东世纪公司称京东叁佰陆拾度公司是京东网上商城的经营者，京东世纪公司负责产品的销售和向客户出具发票。

2015年1月29日，图们惠人公司认为涉案产品侵犯涉案专利权，起诉至北京知识产权法院，请求法院判令：一、京东叁佰陆拾度公司立即停止销售侵犯涉案专利权的产品；二、京东世纪公司立即停止销售侵犯涉案专利权的产品；三、澳柯玛公司立即停止制造、销售涉案产品；四、澳柯玛公司赔偿图们惠人公司损失100万元；五、澳柯玛公司赔偿图们惠人公司合理支出包括律师费、公证费、购买费共计3万元。

【诉辩意见】

原告图们惠人公司诉称：2007年4月27日，金煐麒申请了涉案专利，并于 2010 年 11 月 24 日获得授权，至今合法有效。金焕麒授权图们惠人公司在中国大陆范围内独占使用涉案专利并以自己的名义进行维权，授权期限自 2013 年 1 月 1 日起至涉案专利有效期届满止。图们惠人公司于 2014 年发现澳柯玛公司生产的型号为"澳柯玛 SZ20L1"的原汁机（即涉案产品）在京东商城上进行公开销售。京东叁佰陆拾度公司为京东商城网站的备案方，京东世纪公司为涉案产品经营开票单位，两者为京东商城的经营者。图们惠人公司于 2014 年 12 月在京东商城上公证购买了涉案产品。澳柯玛公司生产的、京东叁佰陆拾度公司和京东世纪公司销售的该涉案产品落入了涉案专利权利要求 1 的保护范围，且涉案产品销售量巨大，上述侵权行为给图们惠人公司造成了重大经济损失。

被告澳柯玛公司辩称：涉案产品并未落入涉案专利的保护范围，其行为不构成侵权，不应承担任何侵权责任。同时，其已针对涉案专利向专利复审委员会提出无效宣告请求，提出申请的时间为 2015 年 5 月，请求法院待专利无效决定作出后再进行判决。

被告京东叁佰陆拾度公司辩称：其仅负责京东商城网站的电子商务平台，不参与商品实际销售，其经营范围不包含销售产品。如果涉案产品侵权，其同意将该产品下架。同时，提交了由京东叁佰陆拾度公司与京东世纪贸易有限公司于 2013 年 1 月 1 日签订的平台服务协议。其中载明：京东叁佰陆拾度公司为符合条件的合作方在京东商城网站提供网络交易平台服务，仅向北京京东世纪贸易有限公司提供产品信息展示的平台服务，不从事产品交易事宜，不对产品的交易事宜负责。用以证明京东叁佰陆拾度公司不负责实际销售。

被告京东世纪公司辩称：其销售的涉案产品来源是合法的，是从澳柯玛公司处来的，其尽到了相应的审核义务，因此在本案中不存在侵权行为，如果涉案产品侵权，同意将该产品下架。同时提交了涉案产品来源合法的证据，包括：1. 网络渠道授权书，其中载明澳柯玛公司于 2015 年 1 月 1 日出具授权书，授权京东（www.jd.com）为"澳柯玛"品牌电子商务渠道指定经销商。2.《中国国家强制性产品认证证书》，其中载明：委托人及生产者（制造商）名称均为"青岛澳柯玛生活电器有限公司"；委托人及生产者（制造商）地址均为"青岛经济技术开发区前湾港路 315 号 4 号厂房"；涉及产品为 5 款"厨房机械（原汁机）"，其中包括涉案产品型号"SZ20L1"。3. 第 3348531 号"AUCMA 澳柯玛"商标的商标注册证、续展证明及使用许可授权书,显示该商标的所有人为澳柯玛股份有限公司,商标专用期至2024年4月27日,核定使用的商品为国际分类第11类的热水器、烤箱等。2014年9月11日澳柯玛股份有限公司出具授权书,以普通许可方式授权澳柯玛公司在生活电器和厨房电器产品上使用该商标,使用期限截至2015年12月31日。4. 澳柯玛公司的企业营业执照副本、组织机构代码证、税务登记证、开户许可证、增值税一般纳税人认定通知书的复印件。

【法院审理】

涉案专利权人金焕麒已授权图们惠人公司在中国大陆范围内独占使用涉案专利并以图们惠人公司名义进行专利维权,故其有权起诉,要求侵权者停止侵害、赔偿损失。将涉案专利权利要求1与涉案产品的技术方案进行对比发现,涉案产品包含了涉案专利权利要求1记载的全部技术特征,落入了涉案专利权利要求1的保护范围,构成了对涉案专利权的侵犯。

澳柯玛公司虽然针对涉案专利向专利复审委员会提出无效宣告请求,但专利复审委员会尚未做出审查决定,目前涉案专利仍处于有效状态。另外,根据《最高人民法院关于审理专利纠纷案件适用法律问题的若干规定》第十一条的规定,人民法院受理的侵犯发明专利权纠纷案件被告在答辩期间内请求宣告该项专利权无效的,人民法院可以不中止诉讼。涉案专利为发明专利,故对于澳柯玛公司待专利无效决定作出后再进行判决的请求,法院不予支持。

涉案产品包装等材料上均显示"青岛澳柯玛生活电器有限公司"字样,而京东世纪公司为证明涉案产品具有合法来源亦提交了澳柯玛公司的企业营业执照副本复印件及商标注册证书等证据,故可认定涉案产品为澳柯玛公司所生产。澳柯玛公司未经许可,制造、销售侵犯涉案专利权的涉案产品,应当承担停止侵害、赔偿损失的民事责任。

图们惠人公司从京东叁佰陆拾度公司经营的京东商城网站实际购买到了涉案产品,而相应发票由京东世纪公司开具,故认定京东叁佰陆拾度公司、京东世纪公司实施了销售涉案产品的行为。京东叁佰陆拾度公司、京东世纪公司应当就其销售涉案产品的行为承担相应的法律责任。鉴于图们惠人公司明确表示仅要求二者停止销售涉案产品,故法院对于图们惠人公司针对京东叁佰陆拾度公司、京东世纪公司提出的诉讼请求予以支持。

对于损害赔偿的数额的确定,一方面,根据图们惠人公司提交的证据既无法确定其因被侵权所受到实际损失的具体数额,又无法确定澳柯玛公司因侵权所获利益的具体数额，而且也没有涉案专利的许可使用费可供参照。另一方面，根据京东叁佰陆拾度公司、京东世纪公司和澳柯玛公司提交的证据亦无法确定澳柯玛公司因侵权所获利益的具体数额。本案中，法院按专利法第六十五条第二款的规定，酌定法定赔偿数额，并综合考虑了以下因素：第一，涉案专利的类型为发明专利，与其申请日前的现有技术相比具有突出的实质性特点和显著的进步，这一点在法院依法酌定侵权赔偿数额时亦应有显著的体现；第二，涉案专利产品和涉案产品相对于以高速压榨、离心分离为特点的传统榨汁机产品在性能上有较为明显的提升，对于市场上该类产品的升级换代有较为明显的影响。

无论从涉案专利的类型，还是从侵权行为的性质和情节以及涉案产品对于权利人正常市场份额的非法侵占等角度考虑，涉案侵权行为给图们惠人公司造成的实际损失都应当是较大的，澳柯玛公司应当赔偿图们惠人公司损失 80 万元。图们惠人公司主张的律师费 25000 元、公证费 2111 元、为取证购买涉案产品货款 599 元，共计 27710 元，均属于为制止侵权行为而支付的合理开支，且均有相关证据在案佐证，澳柯玛公司亦应当予以赔偿。

据此，法院判令：京东叁佰陆拾度公司、京东世纪公司及澳柯玛公司立即停止侵权，澳柯玛公司赔偿图们惠人公司损失 80 万元以及为制止侵权行为所支付的合理开支 27710 元。

【案例评析】

在 2014 年 6 月 23 日提交的《关于检查〈中华人民共和国专利法〉实施情况的报告》中，全国人民代表大会常务委员会执法检查组提到，专利维权存在"赔偿低"[①] 的问题。客观来讲，"赔偿低"在其他侵犯知识产权诉讼中也不同程度的存在，而且至今为止仍未根本改变，尽管在各方的共同努力下有所好转。说到"赔偿低"，至少有两个方面的指向，一是权利人通过司法裁判获得的赔偿数额低于侵权人的侵权获利，不足以遏制侵权行为的泛滥；二是权利人通过司法裁判获得的赔偿数额低于其维权支出，导致权利人缺乏维权动力。关于"赔偿低"的根源，现有的研究成果不少，实证方面，有的将重点放在赔偿证据的缺失，指出当事人应注重证

---

① 虽然该报告用的是"赔偿低"的提法，但"赔偿低"只是一种现象，其根源在于"确定赔偿数额难"。

据的收集①；有的提出要合理分配举证责任和举证内容，细化赔偿计算方式②；还有的分析了不认同"赔偿低"的十个理由，涵盖了当事人举证、知识产权价值、损害赔偿计算方式的适用等十个方面③。综合上述研究成果，确定损害赔偿数额的难题主要体现为两大方面，一是当事人举证的难度和积极性，二是法院适用损害赔偿的计算方式。

本案是一起典型的发生在电子商务领域的侵犯专利权纠纷案件。但是，在确定赔偿数额的问题上，该案面临的难题与传统实体领域的侵犯专利权纠纷案件并无二致。根据专利法第六十五条之规定，"侵犯专利权的赔偿数额按照权利人因被侵权所受到的实际损失确定；实际损失难以确定的，可以按照侵权人因侵权所获得的利益确定。权利人的损失或者侵权人获得的利益难以确定的，参照该专利许可使用费的倍数合理确定。赔偿数额还应当包括权利人为制止侵权行为所支付的合理开支。权利人的损失、侵权人获得的利益和专利许可使用费均难以确定的，人民法院可以根据专利权的类型、侵权行为的性质和情节等因素，确定给予一万元以上一百万元以下的赔偿。"其中，"一万元以上一百万元以下"即所谓的法定赔偿。

本案中，基于当事人各方提交的在案证据，权利人因被侵权所受到的实际损失、侵权人因侵权所获得的利益均无法确定，且也没有涉案专利的许可费可以参照，法院只好适用法定赔偿的方式来确定赔偿数额。对于法定赔偿的适用，根据专利法第六十五条的规定，法院主要是考虑"专利权的类型、侵权行为的性质和情节等因素"。本案的一大亮点就在于，其对"专利权的类型、侵权行为的性质和情节等因素"的适用进行了具体的探索和适用。法院考虑到涉案专利的类型为发明专利，与其申请日前的现有技术相比具有突出的实质性特点和显著的进步；涉案专利产品和涉案产品相对于以高速压榨、离心分离为特点的传统榨汁机产品在性能上有较为明显的提升，对于市场上该类产品的升级换代有较为明显的影响。同时，从侵权行为的性质和情节以及侵权产品对于权利人正常市场份额的非法侵占等角度考虑，权利人受

① 陈志兴：《侵犯专利权法定赔偿适用问题研究》，载《知产力》微信公众号，2015 年 11 月 14 日；长沙中院：《知识产权民事案件损害赔偿额判定状况（2011—2015）》，载《知产力》微信公众号，2016 年 4 月 20 日。
② 南京铁路运输法院课题组：《知识产权侵权诉讼成本与效率分析——基于南京法院案件的实证研究》，载《江苏高院》微信公众号，2016 年 4 月 26 日。
③ 何震：《法官不认同"知识产权损害赔偿低"的十个维度》，载《西南知识产权》微信公众号，2017 年 1 月 15 日。

到的实际损失较大。因此，法院酌定了较高的法定赔偿数额。

受知识产权无形性的影响，以及权利人取证困难等因素制约，在侵权诉讼中一般很难查明权利人的实际损失或侵权人的侵权获利，以至司法实践中法官不得不采取法定赔偿数额的方式来确定赔偿数额。在确定法定赔偿数额时，法院综合考虑的因素主要包括知识产权本身的价值（如商标的知名度和声誉、专利的类型和进步性等）、侵权行为性质及情节（如是否恶意侵权、侵权期间、后果、对权利人市场份额的非法侵占等）。电商领域的侵权也不例外。

另外，根据专利法第六十五条的规定，赔偿数额还应当包括权利人为制止侵权行为所支付的合理开支。这一规则在其他知识产权领域也是一样的。当然，需要指出的是，对于合理开支，也是需要在案证据佐证的。因此，当事人和律师应该积极提交该部分证据。

对缺少票据佐证的合理开支酌情支持

——广东原创动力文化传播有限公司与重庆欢动体育用品
有限公司、纽海电子商务（上海）有限公司
侵害著作权纠纷案①

【案例要旨】

在原告无法提供公证费、律师费和差旅费等合理开支的票据原件的情况下，如能确定该等费用确系原告为本案诉讼所支出，法院可综合考虑公证取证的次数、律师的工作量、案件疑难程度及相关律师费收费标准等因素，酌情予以支持。

【案情简介】

2008 年 8 月 29 日，广东省版权局向广东原创动力文化传播有限公司（以下简称原创动力公司）颁发两份《作品登记证书》，该两份证书的登记号分别为作登字 19-2008-F-1173、作登字 19-2008-F-1174，作品名称分别为《动画片主角造型之二——喜羊羊》《动画片主角造型之五——美羊羊》，

---

① 案例来源：（2016）沪 0115 民初 70515 号，上海市浦东新区人民法院。

作品类别均为美术作品，作者均为罗应康，著作权人均为广东原创动力公司（受让取得），作品完成日期均是 2003 年 12 月 18 日。动画片《喜羊羊与灰太狼》曾获得多个国家级奖项。

纽海电子商务（上海）有限公司（以下简称纽海公司）系"1 号店"网站（www.yhd.com）的经营者。该网站中销售的商品包括被告纽海公司自营商品和入驻商家的商品。入驻商家（即卖家）在该网站注册时须同意《1 号店网络交易平台服务协议》。纽海公司在该网站上设置有投诉知识产权侵权的相关功能网页，以便受理网络用户与知识产权侵权相关事宜的举报和投诉。

2015 年 12 月，重庆欢动体育用品有限公司（以下简称欢动公司）在"1 号店"网站上注册成为入驻商家，开始经营"欢动体育用品专营店"。

2016 年 7 月 25 日，原创动力公司发现欢动体育用品专营店售有喜羊羊护具套装等商品。原创动力公司向杭州市钱塘公证处申请网页证据保全公证，购买了两套喜洋洋护具套装，共须支付 117.8 元，杭州市钱塘公证处就上述内容出具（2016）浙杭钱证内字第 13554 号公证书。

2016 年 10 月 8 日，原创动力公司向上海市浦东新区人民法院起诉，请求：1. 判令两被告立即停止侵权，即立即停止销售使用"喜羊羊与灰太狼"系列美术作品形象的侵权产品，并删除"一号店"上"欢动体育用品专营店"店铺内与涉案美术作品形象相关的侵权图片等侵权信息；2. 判令两被告赔偿原告经济损失及合理开支共计人民币 45000 元。

纽海公司称在收到本案诉状副本等诉讼材料后，即删除了涉案侵权商品的销售链接，欢动公司也停止了涉案侵权商品在"1 号店"网站上的销售，原创动力公司对此予以确认。原创动力公司未能提供律师费、公证费等合理开支的发票。

【诉辩意见】

原告原创动力公司诉称：被告欢动公司未经许可使用"喜羊羊与灰太狼"系列美术作品形象，用于儿童安全轮滑头盔及滑板护具套装上，并在被告纽海公司的"1 号店"平台上"欢动体育用品专营店"中销售、发布和传播该侵权商品广告。以上使用未经原告许可，侵犯了原告对"喜羊羊与灰太狼"系列美术作品依法享有的著作权，获得了非法利益，并给原告造成了经济损失。被告纽海公司怠于履行审查监督义务，且为被告欢动公司的侵权行为提供了便利，并从中牟利，应当与被告欢动公司共同承担侵权赔偿责任。

被告欢动公司辩称：1. 其在 1 号店平台展示的涉案图片与原告的"喜羊羊灰太狼"美术作品并不完全相同，未侵犯原告著作权；2. 其上传该图片后不到一个月时间即接到原告投诉，便立即将该图片链接下架；3. 其使用的涉案图片来源于淘宝网络，并非欢动公司制作，欢动公司实际上也未联系任何厂家进货；4. 其在上传该图片链接后，没有客户有意向购买该产品，并未销售过一套产品。其没有故意侵权，也未对原告造成任何损害，请求法院驳回原告诉讼请求。

被告纽海公司辩称：1. 其作为电子商务平台的网络服务提供者，并非涉案产品的销售者和侵权行为人；2. 其已充分履行向公众披露销售者的真实名称、地址和有效联系方式等信息披露义务和及时删除相关链接的补救义务。因此，其不应当承担侵权责任。

【法院审理】

被告欢动公司未经著作权人许可，擅自在其销售的商品上使用"喜羊羊""美羊羊"美术作品，使公众可以在其个人选定的时间和地点获得上述作品的行为，侵犯了著作权人对该作品享有的复制权、发行权、信息网络传播权。被告欢动公司辩称，其使用的侵权图片来源于淘宝网络，并非欢动公司制作。对此，法院认为，即便如欢动公司所称，侵权图片来自他处，亦无法改变欢动公司侵权行为的性质，更不能免除欢动公司的法律责任。因此，被告欢动公司应承担停止侵权、赔偿损失的民事责任。

关于被告纽海公司作为网络服务提供商是否对入驻商家的侵权行为尽到了合理的注意义务。首先，被告纽海公司已在其经营的"1 号店"网站上公示的商家合作流程及《1 号店网络交易平台服务协议》等文件中，明确提示入驻商家不得实施侵犯他人包括知识产权在内的合法权利，尽到了网络服务商所应尽的必要的说明、提示义务。其次，纽海公司作为向入驻商家提供网络交易平台的服务提供者，对入驻商家自行上传的商品信息并无事前审查的义务，而且原告在本案起诉前，亦未向纽海公司发出过任何侵权通知，要求纽海公司对其网站上海量的商品进行著作权审查，超出了其应有的能力范围。原告在本案起诉后，纽海公司亦已立即删除了涉案侵权商品相关链接。最后，纽海公司与被告欢动公司各自经营、自负盈亏，纽海公司仅向欢动公司提供网络交易平台，未参与欢动公司的经营活动，亦未对涉案侵权商品进行编辑、整理或推荐，亦未从涉案侵权商品中直接获利。综上所述，纽海公司主观上没有过错，其行为不构成侵权。法院对原告要求纽海公司承担赔偿责任的诉讼请求，不予支持。

关于原告主张的损害赔偿问题，由于原告未能举证证明因本案侵权行为所遭受的实际损失和被告的侵权获利，原告申请依照法定赔偿方法确定赔偿额，对此法院予以准许。法院综合考虑以下因素酌情判赔："喜羊羊""美羊羊"美术作品的独创性、知名度和市场价值；欢动公司于 2015 年 12 月起在"1 号店"网站上开始销售侵权商品，欢动公司的主观过错、侵权方式、侵权时间、在网站上的销售价格及销量等。关于原告所主张的公证费、律师费和差旅费，确系原告为本案诉讼所支出的费用，因原告无法提供上述票据的原件，法院综合考虑本案公证取证的次数、律师的工作量、案件疑难程度及相关律师费收费标准等因素，酌情予以支持。综上，法院酌情确定被告欢动公司应向原告支付包括合理开支在内的经济损失 1 万元。

【案例评析】

与传统民事权利不同，知识产权的无形性、可复制性等特点使得其更加容易被侵犯，维权难度更大，相应地，其维权成本也更高。在我国现阶段司法实践中，知识产权"侵权成本低，维权成本高、难度大"的现象饱受诟病，最高人民法院的相关司法政策、领导讲话中也多次提到"加大知识产权司法保护力度""司法保护力度还须进一步增强"等表述。

在认定侵权行为成立的情况下，侵权赔偿数额的确定直接体现出知识产权的司法保护力度。其中，除经济损害赔偿之外，原告在诉讼过程中的合理开支也是很重要的一个方面。合理开支体现为当事人获取（接近）正义的成本，在制度设计上，该成本由谁承担会影响到权利人寻求正义的行为。因此，合理开支的赔偿一方面是对权利人诉权保障的体现；另一方面也能减少"赢了官司输了钱"的悲剧产生。合理开支指的是权利人因制止侵权行为而支出的合理的费用，其可大体分为调查取证费用和律师费用两大部分。在我国现行的法律规范当中，诉讼费用不属于合理开支的范畴。

为了获得权利保护，权利人首先得进行侵权事实查明、证据材料搜集等相关准备工作。在这一过程中，又必然会产生相应的经济费用，这些费用都可以统称为"调查取证费用"，包括购买侵权产品费、公证费、认证费、翻译费、查档费、差旅费、交通费、鉴定费等。但是，在确定调查取证费用的时候，权利人主张的调查取证费用并非一律都能得到支持，必须接受真实性、关联性、合理性等三方面因素的审查。在知识产权司法实务中，满足以上三项要求的调查取证费用一般均能得到全额支持，如数额特别巨大，则应综合考虑权利人请求赔偿数额得到支持的比例，即考虑合理性的问题。

不过，在司法实践中，对于调查取证费用，权利人可能并不一定能够全部提供相应的票据等作为证据支持。例如，购买侵权产品的票据丢失，或者权利人根本就没有索取票据，这种情况下，权利人关于调查取证费用的请求是不是就绝对不能获得支持呢？在上诉人华纪平等与被上诉人上海斯博汀贸易有限公司等侵犯专利权纠纷案①中，最高人民法院指出，需要特别说明的是，为制止侵权行为所支付的合理开支并非必须要有票据一一予以证实，人民法院可以根据案件具体情况，在有票据证明的合理开支数额的基础上，考虑其他确实可能发生的支出因素，在原告主张的合理开支赔偿数额内，综合确定合理开支赔偿额。也就是说，最高人民法院坚持了有限裁量的观点，在相关已查明事实的基础上，就调查取证费用作出合理与否的判断，而非一味地依赖票据支持。本书认为，最高人民法院的观点相对更为符合实际，符合加大知识产权司法保护力度，降低权利人维权成本的司法政策，值得肯定。

因此，在处理调查取证费用的证据支持问题时，本书认为，在没有在案证据证明的情况下，不宜一概拒绝，应结合案情综合考虑。如，外出调查取证的交通费、食宿费等，维权过程中必定会发生的，在没有票据的情况下，亦可酌情支持。对于律师费而言，也是一样，原告有可能只提供了委托合同或者收费凭证，或者仅主张其委托律师进行维权，但无法提供委托合同和收费凭证。此时，如果一味依赖票据，将会打击权利人维权的积极性。

本案中，原告主张了公证费、律师费和差旅费等合理开支，但未能提供原始发票，在这种情况下，法院根据案件的实际情况，酌情支持了原告的合理开支请求。

当然，法院"酌情支持"的数额，也是在坚持"合理"的原则上确定的，需要考虑的因素包括相关律师费收费标准、律师的工作量、案情的复

---

① 参见最高人民法院（2007）民三终字第 3 号民事判决书。

杂程度、公证的次数等。不可否认的是，现实中存在一些律师收费不规范的情况，对于简单的案件可能也收取极高的费用，此时，法院如果根据原告的主张支持律师费，也会导致不公平。因此，在原告无法提供原始票证的情况下，法院需要综合考量案件具体情况才能确定合理开支的数额，而不是凭空判定。

第九章

电子商务中消费者人身权益保护

电子商务中的人身权损害遵循过错归责原则

——王思杰、马文萱等与浙江淘宝网络有限公司等
生命权、健康权、身体权纠纷案①

【案例要旨】

电子商务交易中消费者购买的商品不符合安全标准，致消费者人身损害的，平台内经营者承担直接责任。电子商务平台仅在明知或者应知平台内经营者销售不符合安全标准的商品且未采取必要措施时才承担连带责任。

【案情简介】

王思杰系被告淘宝公司经营的淘宝网注册会员，2017年4月12日，王思杰在淘宝网上从被告文术球食品店购买"一灸瘦"减肥贴和"减肥伴侣"，实付价款68元。"一灸瘦"减肥贴为买1盒赠2盒，每盒十贴。"减肥伴侣"为胶囊样式，置于透明包装袋内，无任何产品信息。王思杰自述使用"一灸瘦"减肥贴并服用"减肥伴侣"胶囊后自身出现头晕、耳鸣、失眠、浑身乏力、虚汗等不良反应。但之后王思杰仍然于2017年5月5日、2017年5月12日、2017年5月22日分三次从文术球食品店购买"一灸瘦"减肥贴和"减肥伴侣"胶囊，每次实付款68元，四次合计实付款272元。王思杰还将上述产品推荐给马文萱及其他人使用。

---

① 案例来源：（2017）津0115民初8277号民事判决书，天津市宝坻区人民法院。

　　2017 年 9 月 3 日，王思杰以他人淘宝网账号"王思静 0.0"从文术球食品店购买"KONEYA 减肥酵素"，实付价款 391.81 元。该产品为预包装食品，上载文字为日文，没有中文标签及中文说明书。文术球食品店另赠送"陈老师荷芝茶"2 盒。王思杰五次购买文术球食品店产品共计花费 663.81 元。购买涉诉产品期间，王思杰多次向淘宝网客服投诉文术球食品店。庭审中马文萱认可未从文术球食品店购买过相关产品，其所使用的涉诉产品均从王思杰处获得。

　　王思杰于 2017 年 6 月 12 日向湘潭市食品药品监督管理局投诉举报文术球食品店涉嫌销售不合格产品。2017 年 8 月 15 日，湘潭市食品药品监督管理局作出回复，称"……鉴于被投诉人并未经许可核准网络经营而在淘宝网进行网络销售的行为，我局已致函淘宝网注册地杭州市市场监督管理局，请求其协助督促网络食品交易第三方平台提供者淘宝网对'湘潭市雨湖区文术球健康食品店'立即停止提供网络交易平台服务。被投诉人《食品经营许可证》登记的地址已无经营迹象，我局认为其已经终止食品经营"。

　　王思杰、马文萱遂将淘宝公司与经营者文术球食品店起诉到法院。

【诉辩意见】

　　王思杰、马文萱诉称：2017 年 4 月 12 日，王思杰从淘宝网上购买文术球食品店价值 68 元"一灸瘦"减肥贴与减肥伴侣一份。"一灸瘦"减肥贴外包装有防伪二维码与防伪查询码，但没有生产厂家联系方式，减肥伴侣为透明无标签的预包装食品。卖家文术球食品店作出了该产品健康安全，无须运动坐着就能瘦，没有任何副作用等承诺。王思杰第一次使用便有头晕、浑身乏力、虚汗等不良反应。但卖家称此为发生功效的正常反应，只需每天多喝水补充水分就行。王思杰相信卖家解释，10 多天内一直使用该产品。期间王思杰持续头晕、耳鸣，浑身无力，虚汗等不良反应。约 20 天后，王思杰发现自己瘦了 8 斤，内心非常满意，但以卖家未达到承诺为由要求卖家退还货款，但卖家一直推脱。2017 年 5 月 5 日，王思杰再次付款 68 元购买该款产品。卖家多赠送两粒减肥伴侣。王思杰再次使用该产品期间仍伴有头晕、耳鸣、失眠、浑身乏力、虚汗等症状。期间，王思杰停止兼职工作约 20 天。该产品使用完后虽未达到卖家承诺标准，但已经有很大效果。王思杰要求卖家退款并再发送一套强效版，被卖家拒绝。2017 年 5 月 12 日，王思杰以补差价形式付款 68 元第三次购买该产品。王思杰将该产品邮寄给同学任青莲，告知其该产品确有功效并除正常反应外无副作用，并告知使用方法与注意事项，称有问题可以询问王思杰。

2017 年 5 月 22 日，王思杰以补差价形式付款 68 元第四次购买该产品并将其给付马文萱。王思杰告知马文萱使用方法和注意事项，并承诺使用过程中有任何问题都要来找王思杰。马文萱使用该产品后，也出现浑身乏力、腹痛、头晕、耳鸣、虚汗等不良反应。王思杰询问任青莲也是同样反应。后因不良反应加剧，王思杰告知马文萱和任青莲停止使用该产品。原告联系卖家，卖家坚称出售产品为正品，绝无任何副作用。停用 4 天后，马文萱体育课上晕倒，被送至天津市宝坻区人民医院检查。检查结果表明甲状腺激素等指标明显偏高、心律不齐、心跳偏快。医生告知停止使用减肥产品并吃药调剂几天就没有问题。王思杰看望马文萱购买水果花费 200 元。王思杰通过防伪码查询以及联系生产厂家等方式发现"一灸瘦"产品为假冒伪劣产品，且无搭配减肥伴侣销售。王思杰在卖家销售该产品评价中发现相同受害者与卖家聊天记录，另有其他受害者的医院收费证明、体检报告单、受害人联系方式等，王思杰均已截图作为证据提交。2017 年 6 月 12 日，王思杰向湖南省湘潭市食品药品监督管理局举报卖家。该局告知卖家已搬离注册地，且文术球本人拒不配合调查。王思杰多次与卖家联系。卖家多次威胁、辱骂王思杰，给王思杰造成很大精神伤害。王思杰多次联系淘宝客服，要求退款赔偿医疗费并严查卖家。但淘宝客服一直敷衍了事。王思杰因暑假体重增长 8 斤，以淘宝账号"王思静 0.0"向文术球食品店购买减肥酵素。酵素单价 199.90 元，王思杰购买两件折扣后付款 391.81 元。卖家文术球食品店声称该酵素自日本进口，纯天然成分无任何副作用，但预包装上没有任何中文标签，也未以中文标出原料成分及注意事项等重要信息。并在宣传页面保证假一赔十。卖家另赠送陈老师减肥茶两盒。王思杰于国家执行标准中查询该茶叶为普通预包装食品，不具有减肥功效。王思杰食用该套产品时感觉身体有轻微不适，后未见效果便停止食用。期间多次联系卖家并向淘宝客服投诉，均未有结果。文术球食品店系个体工商户，淘宝页面显示为有限责任公司，王思杰多次举报未果。杭州市市场监督管理局责令淘宝公司立即对文术球食品店停止提供网络交易服务。但文术球食品店至今尚在营业。综上，文术球食品店未取得网络销售食品资格，销售假冒伪劣产品，造成他人伤害，应承担侵权责任。淘宝公司未对文术球食品店身份进行严格审查并及时更新，同时对王思杰的投诉置若罔闻，应承担连带责任。请求法院：1. 判令淘宝公司与文术球食品店承担连带责任，共同退还王思杰货款663.81元并支付十倍赔偿金6638.10元，赔偿王思杰精神抚恤金4000元，误工费1000元，交通费300元，打印费40元。2. 判令淘宝公司与文术球食品店承担连带责任，共同赔偿马文萱医疗费611.90元，交通费300元，营养品费200元，精神抚恤金4000元。3. 二被告连带赔偿诉讼费及其他相关合理费用。

淘宝公司辩称：1. 淘宝公司作为本案被告主体不适格。淘宝公司并非买卖合同当事人，仅作为提供信息发布的服务提供商。用户因发布信息或交易产生的法律后果由用户自行承担。原告要求退款的基础是基于其与卖家之间的买卖合同关系。淘宝公司取得的是增值电信经营许可证，是信息发布平台的服务提供商。淘宝公司非买卖合同相对方，也非产品责任侵权行为的侵权方。2. 淘宝公司不存在消费者权益保护法中规定的承担连带赔付责任的过错行为。消费者权益保护法第四十四条规定，网络交易平台提供者仅在不能提供销售者或者服务者的真实名称、地址和有效联系方式的情形下才承担先行赔付责任。淘宝公司作为网络交易平台提供者，对经营者进行了实名登记，且能够提供销售者的真实名称、地址和有效联系方式。原告也未举证证明淘宝公司提供的销售者和联系方式虚假或无效造成原告无法维权。淘宝公司已尽到合理注意义务，并设置了投诉平台方便用户维权。因此淘宝公司不应承担连带责任。3. 淘宝公司不存在"明知或者应知销售者或者服务者利用其平台侵害消费者合法权益，未采取必要措施"的情形。淘宝公司尽到了卖家主体资格的形式审查义务，并能提供卖家的有效信息，同时制定相应的规则要求用户发布信息必须遵守法律法规的规定。淘宝公司在淘宝网日常运营中及收到本案传票后，均采取了必要的措施，涉诉产品已下架。淘宝公司已明确告知注册会员网店信息是用户自行发布，可能存在风险或瑕疵，对交易风险事先进行了恰当的提示，同时在淘宝服务协议，淘宝规则等交易规则中，明确要求用户在发布信息和交易时，必须遵守法律法规的规定，不得发布侵犯让人合法权益的产品信息，对用户进行了规制，此外设置了投诉平台等渠道，为调解纠纷、用户维权提供了途径。

文术球食品店未到庭，未发表答辩意见。

【法院审理】

本案系因网络交易平台购物所引发的健康权纠纷案件，结合双方当事人诉辩及法庭调查情况，本案争议焦点有三：其一，文术球食品店是否应当退还王思杰货款并支付价款十倍赔偿金；其二，文术球食品店是否应当赔偿马文萱的医疗费等各项损失及王思杰误工费等各项损失；其三，淘宝公司是否对二原告诉请的上述损失承担连带赔偿责任。

一、文术球食品店是否应当退还王思杰货款并支付价款十倍赔偿金

王思杰前四次从文术球食品店购买的产品为"一灸瘦"减肥贴和"减肥伴侣"胶囊。原告举证提交的"减肥伴侣"胶囊及包装上并未载明生产日期、质量合格证、生产厂家等信息，违反了产品质量法第二十七条对产品或者其包装上的标识的相关规定，应当认定为不符合安全标准的食品。综合庭审中当事人陈述和举证、质证情况，可知"减肥伴侣"胶囊与"一灸瘦"减肥贴系卖家同时销售，买家须同时使用的整体商品，购买价格亦无法分割。文术球食品店作为食品销售者，应承担比一般商品经营者更严格的责任。在食品销售者出售的商品出现瑕疵和质量问题时，应作出不利于食品销售者的解释。所以法院认定文术球食品店应按照涉诉产品总价格272元退还原告货款，并支付价款十倍赔偿金2720元。王思杰第五次从文术球食品店购买的"KONEYA减肥酵素"上并无中文标签及中文说明书，违反了食品安全法第九十七条对进口的预包装食品应当有中文标签和中文说明书的相关规定，应认定为不符合安全标准的食品。文术球食品店应退还王思杰货款391.81元，并支付价款十倍赔偿金3918.10元。

二、文术球食品店是否应当赔偿马文萱的医疗费等各项损失及王思杰误工费等各项损失

当事人对自己提出的诉讼请求所依据的事实或者反驳对方诉讼请求所依据的事实，应当提供证据加以证明，当事人未能提供证据或者证据不足以证明其事实主张的，由负有举证证明责任的当事人承担不利的后果。本案中，马文萱诉请文术球食品店赔偿医疗费，并提交了医学检验科报告单、动态心电图报告、收费明细单、挂号凭条等证据。但上述证据并不足以证明马文萱到医院所作的身体检查以及由此产生的费用与使用涉诉产品之间存在因果关系，因此法院对马文萱的该项诉请不予支持。王思杰提供的胡鑫彪证言的证明效力不足，且未能提供能够证明因使用涉诉产品受到损害以及因损害导致兼职收入减少等方面的证据，故法院对其诉请误工费

1000 元的主张不予支持。王思杰及马文萱未提交证据证实二人确受精神损害且造成严重后果，故对二人诉请精神损害抚慰金的请求，法院不予支持。王思杰、马文萱对其诉请的其他各项损失，亦未提交证据证实，法院均不予支持。

三、淘宝公司是否对王思杰、马文萱诉请的上述损失承担连带赔偿责任

淘宝公司经营的淘宝网系网络交易平台提供者，为淘宝买家和卖家交易提供服务，其本身并不参与涉诉交易。淘宝公司并无对网络销售者及其销售产品负有法定的实质审查义务。依据消费者权益保护法第四十四条规定，网络交易平台提供者仅在不能提供销售者或者服务者的真实名称、地址和有效联系方式的情况下，承担赔偿责任。本案中，淘宝公司作为网络交易平台提供者，确已提供了文术球食品店及文术球本人的真实名称、地址和有效联系方式，不存在违反上述法律的情形。同时，王思杰及马文萱未提交证据证实淘宝公司在本案中存在明知或者应知文术球食品店利用淘宝网侵害消费者合法权益未采取必要措施的情形，故对于二人要求淘宝公司承担连带赔偿责任的请求，法院不予支持。

综上，依据产品质量法第二十七条，食品安全法第九十七条、第一百四十八条第二款，消费者权益保护法第四十四条，《最高人民法院关于审理食品药品纠纷案件适用法律若干问题的规定》第九条、第十五条，《最高人民法院关于确定民事侵权精神损害赔偿责任若干问题的解释》第八条第一款，民事诉讼法第一百一十九条、第一百四十四条，《最高人民法院关于适用〈中华人民共和国民事诉讼法〉的解释》第九十条之规定，判决如下：一、被告湘潭市雨湖区文术球健康食品店于判决生效后 3 日内退还原告王思杰货款 663.81 元，并支付价款十倍赔偿金 6638.10 元，合计 7301.91 元；二、驳回原告王思杰其他诉讼请求；三、驳回原告马文萱全部诉讼请求。

【案例评析】

电子商务经营者有保护消费者合法权益，确保产品质量责任的义务。我国电子商务法第五条规定，"电子商务经营者从事经营活动，应当遵循自愿、平等、公平、诚信的原则，遵守法律和商业道德，公平参与市场竞争，履行消费者权益保护、环境保护、知识产权保护、网络安全与个人信息保护等方面的义务，承担产品和服务质量责任，接受政府和社会的监督。"保护消费者的权利，确保产品质量，成为电子商务经营者的普遍义务。

根据电子商务平台经营者的性质不同，平台自营与平台内经营者承担不同的法律责任。电子商务平台自营的，即由电子商务平台经营者自己直接销售的商品，不论是产品质量责任还是消费者人身损害的责任，都由电子商务平台直接承担。而平台内经营者从事电子商务交易活动侵害消费者利益的，责任认定则较为复杂。我国法律规定，平台内经营者承担直接责任，电子商务平台经营者只有当自身存在过错时，才承担连带责任。而电子商务平台经营者的过错，主要是指电子商务平台经营者知道或应当知道平台内经营者从事侵权行为，但未采取制止侵权行为的措施。我国当前淘宝、京东等大型的电子商务平台，均存在电子商务平台与平台内经营者共同存在的情况，实践中最常见的问题也正是在于区分电子商务平台经营者与第三方经营者的法律责任。

平台内经营者对销售的商品与消费者承担直接责任，电子商务平台的责任就显得尤为重要。对此，我国电子商务法第三十八条第一款规定，"电子商务平台经营者知道或者应当知道平台内经营者销售的商品或者提供的服务不符合保障人身、财产安全的要求，或者有其他侵害消费者合法权益行为，未采取必要措施的，依法与该平台内经营者承担连带责任。"

同时消费者权益保护法第四十四条第二款规定："网络交易平台提供者明知或者应知销售者或者服务者利用其平台侵害消费者合法权益，未采取必要措施的，依法与该销售者或者服务者承担连带责任。"可见我国立法上，对电子商务平台经营者的法律责任基本态度是一致的，电子商务平台经营者承担的是过错责任原则。过错责任原则下，极大地提高了消费者在侵权诉讼中的举证责任，由于技术上的不平等，消费者在维权的时候很难证明电子商务平台经营者明知平台内经营者存在侵权行为。这种归责方式在信息爆炸的互联网背景下有一定的科学性，也有利于保护电子商务平台的利益。近年来我国司法实践中已经形成了共识，认为电子商务平台内的信息与数据量过大，不能要求电子商务平台经营者承担过高的审核义务与注意义务。

就本案而言，原告起诉主张淘宝公司与经营者文术球食品店承担连带责任，从法律性质看文术球食品店是平台内经营者，淘宝公司为电子商务平台经营者，文术球食品店应当承担直接责任。淘宝公司是否应当承担连带责任，要有消费者承担证明责任，来证明淘宝公司明知文术球食品店实施了侵权行为，但未采取制止措施。由于淘宝公司平台存在海量信息，无法对每个店铺进行事前的实质审查，同时淘宝公司作为网络交易平台提供者，确已提供了文术球食品店及文术球本人的真实名称、地址和有效联系方式，不存在违反法律的情形。因此，原告无法证明电子商务平台经营者存在过错，应当承担举证不能的责任。

总地来看，我国当前的立法对电子商务交易致人损害的责任，采取的是过错责任的归责原则。无论是平台自营的与平台内经营者均是直接的法律责任，而电子商务平台经营者要根据其过错程度来承担法律责任。

电子商务中产生的人身损害，平台内经营者承担直接责任，电子商务平台经营者承担过错责任

——关绮绮与广州市艾拓机电制造有限公司、浙江天猫网络有限公司生命权、健康权、身体权案①

【案例要旨】

平台内经营者销售商品导致消费人身权利受到侵害的，平台内经营者承担损害赔偿责任。电子商务平台经营者承担过错责任，仅在明知侵权行为存在未采取必要措施，或者未尽到审核义务的情况下承担责任。

【案情简介】

被告艾拓公司在被告天猫公司设立的网络交易平台"天猫商城"中开设有"ITO/艾某官方旗舰店"。2015 年 8 月 25 日，原告关绮绮以"网购"方式通过刘某的账户向该旗舰店购买了 1 台艾某公司生产的 ITO—81 单缸电炸炉，金额为 196 元。2015 年 9 月 14 日，原告在使用该电炸炉时，不慎被电炸炉外框边缘内侧的金属板材割破左手食指，手指被切开 2 公分左右的口子。原告关绮绮随后到了广东省第二人民医院进行治疗，做了缝合手术。之后，又做了拆线，前后共支出医疗费 446.47 元。原告关绮绮在受伤期间，无法进行日常工作，原告认为两被告将不符合安全标准的产品销

---

① 案例来源：（2015）穗海法生民初字第 872 号民事判决书，广州市海珠区人民法院。

售给原告，给原告造成人身损害、精神损害和经济损失，应当承担赔偿责任。

【诉辩意见】

原告关绮绮诉称：原告于 2015 年 8 月 25 日在被告天猫公司经营的天猫网站购买了艾拓公司销售的"艾某单缸电炸炉"，价款是 196 元。该产品在网页上有"人性化细节设计"的宣传语。2015 年 9 月 14 日，原告正常使用该产品时，为了清洗而抬起油缸，谁料被该电炸炉极其锋利的外框边缘割破左手食指，导致手指被切开 2 公分左右的口子，深可见骨。当时鲜血不断涌出，场面不寒而栗，吓得原告心惊胆战。当晚，原告到了广东省第二人民医院进行医治，做了缝合手术，打了破伤风针。治疗过程中，需要两周后拆线，期间每隔一天换药一次，花费治疗费、手术费共 446.47元。原告在受伤期间，无法进行日常工作。根据相关法律规定，两被告将不符合安全标准的产品销售给原告，给原告造成人身损害、精神损害和经济损失，应当承担赔偿责任。因此，现起诉请求判令：1. 被告退回货款196 元；2. 被告赔偿原告 588 元；3. 被告赔偿原告手术费 310.67 元、治疗费 136 元；4. 被告赔偿原告误工费 13062 元；5. 被告赔偿原告交通费500 元；6. 被告赔偿原告精神损害费 20000 元；7. 诉讼费由被告负担；8. 两被告对上述承担连带责任。

被告艾拓公司辩称：1. 原告不能提供证据证明其受伤是因为使用了被告的产品而造成。2. 根据相关的证据，反映购买涉案产品的是刘某，并非原告，原告无权要求退款及主张赔偿。3. 关于赔偿项目、误工费，原告应当提供劳动合同、工资收入的流水账单、纳税证明、社保证明等，但原告的证据不能证明其税后收入为 28000 元。原告受伤后没有住院，不能证明其需要休养，故不能计算误工费。交通费，原告没有证据证明实际发生了该损失，不同意计算。精神损害抚慰金，原告受伤没有达到××，且答辩人不存在主观过错，不能计算赔偿。

被告天猫公司辩称：1. 原告无任何证据证明所受的伤害与使用涉案产品间存在因果关系，应承担举证不能的不利法律后果。原告仅有自己陈述受伤的事实，没有任何证据证明其受伤是使用涉案产品导致。2. 天猫公司不是本案的侵权责任人，不是适格的被告主体，无须承担任何赔偿责任。答辩人是经工商机关核准成立合法经营的企业，开设的"天猫商城"网络交易平台也依法办理了 IPC 备案，取得了《增值电信业务经营许可证》。

用户（包括买家商家）在申请注册使用天猫商城交易平台时，就已经阅读、知悉并同意接受《淘宝平台服务协议》《天猫规则》及相关补充协议，与答辩人建立的是网络服务合同，而非买卖合同或共同经营关系。答辩人也不是产品的销售者或生产者，不是侵权责任人，无须承担任何责任。3. 天猫公司无任何过错，无须承担连带赔偿责任。艾拓公司在 2013 年 11 月 7 日在天猫商城申请注册开设"艾某电器旗舰店"。天猫公司按照天猫商城的规定审查了艾拓公司提供的《营业执照》、地址和有效的联系方式，并在该网店主页醒目位置公开了商铺经营者的信息及营业执照电子链接的标识供买家查看，履行了《网络交易管理办法》所要求的网络交易平台的审查义务，不存在明知或应知道销售者利用天猫商城侵害消费者的合法权益的情形，故答辩人没有任何过错，按照消费者权益保护法第四十四条的规定，也无须承担责任。4. 涉案产品具备销售时说明的使用性能，到原告主张的受损发生时还完好无损，本案也不涉及欺诈消费者的情形，故原告要求退货及取得相当于货款的 3 倍赔偿没有任何事实与法律依据。

【法院审理】

原告以 196 元的价格向被告艾某公司购买了其出产的 1 台"ITO-81 单缸电炸炉"，双方间形成买卖合同关系。根据消费者权益保护法第二条"消费者为生活消费需要购买、使用商品或者接受服务，其权益受本法保护；本法未作规定的，受其他有关法律、法规保护"的规定，原告作为消费者，有权提起本案诉讼。

根据产品质量法第二十六条"生产者应当对其生产的产品质量负责。产品质量应当符合下列要求：（一）不存在危及人身、财产安全的不合理的危险，有保障人体健康和人身、财产安全的国家标准、行业标准的，应当符合该标准"，第二十七条"产品或者其包装上的标识必须真实，并符合下列要求：……（五）使用不当，容易造成产品本身损坏或者可能危及人身、财产安全的产品，应当有警示标志或者中文警示说明"，以及消费者权益保护法第十八条"经营者应当保证其提供的商品或者服务符合保障人身、财产安全的要求。对可能危及人身、财产安全的商品和服务，应当向消费者作出真实的说明和明确的警示，并说明和标明正确使用商品或者接受服务的方法以及防止危害发生的方法"的规定，被告艾某公司未对所生产销售的涉案电炸炉外框内侧的金属边角作安全处理，也未在外包装上作出相关的警告提示。因此，原告主张被告艾某公司销售的涉案产品存在缺陷，理据充足，法院予以采纳。根据产品质量法第四十一条"因产品存在缺陷造成人身、缺陷产品以外的其他财产（以下简称他人财产）损害的，生产者应当承担赔偿责任"，消费者权益保护法第四十九条"经营者提供商品或者服务，造成消费者或者其他受害人人身伤害的，应当赔偿医疗费、护理费、交通费等为治疗和康复支出的合理费用，以及因误工减少的收入"的规定，原告要求被告艾某公司赔偿，可予支持。被告天猫公司辩称原告对造成的损害有重大过错，也应承担责任的意见，理据不足，法院不予采纳。

关于被告天猫公司的责任问题。原告通过天猫公司开设的天猫商城，向艾某公司购买涉案产品。天猫公司在该网络商品交易中属于第三方交易平台的提供者，同时提供宣传推广、信用评价、支付结算等服务，其并非涉案产品的销售方或生产方。根据侵权责任法第三十六条"网络用户、网络服务提供者利用网络侵害他人民事权益的，应当承担侵权责任。网络用户利用网络服务实施侵权行为的，被侵权人有权通知网络服务提供者采取删除、屏蔽、断开链接等必要措施。网络服务提供者接到通知后未及时采取必要措施的，对损害的扩大部分与该网络用户承担连带责任"，消费者权益保护法第四十四条"消费者通过网络交易平台购买商品或者接受服务，其合法权益受到损害的，可以向销售者或者服务者要求赔偿。网络交易平台提供者不能提供销售者或者服务者的真实名称、地址和有效联系方式的，消费者也可以向网络交易平台提供者要求赔偿；网络交易平台提供者作出更有利于消费者的承诺的，应当履行承诺。网络交易平台提供者赔偿后，有权向销售者或者服务者追偿。网络交易平台提供者明知或者应知销售者或者服务者利用其平台侵害消费者合法权益，未采取必要措施的，依法与该销售者或者服务者承担连带责任"，以及《网络交易管理办法》第二十三条"第三方交易平台经营者应当对申请进入平台销售商品或者提供服务的法人、其他经济组织或者个体工商户的经营主体身份进行审查和登记，建立登记档案并定期核实更新，在其从事经营活动的主页面醒目位置公开营业执照登载的信息或者其营业执照的电子链接标识"的规定，天猫公司作为网络交易平台提供方，应有义务提供准确全面的商家信息，以保障消费者有效、及时维权。现天猫公司已举证证明其对艾某公司的经营资格、联系方式等主体资料进行了登记备案，其已履行了相关的审查义务，为消费者能及时维权提供了有效的保障。同时，原告也没有举证证明天猫公司在艾某公司销售涉案产品及维权的过程中存在过错。据此，原告要求天猫公司承担本案民事责任，缺乏事实依据，法院不予支持。

综上所述，依照侵权责任法第六条，消费者权益保护法第四十九条、第五十二条的规定，判决如下：一、被告广州市艾拓机电制造有限公司在本判决生效之日起 10 日内对原告购买的 1 台 ITO—81 单缸电炸炉进行修理，以消除电炸炉外框边缘锋利的危险；二、被告广州市艾拓机电制造有限公司在本判决生效之日起 10 日内向原告赔偿 646.67 元。

【案例评析】

电子商务交易中购买的商品致消费者人身权利受到损害，也属于常见的电子商务侵犯消费者权利的案件，与传统的消费者购买产品致人损害并无不同，仅是消费的场所在网络上。为了维护消费者的人身利益，电子商务法赋予了电子商务平台的经营者对消费者人身权利的义务。如电子商务法第三十八条规定，"电子商务平台经营者知道或者应当知道平台内经营者销售的商品或者提供的服务不符合保障人身、财产安全的要求，或者有其他侵害消费者合法权益行为，未采取必要措施的，依法与该平台内经营者承担连带责任。

"对关系消费者生命健康的商品或者服务，电子商务平台经营者对平台内经营者的资质资格未尽到审核义务，或者对消费者未尽到安全保障义务，造成消费者损害的，依法承担相应的责任。"

电子商务法显然将电子商务平台中销售的产品区分为两类，一是普通的商品，要求电子商务平台必须知道或应当知道平台内经营者存在侵权行为；二是关系到消费者生命健康的商品，涉及销售的资质，需要电子商务平台经营者尽到审核资质资格的义务。实际上看，电子商务平台仍然承担的是过错责任，对于普通商品必须明知侵权行为存在，未采取制止的措施，对于特殊的商品未尽到资质审核的义务。

同时对于责任的承担与具体的法律适用，电子商务法第七十四条规定，"电子商务经营者销售商品或者提供服务，不履行合同义务或者履行合同义务不符合约定，或者造成他人损害的，依法承担民事责任。"这里依法承担民事责任，意味着电子商务法中没有明确的责任规定，确定最终的侵权责任需要依据产品质量法、消费者权益保护法、侵权责任法与相关的司法解释。其中，产品质量法第四十一条"因产品存在缺陷造成人身、缺陷产品以外的其他财产损害的，生产者应当承担赔偿责任。"消费者权益保护法第四十九条"经营者提供商品或者服务，造成消费者或者其他受害人人身伤害的，应当赔偿医疗费、护理费、交通费等为治疗和康复支出的合理费用，以及因误工减少的收入。造成残疾的，还应当赔偿残疾生活辅助具费和残疾赔偿金。造成死亡的，还应当赔偿丧葬费和死亡赔偿金。"

所以对于电子商务交易中产生的人身损害纠纷，存在两个层面的归责，一是作为销售者的责任，作为销售者对产品质量承担的法律责任；二是电子商务平台未尽到法定义务承担的过错责任。关于电子商务平台的责任司法实践中一般定性为第三方交易平台，不承担直接责任。如本案中法院认为，"天猫公司在该网络商品交易中属于第三方交易平台的提供者，同时提供宣传推广、信用评价、支付结算等服务，其并非涉案产品的销售方或生产方。"因此电子商务平台不直接参与交易，不是直接的侵权实施者。天猫公司作为电子商务交易平台，其法定义务包括审核平台内经营者的经营资格、联系方式，但不对平台内经营者销售的产品致消费者损害的行为承担直接的侵权责任。

同时要注意的是，消费者权益保护法里关于电子商务交易致消费者损害的责任承担问题。消费者权益保护法第四十四条规定，"消费者通过网络交易平台购买商品或者接受服务，其合法权益受到损害的，可以向销售者或者服务者要求赔偿。网络交易平台提供者不能提供销售者或者服务者的真实名称、地址和有效联系方式的，消费者也可以向网络交易平台提供者要求赔偿；网络交易平台提供者作出更有利于消费者的承诺的，应当履行承诺。网络交易平台提供者赔偿后，有权向销售者或者服务者追偿。网络交易平台提供者明知或者应知销售者或者服务者利用其平台侵害消费者合法权益，未采取必要措施的，依法与该销售者或者服务者承担连带责任。"这一规定是从电子商务平台审核义务与披露义务的角度出发进行的规定，立法的目的就在于制裁电子商务平台妨碍消费者维权的情形，或者明知侵权存在但拒不制止侵权行为的过错行为。

为优先保护消费者的利益，消费者权益保护法规定了电子商务平台经营者的不真正连带责任，电子商务平台经营者拒不履行披露平台内经营者信息的，可以直接向电子商务平台经营者主张赔偿责任，然后由平台内经营者向实际的经营人追偿。

综上所述，我们可以看到我国关于电子商务交易致消费者损害的责任规定其实是多法并存，除了电子商务法之外，侵权责任法、消费者权益保护法、产品质量法都有较多规定。这些法律中的共性因素就是区分电子商务平台经营者与平台内经营者，对电子商务平台经营者采取过错归责原则，只有在电子商务平台存在过错的情况下才承担相应的赔偿责任。

电子商务平台有保护消费者隐私的义务，
消费者对隐私被泄露的举证义务达到
高度盖然性即可

——庞理鹏与北京趣拿信息技术有限公司等隐私权纠纷案①

【案例要旨】

消费者在电子商务平台交易的信息构成个人隐私的可以通过隐私权保护。电子商务平台有义务采取必要的技术措施保护消费者的个人信息不被泄露、不被非法利用。从证明标准看，法律不能要求消费者提交"确凿"的证据证明个人信息是由平台泄露的，而是消费者只要举证证明电子商务平台具有泄露个人信息的高度盖然性，证明责任即转移给电子商务平台，由其来证明未泄露消费者个人信息，或已经采取了足够的措施防止消费信息泄露。

【案情简介】

2014年10月11日，庞理鹏委托鲁超通过去哪儿网平台（www.qunar.com）订购了2014年10月14日MU5492泸州至北京的东航机票1张，所选机票代理商为长沙星旅票务代理公司（以下简称星旅公司）。去哪儿网订单详情页面显示该订单登记的乘机人信息包括原告姓名及身份证号，联系人信息、报销信息均为鲁超及其尾号1858的手机号，并载有如下提示："为保障资金安全，请务必使用在线支付，切勿通过搜索引擎或拨打来路不明的400电话进行银行ATM机转账。"

同日，趣拿公司发件人为106903330762（25）号向鲁超尾号1850发送短信："2014-10-14，泸州蓝天机场到北京首都机场T2的MU5492航班（16：10起飞/19：10到达）已出票。……星旅航空优选，唯一客服电话：

---

① 案例来源：（2015）海民初字第10634号民事判决书，北京市海淀区人民法院。（2017）京01民终509号民事判决书，北京市第一中级人民法院。

010-89930736。订单查询/退票改签请点击 http：//d. qunar. com/klxZha。"趣拿公司同时向鲁超发送了提醒短信："尊敬的用户，温馨提醒您：警惕以飞机故障、航班取消为诱饵的诈骗短信，请勿拨打短信中的电话。……"

2014 年 10 月 13 日，庞理鹏尾号 9949 手机号收到号码为 0085255160529 的发件人发来短信："……您预订 2014 年 10 月 14 日 16：10 起飞 19：10 抵达的 MU5492 次航班（泸州—北京首都）由于机械故障已取消，请收到短信后及时联系客服办理改签业务，以免耽误您的行程，服务热线 4008-129-218 [注：改签乘客需要先支付 20 元改签手续费，改签成功后每位乘客额外得到补偿 200 元] ……"。上述号码来源不明，未向鲁超发送类似短信。鲁超知晓上述短信后拨打东航客服电话 95530 予以核实，客服人员确认该次航班正常，并提示庞理鹏收到的短信应属诈骗短信。关于诈骗短信为何发至庞理鹏本人，客服人员解释称通过该机票信息可查看到开头 136、尾号 949 手机号码及开头 189、尾号 280 手机号码，可能由订票点泄露了庞理鹏手机号码。鲁超在通话中向客服人员确认了尾号 949 系庞理鹏本人号码。

2014 年 10 月 14 日，东航客服 95530 向庞理鹏号码发送通知短信："……由于飞机故障，您原定 10 月 14 日泸州蓝田机场飞往北京首都机场的 MU5492，时刻调整至 19：50 泸州泸州蓝田机场起飞，预计 22：30 到达北京首都机场。……"鲁超遂拨打 95530 予以确认，得到答复为该次航班确因故障延误。此后庞理鹏又两次收到 95530 发来的航班时刻调整短信通知。当日晚 19：43，鲁超再次拨打 95530 确认航班时刻，被告知该航班已取消。

庞理鹏向一审法院起诉请求：1. 趣拿公司和东航在各自的官方网站以公告的形式向庞理鹏公开赔礼道歉，要求致歉内容应包含本案判决书案号、侵权情况说明及赔礼道歉声明，致歉版面面积不小于 6cm × 9cm；2. 趣拿公司和东航赔偿庞理鹏精神损害抚慰金 1000 元。

一审法院认为：庞理鹏委托鲁超通过去哪儿网购买机票时未留存庞理鹏本人尾号 9949 手机号，本案机票的代理商星旅公司未获得庞理鹏手机号，星旅公司向东航购买机票时亦未留存庞理鹏号码，故法院无法确认趣拿公司及东航在本案机票购买过程中接触到庞理鹏手机号。即便庞理鹏此前收到过趣拿公司或东航发送的通知短信，但现无证据显示趣拿公司和东航将庞理鹏过往信息与本案机票信息关联，且趣拿公司未向庞理鹏号码发送过本案机票信息，东航在鲁超致电客服确认庞理鹏手机号前亦未向庞理鹏号码发送过本案机票信息，故法院无法确认趣拿公司和东航将庞理鹏过往留存的手机号与本案机票信息匹配，更无法推论趣拿公司和东航存在泄露上述信息的行为。涉案航班最终因飞机故障多次延误直至取消，该情形虽与诈骗短信所称"由于机械故障取消"的内容雷同，但不排除"因故障取消"系此类诈骗短信的惯用说辞，故仅凭航班状态与诈骗理由的巧合无法认定东航与诈骗短信存在关联。

趣拿公司和东航在本案机票订购时未获取庞理鹏号码，现无证据证明趣拿公司和东航将庞理鹏过往留存的手机号与本案机票信息匹配予以泄露，且趣拿公司和东航并非掌握庞理鹏个人信息的唯一介体，法院无法确认趣拿公司和东航存在泄露庞理鹏隐私信息的侵权行为，故庞理鹏的诉讼请求缺乏事实依据，法院不予支持。一审法院据此判决：驳回庞理鹏的全部诉讼请求。

庞理鹏不服一审判决，提起上诉。

【诉辩意见】

庞理鹏上诉认为：撤销一审判决，依法改判支持庞理鹏在一审的诉讼请求。事实和理由：1. 本案所涉内容是当今社会面临的一个普遍现象，庞理鹏在趣拿公司下辖网站"去哪儿网"购买东航机票，因此导致个人信息被泄露，个人隐私权遭到严重侵犯。2. 一审法院适用的举证证明责任分配，严重超出庞理鹏的证明能力，庞理鹏不予认同。趣拿公司和东航可能并非能够掌握庞理鹏姓名和手机号的唯一介体，但是庞理鹏此行的航班信息以及因机械故障导致航班取消的航班状态，却无疑属于趣拿公司和东航，特别是东航能够唯一性、排他性地获取上诉人的个人隐私信息，具有极强的指向性。庞理鹏是趣拿公司和东航的常旅客，我们有理由推断在趣拿公司和东航的系统中存有庞理鹏的隐私信息，不能排除隐私信息系趣拿公司和东航泄露出去的可能。庞理鹏作为旅客，在信息及证据的掌握方面相对趣拿公司和东航处于极不对等的劣势地位。庞理鹏在一审中所提供的证据符合基本的形式及实质要件，已经形成了完整的证据链条，并且足以反映出趣拿公司和东航必然掌握庞理鹏的姓名、手机号码、航班信息以及因机械故障导致航班取消的航班状态等外界无法获知的个人隐私信息。因此，庞理鹏的举证行为已经达到民事诉讼高度盖然性的证明标准。趣拿公司和东航在一审中所提供的证据仅能证明其自身系统安全措施完善，但这不等于不会出现侵权的事实，趣拿公司和东航应就自身及雇员均未实施侵犯庞理鹏隐私权的行为进行举证，因此趣拿公司和东航所提供的证据存在片面性，且趣拿公司和东航放弃了其在本诉中要求他方承担责任的权利，因此，趣拿公司和东航应承担举证不利的后果，并承担侵犯庞理鹏隐私权的侵权责任。

趣拿公司与东航均辩称，同意一审判决，不同意庞理鹏的上诉请求和理由。

【法院审理】

本案二审争议的焦点问题有四：一是本案涉及的姓名、电话号码及行程安排是否可以通过隐私权纠纷而寻求救济；二是根据现有证据能否认定涉案隐私信息是由东航和趣拿公司泄露；三是在东航和趣拿公司有泄露庞理鹏隐私信息的高度可能之下，其是否应当承担责任；四是中航信更有可能泄露庞理鹏信息的责任抗辩事由是否有效成立。以下分别进行评析。

一、本案涉及的姓名、电话号码及行程安排等事项是否可以通过隐私权纠纷而寻求救济

东航在本案二审中提出，姓名、电话号码及行程安排等事项是运输合同中的内容，不构成隐私信息，因而其并没有侵犯隐私权的行为。对此，法院认为，姓名、电话号码及行程安排等事项首先属于个人信息。在现代信息社会，个人信息的不当扩散与不当利用已经越来越成为危害公民民事权利的一个社会性问题，因此，对于个人信息的保护已经成为全球共识。《全国人民代表大会常务委员会关于加强网络信息保护的决定》也明确提出要对个人信息进行保护。民法总则第一百一十一条也明确规定自然人的个人信息受法律保护。但是，在对个人信息进行保护的思路上，各国却有不同看法，从而形成了不同的立法例。有的将个人信息归属于隐私权进行保护（美国），有的则将个人信息归属于一般人格权或直接作为个人信息权进行保护（德国）。与国外的分歧一样，我国法律界对个人信息的保护思路也存在与上述情况相似的争鸣。然而，专业的争鸣本是为了更好地服务于权利保护的实践，如果因为专业争鸣未能达成共识就放弃对民事权益进行保护，岂非本末倒置？因此，无论对于个人信息的保护思路有如何的分歧，都不应妨碍对个人信息在个案中进行具体的保护。

本案中，庞理鹏被泄露的信息包括姓名、尾号 9949 手机号、行程安排

（包括起落时间、地点、航班信息）等。根据《最高人民法院关于审理利用信息网络侵害人身权益民事纠纷案件适用法律若干问题的规定》第十二条的界定，自然人基因信息、病历资料、健康检查资料、犯罪记录、家庭住址、私人活动等是属于隐私信息的。据此，庞理鹏被泄露的上述诸信息中，其行程安排无疑属于私人活动信息，从而应该属于隐私信息，可以通过本案的隐私权纠纷主张救济。

至于庞理鹏的姓名和手机号，在日常民事交往中，发挥着身份识别和信息交流的重要作用。因此，孤立来看，姓名和手机号不但不应保密，反而是需要向他人告示的。然而，在大数据时代，信息的收集和匹配成本越来越低，原来单个的、孤立的、可以公示的个人信息一旦被收集、提取和综合，就完全可以与特定的个人相匹配，从而形成某一特定个人的详细而准确的整体信息。此时，这些全方位、系统性的整体信息，就不再是单个的可以任意公示的个人信息，这些整体信息一旦被泄露扩散，任何人都将没有自己的私人空间，个人的隐私将遭受巨大威胁，人人将处于惶恐之中。因此，基于合理事由掌握上述整体信息的组织或个人应积极地、谨慎地采取有效措施防止信息泄露。任何他人未经权利人的允许，都不得扩散和不当利用能够指向特定个人的整体信息。本案中，如果诈骗分子仅仅知道庞理鹏的姓名或手机号，则无法发送关于航班取消的诈骗短信；如果诈骗分子仅仅知道庞理鹏的行程信息，则亦无法发送关于航班取消的诈骗短信。而恰恰是诈骗分子掌握了庞理鹏的姓名、手机号和行程信息，从而形成了一定程度上的整体信息，所以才能够成功发送诈骗短信。因此，本案中，即使单纯的庞理鹏的姓名和手机号不构成隐私信息，但当姓名、手机号和庞理鹏的行程信息（隐私信息）结合在一起时，结合之后的整体信息也因包含了隐私信息（行程信息）而整体上成为隐私信息。另外，隐私权于1890年提出后经过一百多年经济社会的发展，已经不再局限于提出时的内涵。随着对个人信息保护的重视，隐私权中已经被认为可以包括个人信息自主的内容，即个人有权自主决定是否公开及如何公开其整体的个人信息。就姓名而言，自然人本就对其姓名拥有姓名权。但同时，姓名本身也是一种身份识别信息，它和手机号及行程信息结合起来的个人信息也应属于个人信息自主的内容。基于此，将姓名、手机号和行程信息结合起来的信息归入个人隐私进行一体保护，也符合信息时代个人隐私、个人信息电子化的趋势。

综上，法院认为本案涉及的姓名、电话号码及行程安排等事项可以通过隐私权纠纷而寻求救济。

二、根据现有证据能否认定涉案隐私信息是由东航和趣拿公司泄露

东航和趣拿公司在本案审理过程中都主张，庞理鹏没有证据证明其个人信息是东航或趣拿公司泄露，因而东航和趣拿公司不存在侵犯隐私权的行为。对此，法院认为，基于人类科学技术和认识手段的限制，现实中的客观事实经常不能通过事后的证明被完全还原。因此，诉讼中的证明活动，往往是一种受限制的认识活动，而并非无止境的绝对求真过程。基于这一认识，法律设计了证明标准规则，即对待证事实的证明达到何种程度即可确认该事实存在的规则。根据《最高人民法院关于适用〈中华人民共和国民事诉讼法〉的解释》第一百零八条第一款之规定，"对负有举证证明责任的当事人提供的证据，人民法院经审查并结合相关事实，确信待证事实的存在具有高度可能性的，应当认定该事实存在。"对一方当事人为反驳负有举证证明责任的当事人所主张事实而提供的证据，人民法院经审查并结合相关事实，认为待证事实真伪不明的，应当认定该事实不存在。据此，本案中的关键是看庞理鹏提供的证据能否表明东航和趣拿公司存在泄露庞理鹏个人隐私信息的高度可能，以及东航和趣拿公司的反证能否推翻这种高度可能。

（一）庞理鹏提供的证据能否表明东航和趣拿公司存在泄露庞理鹏个人隐私信息的高度可能

本案中，鲁超通过去哪儿网为庞理鹏和自己向东航订购了机票，并且仅仅给去哪儿网留了自己的手机号，而非庞理鹏的手机号。但是，由于庞理鹏以前曾经通过去哪儿网订过机票，且是东航的常旅客，现有证据显示东航和去哪儿网都留存有庞理鹏的手机号。同时，中航信作为给东航提供商务数据网络服务的第三方，也掌握着东航的相关数据。因此，从机票销售的整个环节看，庞理鹏自己、鲁超、趣拿公司、东航、中航信都是掌握庞理鹏姓名、手机号及涉案行程信息的主体。但从本案现有证据及庞理鹏、鲁超在整个事件及诉讼中的表现看，庞理鹏和鲁超的行为并未违背一名善意旅客所应有的通常的行为方式。在没有相反证据予以证明的情况下，法院确信庞理鹏、鲁超在参加购买机票的民事活动及本案民事诉讼活动时具备诚实、善意的通常状态，不属于自己故意泄露个人信息而进行虚假诉讼。所以，上述主体中，可以排除庞理鹏和鲁超泄露庞理鹏隐私信息的可能。

在排除了庞理鹏和鲁超的泄露可能性之后，趣拿公司、东航、中航信都存在泄露信息的可能。而从收集证据的资金、技术等成本上看，作为普通人的庞理鹏根本不具备对东航、趣拿公司内部数据信息管理是否存在漏洞等情况进行举证证明的能力。因此，客观上，法律不能也不应要求庞理鹏确凿地证明必定是东航或趣拿公司泄露了其隐私信息。而从庞理鹏已经提交的现有证据看，庞理鹏已经证明自己是通过去哪儿网在东航官网（由中航信进行系统维护和管理）购买机票，并且东航和去哪儿网都存有庞理鹏的手机号。因此，东航和趣拿公司以及中航信都有能力和条件将庞理鹏的姓名、手机号和行程信息匹配在一起。虽然，从逻辑上讲，任何第三人在已经获知庞理鹏姓名和手机号的情况下，如果又查询到了庞理鹏的行程信息，也可以将这些信息匹配在一起，但这种可能性却非常低。因为根据东航出具的说明，如须查询旅客航班信息，须提供订单号、旅客姓名、身份证号信息后才能逐个查询。而第三人即便已经获知庞理鹏姓名和手机号，也很难将庞理鹏的订单号、身份证号都掌握在手，从而很难查询到庞理鹏的航班信息。而与普通的第三人相比，恰恰是趣拿公司、东航、中航信已经把上述信息掌握在手。此外，一个非常重要的背景因素是，在本案所涉事件发生前后的一段时间，东航、趣拿公司和中航信被多家媒体质疑存在泄露乘客信息的情况。这一特殊背景因素在很大程度上强化了东航、趣拿公司和中航信泄露庞理鹏隐私信息的可能。综上，法院认定东航、趣拿公司存在泄露庞理鹏隐私信息的高度可能。

（二）东航和趣拿公司的反证能否推翻上述高度可能

诉讼中东航和趣拿公司都提供证据表明其采取措施尽到了对客户信息的安全保密职责，因而没有侵犯庞理鹏隐私权。东航在二审中提交的证据，还表明信息泄露也可能是犯罪分子所为。对此，法院认为，东航和趣拿公司的反证表明其自身采取了一定的安全管理措施，且犯罪分子窃取信息也是可能的泄露原因。但在法院已经确认东航、趣拿公司存在泄露庞理鹏隐私信息的高度可能的情况下，东航和趣拿公司并未举证证明本案中庞理鹏的信息泄露的确是归因于他人；也并未举证证明本案中庞理鹏的信息泄露可能是因为难以预料的黑客攻击；同时也未举证证明庞理鹏的信息泄露可能是其自身或鲁超所为。在这种情况下，东航、趣拿公司存在泄露庞理鹏隐私信息的高度可能很难被推翻。更何况，在本案事件所处时间段内，东航和趣拿公司都被媒体多次质疑泄露乘客隐私，国家民航局公安局甚至发文要求航空公司将当时的亚安全模式提升为安全模式。这些情况都表明，东航和趣拿公司的安全管理并非没有漏洞，而是存在提升的空间。因此，法院确认东航和趣拿公司存在泄露庞理鹏个人隐私信息的高度可能。

需要强调的是，法院认定本案中趣拿公司和东航存在泄露的高度可能是基于如下因素：一是趣拿公司和东航都掌握着庞理鹏的姓名、身份证号、手机号、行程信息；二是其他人整体上全部获取庞理鹏的姓名、身份证号、手机号、行程信息的可能性非常低；三是 2014 年间，趣拿公司和东航都被媒体多次质疑存在泄露乘客隐私的情况。正是在以上三个因素同时具备的情况下，法院才认定东航和趣拿公司存在泄露庞理鹏个人隐私信息的高度可能。

三、在东航和趣拿公司有泄露庞理鹏隐私信息的高度可能之下，其是否应当承担责任

本案为一般侵权责任纠纷，归责原则为过错责任。如上所述，东航和趣拿公司均有泄露隐私的高度可能性，但其是否应该承担责任归根到底还须审查其是否有过错。

近些年来，对公民个人隐私以及个人信息的保护已成为社会共识。2013 年新修正的消费者权益保护法第二十九条第二款中明确规定，"经营者及其工作人员对收集的消费者个人信息必须严格保密，不得泄露、出售或者非法向他人提供。经营者应当采取技术措施和其他必要措施，确保信息安全，防止消费者个人信息泄露、丢失。……"这是在立法层面上对消费者个人隐私和信息的保护，也是对经营者保护消费者个人信息的强制性规定。经营者违反了该条规定，即视为其存在过错。本案中，东航和趣拿公司作为各自行业的知名企业，一方面因其经营性质掌握了大量的个人信息，另一方面亦有相应的能力保护好消费者的个人信息免受泄露，这既是其社会责任，也是其应尽的法律义务。诚然，对个人信息的保护是一个逐步的过程，从社会现实来讲不宜苛责过甚。但从法院现有证据看，东航和趣拿公司在被媒体多次报道涉嫌泄露乘客隐私后，即应知晓其在信息安全管理方面存在漏洞，但是，该两家公司却未举证证明其在媒体报道后迅速采取了专门的、有针对性的有效措施，以加强其信息安全保护。而本案泄露事件的发生，正是其疏于防范导致的结果，因而可以认定趣拿公司和东航具有过错，理应承担侵权责任。

四、东航和趣拿公司所提出的中航信更有可能泄露庞理鹏信息的责任抗辩事由是否有效成立

东航和趣拿公司在诉讼中认为东航所用系统是中航信开发维护的，并且中航信也掌握东航的旅客信息，因而更有可能是中航信泄露庞理鹏隐私信息，所以东航和趣拿公司应该免责。对此，法院认为，根据上一节的判理，中航信的确与东航、趣拿公司一样存在泄露庞理鹏信息的高度可能。但是，本案中，庞理鹏并没有起诉中航信，而中航信也并非必须加入本案诉讼。理由如下：

第一，如果本案中东航和中航信都泄露了庞理鹏的隐私信息，则东航和中航信基于各自的泄露行为均应向庞理鹏承担侵权责任，此时，东航和中航信对庞理鹏构成不真正连带责任。而在不真正连带责任中，作为受害人的庞理鹏有权选择起诉侵权人。本案中，庞理鹏起诉了东航和趣拿公司，而没有起诉中航信，可以认为系庞理鹏行使了选择权。

第二，如果本案中的确是中航信泄露了庞理鹏的隐私信息，则从东航和中航信之间的关系看，中航信仅仅是对内向东航提供信息网络服务的人，是为了东航更好地开展工作而为其提供服务的。外部的订票者并不在意、也不知道东航的订票系统是由谁来维护和管理的。无论由谁管理和维护，订票的消费者都认为是在向东航订票。因此，在对外关系上，即便是中航信泄露了庞理鹏的隐私信息，也可以由东航首先承担责任。东航在承担责任后可以依据其与中航信之间的服务合同条款，在相关证据具备的情况下，向中航信主张权利。因此，庞理鹏起诉东航而不起诉中航信并无不当。

所以，东航和趣拿公司提出的该项抗辩并不能有效成立。

综上，庞理鹏的上诉请求部分成立。一审判决认定事实清楚，适用法律有误，法院依法予以纠正。依照侵权责任法第二条、第十五条第一款第（七）项，消费者权益保护法第二十九条第二款，民事诉讼法第一百七十条第一款第（二）项之规定，判决如下：一、撤销北京市海淀区人民法院（2015）海民初字第 10634 号民事判决；二、北京趣拿信息技术有限公司于本判决生效后 10 日内在其官方网站（www.qunar.com）首页以公告形式向庞理鹏赔礼道歉，赔礼道歉公告的持续时间为连续三天（公告内容须经法院核准，如拒不履行该义务，法院将在全国公开发行的媒体上公布本判决的主要内容，费用由北京趣拿信息技术有限公司负担）；三、中国东方航空股份有限公司于本判决生效后 10 日内在其官方网站（www. ceair. com）首页以公告形式向庞理鹏赔礼道歉，赔礼道歉公告的持续时间为连续三天（公告内容需经法院核准，如拒不履行该义务，法院将在全国公开发行的媒体上公布本判决的主要内容，费用由中国东方航空股份有限公司负担）；四、驳回庞理鹏的其他诉讼请求。

【案例评析】

随着互联网技术的进步，尤其是大数据的飞速发展，电子商务交易过程中产生的个人信息与数据成了非常重要的资源，法律如何保护个人信息与数据，成了社会各界关注的问题。有学者指出："由于我国缺失对个人隐私尊重的文化传统加上没有相应的立法加以规制，致滥用、盗用用户个人信息的情形非常严重，危害用户对电子商务的信任和对网络的使用。"[①]个人信息的保护已经成为了电子商务立法中非常核心的问题。电子商务法也认识到这一问题的重要程度，在总则中进行了概括性的规定。比如电子商务法第五条规定，"电子商务经营者从事经营活动，应当遵循自愿、平等、公平、诚信的原则，遵守法律和商业道德，公平参与市场竞争，履行消费者权益保护、环境保护、知识产权保护、网络安全与个人信息保护等方面的义务，承担产品和服务质量责任，接受政府和社会的监督。"其中明确地将保护消费者的个人信息作为电子商务经营者的法律义务。从法律原则的角度看，电子商务平台的经营者的义务是两个方面的，一是保护获得的消费者的个人信息；二是需要通过采取必要的措施保护、技术手段保护消费者的个人信息。

在具体规则设计上，电子商务法规定了具体的规范，第八十七条规定，"依法负有电子商务监督管理职责的部门的工作人员，玩忽职守、滥用职权、徇私舞弊，或者泄露、出售或者非法向他人提供在履行职责中所知悉的个人信息、隐私和商业秘密的，依法追究法律责任。"这一条与第五条的规定是原则与具体规则之间的关系，明确了电子商务平台不得泄露、出售在交易过程中知悉的个人信息、隐私与商业秘密。个人信息与隐私是涉及消费者的主要权利，但是实践中个人信息与隐私的范围并不一

---

① 高富平：《从电子商务法到网络商务法——关于我国电子商务立法定位的思考》，载《法学》2014 年第 10 期，第 144 页。

致，并非所有的个人信息都属于隐私。比如本案中，二审认为的焦点就是消费者的个人手机号码、行程是否属于隐私权的保护范围。但是由于我国没有个人信息权的规定，所以大量的个人信息的案件通过隐私权保护。

本案中法院也认识到这个问题，如何确定个人信息是否属于隐私权的保护范围。法院最终对隐私权进行较为宽泛的解释，认为个人的手机、行程安排属于法律保护的隐私。根据《最高人民法院关于审理利用信息网络侵害人身权益民事纠纷案件适用法律若干问题的规定》第十二条规定，自然人基因信息、病历资料、健康检查资料、犯罪记录、家庭住址、私人活动等是属于隐私信息的。因此，消费者个人的行程安排无疑属于私人活动信息，从而应该属于隐私信息，可以通过隐私权主张救济。可以预见的是，新的电子商务法实施以后，以侵害消费者个人信息权利进行维权，也有了法律依据，更加广泛的个人信息诸如手机号码、联系方式、微信等信息，也可以被纳入到法律保护范围之中。体现了我国法律在互联网、大数据背景下与时俱进的特征。

另一个影响消费者维权的问题在于证明责任。电子商务平台涉嫌侵犯消费者隐私权，属于过错侵权责任，消费者必须证明电子商务平台经营者或者平台的工作人员，存在过错侵害消费者的个人信息与隐私。证明电子平台经营者的过错需要两个方面的法律技巧：第一，直接或间接证据证明平台的过错；第二，利用证明责任分配与证明标准。

对于第一个问题，往往是比较难的，但并非不可能。通常间接证据与直接证据组合起来，可以辅助证明平台经营者未尽到保护消费者信息的义务。如本案中，原告提交了基本的证据，证明信息被泄露，同时本案被告东航和趣拿公司曾经被媒体多次报道涉嫌泄露乘客隐私，可以推定被告明知在信息安全管理方面存在漏洞。

对于第二个问题，在消费者个人信息被侵犯后需要充分的利用证明责任与证明标准，来争取对自己有利的结果。本案二审改变一审的判决结果的关键，也在于对证明责任与证明标准的理解差异。由于对消费者与经营者在信息与技术上的高度不对称，消费者要证明电子商务经营者存在过错是非常难的，就需要适度从保护消费者利益的角度把握"高度盖然性"与"证明责任的转移"两个问题的解释。就像本案中法院表述的，"客观上，法律不能也不应要求庞理鹏确凿地证明必定是东航或趣拿公司泄露了其隐私信息。"也就是说，消费者承担证明责任并不是要求消费者提交"确凿"

的证据，因为消费者没有能力掌握这些信息和证据。法律不能强人所难，而是法院要根据消费者提交的证据综合判断，是否能够确定网络平台经营者有泄露消费者信息的高度可能性。

因此，电子商务法消费者个人信息与隐私的保护，电子商务平台经营者有保护消费者信息的义务。但是就消费者而言维权的时候依然存在不少挑战，尤其在技术与诉讼能力上的差异，导致消费无法完成证明责任网络平台经营者存在主观过错。这就要求在司法实践中灵活的解释证明标准，科学分配证明责任，促进电子商务交易中消费者个人隐私的保护。

附录：

中华人民共和国电子商务法

(2018 年 8 月 31 日第十三届全国人民代表大会常务委员会
第五次会议通过)

第一章 总 则

第一条 为了保障电子商务各方主体的合法权益，规范电子商务行为，维护市场秩序，促进电子商务持续健康发展，制定本法。

第二条 中华人民共和国境内的电子商务活动，适用本法。

本法所称电子商务，是指通过互联网等信息网络销售商品或者提供服务的经营活动。

法律、行政法规对销售商品或者提供服务有规定的，适用其规定。金融类产品和服务，利用信息网络提供新闻信息、音视频节目、出版以及文化产品等内容方面的服务，不适用本法。

第三条 国家鼓励发展电子商务新业态，创新商业模式，促进电子商务技术研发和推广应用，推进电子商务诚信体系建设，营造有利于电子商务创新发展的市场环境，充分发挥电子商务在推动高质量发展、满足人民日益增长的美好生活需要、构建开放型经济方面的重要作用。

第四条 国家平等对待线上线下商务活动，促进线上线下融合发展，各级人民政府和有关部门不得采取歧视性的政策措施，不得滥用行政权力排除、限制市场竞争。

第五条 电子商务经营者从事经营活动，应当遵循自愿、平等、公平、诚信的原则，遵守法律和商业道德，公平参与市场竞争，履行消费者权益保护、环境保护、知识产权保护、网络安全与个人信息保护等方面的义务，承担产品和服务质量责任，接受政府和社会的监督。

第六条 国务院有关部门按照职责分工负责电子商务发展促进、监督管理等工作。县级以上地方各级人民政府可以根据本行政区域的实际情况，确定本行政区域内电子商务的部门职责划分。

第七条 国家建立符合电子商务特点的协同管理体系，推动形成有关部门、电子商务行业组织、电子商务经营者、消费者等共同参与的电子商务市场治理体系。

第八条 电子商务行业组织按照本组织章程开展行业自律，建立健全行业规范，推动行业诚信建设，监督、引导本行业经营者公平参与市场竞争。

第二章 电子商务经营者

第一节 一般规定

第九条 本法所称电子商务经营者，是指通过互联网等信息网络从事销售商品或者提供服务的经营活动的自然人、法人和非法人组织，包括电子商务平台经营者、平台内经营者以及通过自建网站、其他网络服务销售商品或者提供服务的电子商务经营者。

本法所称电子商务平台经营者，是指在电子商务中为交易双方或者多方提供网络经营场所、交易撮合、信息发布等服务，供交易双方或者多方独立开展交易活动的法人或者非法人组织。

本法所称平台内经营者，是指通过电子商务平台销售商品或者提供服务的电子商务经营者。

第十条 电子商务经营者应当依法办理市场主体登记。但是，个人销售自产农副产品、家庭手工业产品，个人利用自己的技能从事依法无须取得许可的便民劳务活动和零星小额交易活动，以及依照法律、行政法规不需要进行登记的除外。

第十一条 电子商务经营者应当依法履行纳税义务，并依法享受税收优惠。

依照前条规定不需要办理市场主体登记的电子商务经营者在首次纳税义务发生后，应当依照税收征收管理法律、行政法规的规定申请办理税务登记，并如实申报纳税。

第十二条　电子商务经营者从事经营活动，依法需要取得相关行政许可的，应当依法取得行政许可。

第十三条　电子商务经营者销售的商品或者提供的服务应当符合保障人身、财产安全的要求和环境保护要求，不得销售或者提供法律、行政法规禁止交易的商品或者服务。

第十四条　电子商务经营者销售商品或者提供服务应当依法出具纸质发票或者电子发票等购货凭证或者服务单据。电子发票与纸质发票具有同等法律效力。

第十五条　电子商务经营者应当在其首页显著位置，持续公示营业执照信息、与其经营业务有关的行政许可信息、属于依照本法第十条规定的不需要办理市场主体登记情形等信息，或者上述信息的链接标识。

前款规定的信息发生变更的，电子商务经营者应当及时更新公示信息。

第十六条　电子商务经营者自行终止从事电子商务的，应当提前三十日在首页显著位置持续公示有关信息。

第十七条　电子商务经营者应当全面、真实、准确、及时地披露商品或者服务信息，保障消费者的知情权和选择权。电子商务经营者不得以虚构交易、编造用户评价等方式进行虚假或者引人误解的商业宣传，欺骗、误导消费者。

第十八条　电子商务经营者根据消费者的兴趣爱好、消费习惯等特征向其提供商品或者服务的搜索结果的，应当同时向该消费者提供不针对其个人特征的选项，尊重和平等保护消费者合法权益。

电子商务经营者向消费者发送广告的，应当遵守《中华人民共和国广告法》的有关规定。

第十九条　电子商务经营者搭售商品或者服务，应当以显著方式提请消费者注意，不得将搭售商品或者服务作为默认同意的选项。

第二十条　电子商务经营者应当按照承诺或者与消费者约定的方式、时限向消费者交付商品或者服务，并承担商品运输中的风险和责任。但是，消费者另行选择快递物流服务提供者的除外。

第二十一条　电子商务经营者按照约定向消费者收取押金的，应当明示押金退还的方式、程序，不得对押金退还设置不合理条件。消费者申请退还押金，符合押金退还条件的，电子商务经营者应当及时退还。

第二十二条　电子商务经营者因其技术优势、用户数量、对相关行业的控制能力以及其他经营者对该电子商务经营者在交易上的依赖程度等因素而具有市场支配地位的，不得滥用市场支配地位，排除、限制竞争。

第二十三条　电子商务经营者收集、使用其用户的个人信息，应当遵守法律、行政法规有关个人信息保护的规定。

第二十四条　电子商务经营者应当明示用户信息查询、更正、删除以及用户注销的方式、程序，不得对用户信息查询、更正、删除以及用户注销设置不合理条件。

电子商务经营者收到用户信息查询或者更正、删除的申请的，应当在核实身份后及时提供查询或者更正、删除用户信息。用户注销的，电子商务经营者应当立即删除该用户的信息；依照法律、行政法规的规定或者双方约定保存的，依照其规定。

第二十五条　有关主管部门依照法律、行政法规的规定要求电子商务经营者提供有关电子商务数据信息的，电子商务经营者应当提供。有关主管部门应当采取必要措施保护电子商务经营者提供的数据信息的安全，并对其中的个人信息、隐私和商业秘密严格保密，不得泄露、出售或者非法向他人提供。

第二十六条　电子商务经营者从事跨境电子商务，应当遵守进出口监督管理的法律、行政法规和国家有关规定。

第二节　电子商务平台经营者

第二十七条　电子商务平台经营者应当要求申请进入平台销售商品或者提供服务的经营者提交其身份、地址、联系方式、行政许可等真实信息，进行核验、登记，建立登记档案，并定期核验更新。

电子商务平台经营者为进入平台销售商品或者提供服务的非经营用户提供服务，应当遵守本节有关规定。

第二十八条　电子商务平台经营者应当按照规定向市场监督管理部门报送平台内经营者的身份信息，提示未办理市场主体登记的经营者依法办理登记，并配合市场监督管理部门，针对电子商务的特点，为应当办理市场主体登记的经营者办理登记提供便利。

电子商务平台经营者应当依照税收征收管理法律、行政法规的规定，向税务部门报送平台内经营者的身份信息和与纳税有关的信息，并应当提示依照本法第十条规定不需要办理市场主体登记的电子商务经营者依照本法第十一条第二款的规定办理税务登记。

第二十九条　电子商务平台经营者发现平台内的商品或者服务信息存在违反本法第十二条、第十三条规定情形的，应当依法采取必要的处置措施，并向有关主管部门报告。

第三十条　电子商务平台经营者应当采取技术措施和其他必要措施保证其网络安全、稳定运行，防范网络违法犯罪活动，有效应对网络安全事件，保障电子商务交易安全。

电子商务平台经营者应当制定网络安全事件应急预案，发生网络安全事件时，应当立即启动应急预案，采取相应的补救措施，并向有关主管部门报告。

第三十一条　电子商务平台经营者应当记录、保存平台上发布的商品和服务信息、交易信息，并确保信息的完整性、保密性、可用性。商品和服务信息、交易信息保存时间自交易完成之日起不少于三年；法律、行政法规另有规定的，依照其规定。

第三十二条　电子商务平台经营者应当遵循公开、公平、公正的原则，制定平台服务协议和交易规则，明确进入和退出平台、商品和服务质量保障、消费者权益保护、个人信息保护等方面的权利和义务。

第三十三条　电子商务平台经营者应当在其首页显著位置持续公示平台服务协议和交易规则信息或者上述信息的链接标识，并保证经营者和消费者能够便利、完整地阅览和下载。

第三十四条　电子商务平台经营者修改平台服务协议和交易规则，应当在其首页显著位置公开征求意见，采取合理措施确保有关各方能够及时充分表达意见。修改内容应当至少在实施前七日予以公示。

平台内经营者不接受修改内容，要求退出平台的，电子商务平台经营者不得阻止，并按照修改前的服务协议和交易规则承担相关责任。

第三十五条　电子商务平台经营者不得利用服务协议、交易规则以及技术等手段，对平台内经营者在平台内的交易、交易价格以及与其他经营者的交易等进行不合理限制或者附加不合理条件，或者向平台内经营者收取不合理费用。

第三十六条　电子商务平台经营者依据平台服务协议和交易规则对平

台内经营者违反法律、法规的行为实施警示、暂停或者终止服务等措施的，应当及时公示。

第三十七条 电子商务平台经营者在其平台上开展自营业务的，应当以显著方式区分标记自营业务和平台内经营者开展的业务，不得误导消费者。

电子商务平台经营者对其标记为自营的业务依法承担商品销售者或者服务提供者的民事责任。

第三十八条 电子商务平台经营者知道或者应当知道平台内经营者销售的商品或者提供的服务不符合保障人身、财产安全的要求，或者有其他侵害消费者合法权益行为，未采取必要措施的，依法与该平台内经营者承担连带责任。

对关系消费者生命健康的商品或者服务，电子商务平台经营者对平台内经营者的资质资格未尽到审核义务，或者对消费者未尽到安全保障义务，造成消费者损害的，依法承担相应的责任。

第三十九条 电子商务平台经营者应当建立健全信用评价制度，公示信用评价规则，为消费者提供对平台内销售的商品或者提供的服务进行评价的途径。

电子商务平台经营者不得删除消费者对其平台内销售的商品或者提供的服务的评价。

第四十条 电子商务平台经营者应当根据商品或者服务的价格、销量、信用等以多种方式向消费者显示商品或者服务的搜索结果；对于竞价排名的商品或者服务，应当显著标明"广告"。

第四十一条 电子商务平台经营者应当建立知识产权保护规则，与知识产权权利人加强合作，依法保护知识产权。

第四十二条 知识产权权利人认为其知识产权受到侵害的，有权通知电子商务平台经营者采取删除、屏蔽、断开链接、终止交易和服务等必要措施。通知应当包括构成侵权的初步证据。

电子商务平台经营者接到通知后，应当及时采取必要措施，并将该通知转送平台内经营者；未及时采取必要措施的，对损害的扩大部分与平台内经营者承担连带责任。

因通知错误造成平台内经营者损害的，依法承担民事责任。恶意发出错误通知，造成平台内经营者损失的，加倍承担赔偿责任。

第四十三条　平台内经营者接到转送的通知后，可以向电子商务平台经营者提交不存在侵权行为的声明。声明应当包括不存在侵权行为的初步证据。

电子商务平台经营者接到声明后，应当将该声明转送发出通知的知识产权权利人，并告知其可以向有关主管部门投诉或者向人民法院起诉。电子商务平台经营者在转送声明到达知识产权权利人后十五日内，未收到权利人已经投诉或者起诉通知的，应当及时终止所采取的措施。

第四十四条　电子商务平台经营者应当及时公示收到的本法第四十二条、第四十三条规定的通知、声明及处理结果。

第四十五条　电子商务平台经营者知道或者应当知道平台内经营者侵犯知识产权的，应当采取删除、屏蔽、断开链接、终止交易和服务等必要措施；未采取必要措施的，与侵权人承担连带责任。

第四十六条　除本法第九条第二款规定的服务外，电子商务平台经营者可以按照平台服务协议和交易规则，为经营者之间的电子商务提供仓储、物流、支付结算、交收等服务。电子商务平台经营者为经营者之间的电子商务提供服务，应当遵守法律、行政法规和国家有关规定，不得采取集中竞价、做市商等集中交易方式进行交易，不得进行标准化合约交易。

第三章　电子商务合同的订立与履行

第四十七条　电子商务当事人订立和履行合同，适用本章和《中华人民共和国民法总则》《中华人民共和国合同法》《中华人民共和国电子签名法》等法律的规定。

第四十八条　电子商务当事人使用自动信息系统订立或者履行合同的行为对使用该系统的当事人具有法律效力。

在电子商务中推定当事人具有相应的民事行为能力。但是，有相反证据足以推翻的除外。

第四十九条　电子商务经营者发布的商品或者服务信息符合要约条件的，用户选择该商品或者服务并提交订单成功，合同成立。当事人另有约定的，从其约定。

电子商务经营者不得以格式条款等方式约定消费者支付价款后合同不成立；格式条款等含有该内容的，其内容无效。

第五十条　电子商务经营者应当清晰、全面、明确地告知用户订立合同的步骤、注意事项、下载方法等事项，并保证用户能够便利、完整地阅览和下载。

电子商务经营者应当保证用户在提交订单前可以更正输入错误。

第五十一条　合同标的为交付商品并采用快递物流方式交付的，收货人签收时间为交付时间。合同标的为提供服务的，生成的电子凭证或者实物凭证中载明的时间为交付时间；前述凭证没有载明时间或者载明时间与实际提供服务时间不一致的，实际提供服务的时间为交付时间。

合同标的为采用在线传输方式交付的，合同标的进入对方当事人指定的特定系统并且能够检索识别的时间为交付时间。

合同当事人对交付方式、交付时间另有约定的，从其约定。

第五十二条　电子商务当事人可以约定采用快递物流方式交付商品。

快递物流服务提供者为电子商务提供快递物流服务，应当遵守法律、行政法规，并应当符合承诺的服务规范和时限。快递物流服务提供者在交付商品时，应当提示收货人当面查验；交由他人代收的，应当经收货人同意。

快递物流服务提供者应当按照规定使用环保包装材料，实现包装材料的减量化和再利用。

快递物流服务提供者在提供快递物流服务的同时，可以接受电子商务经营者的委托提供代收货款服务。

第五十三条　电子商务当事人可以约定采用电子支付方式支付价款。

电子支付服务提供者为电子商务提供电子支付服务，应当遵守国家规定，告知用户电子支付服务的功能、使用方法、注意事项、相关风险和收费标准等事项，不得附加不合理交易条件。电子支付服务提供者应当确保电子支付指令的完整性、一致性、可跟踪稽核和不可篡改。

电子支付服务提供者应当向用户免费提供对账服务以及最近三年的交易记录。

第五十四条　电子支付服务提供者提供电子支付服务不符合国家有关支付安全管理要求，造成用户损失的，应当承担赔偿责任。

第五十五条　用户在发出支付指令前，应当核对支付指令所包含的金额、收款人等完整信息。

支付指令发生错误的，电子支付服务提供者应当及时查找原因，并采取相关措施予以纠正。造成用户损失的，电子支付服务提供者应当承担赔偿责任，但能够证明支付错误非自身原因造成的除外。

第五十六条 电子支付服务提供者完成电子支付后，应当及时准确地向用户提供符合约定方式的确认支付的信息。

第五十七条 用户应当妥善保管交易密码、电子签名数据等安全工具。用户发现安全工具遗失、被盗用或者未经授权的支付的，应当及时通知电子支付服务提供者。

未经授权的支付造成的损失，由电子支付服务提供者承担；电子支付服务提供者能够证明未经授权的支付是因用户的过错造成的，不承担责任。

电子支付服务提供者发现支付指令未经授权，或者收到用户支付指令未经授权的通知时，应当立即采取措施防止损失扩大。电子支付服务提供者未及时采取措施导致损失扩大的，对损失扩大部分承担责任。

第四章　电子商务争议解决

第五十八条 国家鼓励电子商务平台经营者建立有利于电子商务发展和消费者权益保护的商品、服务质量担保机制。

电子商务平台经营者与平台内经营者协议设立消费者权益保证金的，双方应当就消费者权益保证金的提取数额、管理、使用和退还办法等作出明确约定。

消费者要求电子商务平台经营者承担先行赔偿责任以及电子商务平台经营者赔偿后向平台内经营者的追偿，适用《中华人民共和国消费者权益保护法》的有关规定。

第五十九条 电子商务经营者应当建立便捷、有效的投诉、举报机制，公开投诉、举报方式等信息，及时受理并处理投诉、举报。

第六十条 电子商务争议可以通过协商和解，请求消费者组织、行业协会或者其他依法成立的调解组织调解，向有关部门投诉，提请仲裁，或者提起诉讼等方式解决。

第六十一条 消费者在电子商务平台购买商品或者接受服务，与平台内经营者发生争议时，电子商务平台经营者应当积极协助消费者维护合法权益。

第六十二条　在电子商务争议处理中，电子商务经营者应当提供原始合同和交易记录。因电子商务经营者丢失、伪造、篡改、销毁、隐匿或者拒绝提供前述资料，致使人民法院、仲裁机构或者有关机关无法查明事实的，电子商务经营者应当承担相应的法律责任。

第六十三条　电子商务平台经营者可以建立争议在线解决机制，制定并公示争议解决规则，根据自愿原则，公平、公正地解决当事人的争议。

第五章　电子商务促进

第六十四条　国务院和省、自治区、直辖市人民政府应当将电子商务发展纳入国民经济和社会发展规划，制定科学合理的产业政策，促进电子商务创新发展。

第六十五条　国务院和县级以上地方人民政府及其有关部门应当采取措施，支持、推动绿色包装、仓储、运输，促进电子商务绿色发展。

第六十六条　国家推动电子商务基础设施和物流网络建设，完善电子商务统计制度，加强电子商务标准体系建设。

第六十七条　国家推动电子商务在国民经济各个领域的应用，支持电子商务与各产业融合发展。

第六十八条　国家促进农业生产、加工、流通等环节的互联网技术应用，鼓励各类社会资源加强合作，促进农村电子商务发展，发挥电子商务在精准扶贫中的作用。

第六十九条　国家维护电子商务交易安全，保护电子商务用户信息，鼓励电子商务数据开发应用，保障电子商务数据依法有序自由流动。

国家采取措施推动建立公共数据共享机制，促进电子商务经营者依法利用公共数据。

第七十条　国家支持依法设立的信用评价机构开展电子商务信用评价，向社会提供电子商务信用评价服务。

第七十一条　国家促进跨境电子商务发展，建立健全适应跨境电子商务特点的海关、税收、进出境检验检疫、支付结算等管理制度，提高跨境电子商务各环节便利化水平，支持跨境电子商务平台经营者等为跨境电子商务提供仓储物流、报关、报检等服务。

国家支持小型微型企业从事跨境电子商务。

第七十二条　国家进出口管理部门应当推进跨境电子商务海关申报、纳税、检验检疫等环节的综合服务和监管体系建设，优化监管流程，推动实现信息共享、监管互认、执法互助，提高跨境电子商务服务和监管效率。跨境电子商务经营者可以凭电子单证向国家进出口管理部门办理有关手续。

第七十三条　国家推动建立与不同国家、地区之间跨境电子商务的交流合作，参与电子商务国际规则的制定，促进电子签名、电子身份等国际互认。

国家推动建立与不同国家、地区之间的跨境电子商务争议解决机制。

第六章　法律责任

第七十四条　电子商务经营者销售商品或者提供服务，不履行合同义务或者履行合同义务不符合约定，或者造成他人损害的，依法承担民事责任。

第七十五条　电子商务经营者违反本法第十二条、第十三条规定，未取得相关行政许可从事经营活动，或者销售、提供法律、行政法规禁止交易的商品、服务，或者不履行本法第二十五条规定的信息提供义务，电子商务平台经营者违反本法第四十六条规定，采取集中交易方式进行交易，或者进行标准化合约交易的，依照有关法律、行政法规的规定处罚。

第七十六条　电子商务经营者违反本法规定，有下列行为之一的，由市场监督管理部门责令限期改正，可以处一万元以下的罚款，对其中的电子商务平台经营者，依照本法第八十一条第一款的规定处罚：

（一）未在首页显著位置公示营业执照信息、行政许可信息、属于不需要办理市场主体登记情形等信息，或者上述信息的链接标识的；

（二）未在首页显著位置持续公示终止电子商务的有关信息的；

（三）未明示用户信息查询、更正、删除以及用户注销的方式、程序，或者对用户信息查询、更正、删除以及用户注销设置不合理条件的。

电子商务平台经营者对违反前款规定的平台内经营者未采取必要措施的，由市场监督管理部门责令限期改正，可以处二万元以上十万元以下的罚款。

第七十七条　电子商务经营者违反本法第十八条第一款规定提供搜索

结果，或者违反本法第十九条规定搭售商品、服务的，由市场监督管理部门责令限期改正，没收违法所得，可以并处五万元以上二十万元以下的罚款；情节严重的，并处二十万元以上五十万元以下的罚款。

第七十八条 电子商务经营者违反本法第二十一条规定，未向消费者明示押金退还的方式、程序，对押金退还设置不合理条件，或者不及时退还押金的，由有关主管部门责令限期改正，可以处五万元以上二十万元以下的罚款；情节严重的，处二十万元以上五十万元以下的罚款。

第七十九条 电子商务经营者违反法律、行政法规有关个人信息保护的规定，或者不履行本法第三十条和有关法律、行政法规规定的网络安全保障义务的，依照《中华人民共和国网络安全法》等法律、行政法规的规定处罚。

第八十条 电子商务平台经营者有下列行为之一的，由有关主管部门责令限期改正；逾期不改正的，处二万元以上十万元以下的罚款；情节严重的，责令停业整顿，并处十万元以上五十万元以下的罚款：

（一）不履行本法第二十七条规定的核验、登记义务的；

（二）不按照本法第二十八条规定向市场监督管理部门、税务部门报送有关信息的；

（三）不按照本法第二十九条规定对违法情形采取必要的处置措施，或者未向有关主管部门报告的；

（四）不履行本法第三十一条规定的商品和服务信息、交易信息保存义务的。

法律、行政法规对前款规定的违法行为的处罚另有规定的，依照其规定。

第八十一条 电子商务平台经营者违反本法规定，有下列行为之一的，由市场监督管理部门责令限期改正，可以处二万元以上十万元以下的罚款；情节严重的，处十万元以上五十万元以下的罚款：

（一）未在首页显著位置持续公示平台服务协议、交易规则信息或者上述信息的链接标识的；

（二）修改交易规则未在首页显著位置公开征求意见，未按照规定的时间提前公示修改内容，或者阻止平台内经营者退出的；

（三）未以显著方式区分标记自营业务和平台内经营者开展的业务的；

（四）未为消费者提供对平台内销售的商品或者提供的服务进行评价

的途径，或者擅自删除消费者的评价的。

电子商务平台经营者违反本法第四十条规定，对竞价排名的商品或者服务未显著标明"广告"的，依照《中华人民共和国广告法》的规定处罚。

第八十二条 电子商务平台经营者违反本法第三十五条规定，对平台内经营者在平台内的交易、交易价格或者与其他经营者的交易等进行不合理限制或者附加不合理条件，或者向平台内经营者收取不合理费用的，由市场监督管理部门责令限期改正，可以处五万元以上五十万元以下的罚款；情节严重的，处五十万元以上二百万元以下的罚款。

第八十三条 电子商务平台经营者违反本法第三十八条规定，对平台内经营者侵害消费者合法权益行为未采取必要措施，或者对平台内经营者未尽到资质资格审核义务，或者对消费者未尽到安全保障义务的，由市场监督管理部门责令限期改正，可以处五万元以上五十万元以下的罚款；情节严重的，责令停业整顿，并处五十万元以上二百万元以下的罚款。

第八十四条 电子商务平台经营者违反本法第四十二条、第四十五条规定，对平台内经营者实施侵犯知识产权行为未依法采取必要措施的，由有关知识产权行政部门责令限期改正；逾期不改正的，处五万元以上五十万元以下的罚款；情节严重的，处五十万元以上二百万元以下的罚款。

第八十五条 电子商务经营者违反本法规定，销售的商品或者提供的服务不符合保障人身、财产安全的要求，实施虚假或者引人误解的商业宣传等不正当竞争行为，滥用市场支配地位，或者实施侵犯知识产权、侵害消费者权益等行为的，依照有关法律的规定处罚。

第八十六条 电子商务经营者有本法规定的违法行为的，依照有关法律、行政法规的规定记入信用档案，并予以公示。

第八十七条 依法负有电子商务监督管理职责的部门的工作人员，玩忽职守、滥用职权、徇私舞弊，或者泄露、出售或者非法向他人提供在履行职责中所知悉的个人信息、隐私和商业秘密的，依法追究法律责任。

第八十八条 违反本法规定，构成违反治安管理行为的，依法给予治安管理处罚；构成犯罪的，依法追究刑事责任。

第七章　附　　则

第八十九条 本法自 2019 年 1 月 1 日起施行。

北京市高级人民法院
关于审理电子商务侵害知识产权
纠纷案件若干问题的解答

(京高法发〔2013〕23号)

1. 什么是电子商务、电子商务平台经营者和网络卖家？

本解答所述的电子商务是指根据信息网络公开传播的商品或服务的交易信息进行交易的活动。以信息网络作为交流通道、支付通道或交付通道，但交易信息不在信息网络公开传播的交易活动不属于本解答所述的电子商务。

电子商务平台经营者，是指为电子商务提供交易平台，即为交易信息的公开传播提供网络中间服务的网络服务提供者。

网络卖家，是指利用电子商务平台经营者提供的网络服务提供商品或服务的交易方。

2. 审理电子商务侵害知识产权纠纷案件的基本原则是什么？

审理电子商务侵害知识产权纠纷案件，在依法行使裁量权时，应当兼顾权利人、电子商务平台经营者、网络卖家、社会公众的利益。

电子商务平台经营者应当承担必要的、合理的知识产权合法性注意义务。能够以更低的成本预防和制止侵权行为的权利人或电子商务平台经营者应当主动、及时采取必要措施，否则应当承担不利后果。

3. 如何认定自营型电子商务平台经营者的侵权责任？

电子商务平台经营者以自己的名义向公众提供被控侵权交易信息或从事相应交易行为侵害他人知识产权的，应当承担赔偿损失等侵权责任。

电子商务平台经营者未明确标示被控侵权交易信息或相应交易行为由他人利用其网络服务提供或从事的，推定由其提供或从事。

4. 电子商务平台经营者承担赔偿责任的条件是什么？

网络卖家利用电子商务平台经营者的网络服务提供被控侵权交易信息或从事相应交易行为侵害他人知识产权的，应当依法承担赔偿损失等侵权责任。

电子商务平台经营者知道网络卖家利用其网络服务侵害他人知识产权，但未及时采取必要措施的，应当对知道之后产生的损害与网络卖家承担连带赔偿责任。

5. 如何认定电子商务平台经营者知道？

知道包括明知和应知。明知指电子商务平台经营者实际知道侵权行为存在；应知是指按照利益平衡原则和合理预防原则的要求，电子商务平台经营者在某些情况下应当注意到侵权行为存在。

电子商务平台经营者对利用其网络服务公开传播的交易信息一般没有主动监控义务。不能仅因电子商务平台经营者按照相关管理要求进行交易信息合法性的事前监控，或者客观上存在网络卖家利用其网络服务侵害他人知识产权的行为，就当然认定电子商务平台经营者知道侵权行为存在。

6. 认定电子商务平台经营者"知道网络卖家利用其网络服务侵害他人知识产权"的要件是什么？

同时符合以下情形的，可以认定电子商务平台经营者知道网络卖家利用其网络服务侵害他人知识产权：

（1）明知或应知被控侵权交易信息通过其网络服务进行传播；

（2）明知或应知被控侵权交易信息或相应交易行为侵害他人知识产权。

7. 如何认定特定信息公开传播前电子商务平台经营者"知道网络卖家利用其网络服务侵害他人知识产权"？

符合以下情形之一的，可以推定电子商务平台经营者在被控侵权交易信息公开传播前"明知或应知被控侵权交易信息通过其网络服务进行传播"：

（1）电子商务平台经营者与提供被控侵权交易信息的网络用户合作经营，且应当知道被控侵权交易信息通过其网络服务进行传播；

（2）电子商务平台经营者从被控侵权交易信息的网络传播或相应交易行为中直接获得经济利益，且应当知道被控侵权交易信息通过其网络服务进行传播；

（3）商务交易平台经营者在交易信息公开传播前明知或应知被控侵权交易信息通过其网络服务进行传播的其他情形。

在上述情形中，如被控侵权交易信息或相应交易行为侵害他人知识产权，推定电子商务平台经营者"知道网络卖家利用其网络服务侵害他人知识产权"。

8. 如何认定交易信息公开传播后电子商务平台经营者"明知或应知被控侵权交易信息通过其网络服务进行传播"？

符合以下情形之一的，可以推定电子商务平台经营者在被控侵权交易信息公开传播后"明知或应知被控侵权交易信息通过其网络服务进行传播"：

（1）被控侵权交易信息位于网站的首页、各栏目的首页或网站的其他主要页面等明显可见的位置；

（2）电子商务平台经营者对被控侵权交易信息进行了人工编辑、选择或推荐；

（3）权利人的通知足以使电子商务平台经营者知道被控侵权交易信息通过其网络服务进行传播；

（4）电子商务平台经营者在交易信息公开传播后明知或应知被控侵权交易信息通过其网络服务进行传播的其他情形。

9. 如何认定交易信息公开传播后电子商务平台经营者"明知或应知被控侵权交易信息或相应交易行为侵害他人知识产权"？

符合以下情形之一的，可以推定电子商务平台经营者在被控侵权交易信息公开传播后"明知或应知被控侵权交易信息或相应交易行为侵害他人知识产权"：

（1）交易信息中存在明确表明未经权利人许可的自认，足以使人相信侵权的可能性较大；

（2）知名商品或者服务以明显不合理的价格出售，足以使人相信侵权的可能性较大；

（3）权利人的通知足以使人相信侵权的可能性较大；

（4）电子商务平台经营者在交易信息公开传播后明知或应知被控侵权交易信息或相应交易行为侵害他人知识产权的其他情形。

10. 联系信息不明导致权利人无法通知应如何处理？

电子商务平台经营者未公开其名称、联系方式等信息，或公开的信息有误，导致权利人在发现侵权行为后无法发送通知的，电子商务平台经营者对因此导致的损害扩大部分承担连带赔偿责任。

11. 对权利人的通知有何要求？

权利人认为网络卖家利用电子商务平台经营者提供的网络服务侵害其知识产权的，有权以书信、传真、电子邮件等方式通知电子商务平台经营者采取删除、屏蔽、断开链接等必要措施。通知应当包含下列内容：

（1）权利人的姓名（名称）、联系方式和地址等信息；

（2）足以准确定位被控侵权交易信息的具体信息；

（3）证明权利归属、侵权成立等相关情况的证据材料；

（4）权利人对通知的真实性负责的承诺。

权利人发送的通知不符合上述条件的，视为未发出通知。

12. 权利人提交通知时是否需要提交实际交易情况的相关证据？

根据公开传播的交易信息足以对侵权与否进行判断的，权利人可以不提交实际交易的商品或服务的相关证据。

根据公开传播的交易信息不足以对侵权与否进行判断的，或者权利人主张交易信息与实际交易的商品或服务不一致的，权利人可以提交实际交易的商品或服务的相关证据。

13. 电子商务平台经营者如何处理通知？

权利人的通知及所附证据能够证明被控侵权交易信息的侵权可能性较大的，电子商务平台经营者应当及时采取必要措施，否则认定其有过错。

必要措施应当合理，应当与侵权情节相适应，否则电子商务平台经营者应当依法承担法律责任。

电子商务平台经营者在采取必要措施后，应当及时将通知及所采取措施的情况告知网络卖家，并及时将所采取措施的相关情况告知权利人。网络卖家联系方式不清楚导致无法通知的，电子商务平台经营者应当在网络上公告通知的内容。

14. 网络卖家是否可以提交反通知？

网络卖家可以在电子商务平台经营者告知的合理期限内提出要求恢复被删除的内容，或者恢复被屏蔽、被断开的链接的反通知。逾期不提出反通知的，视为认可电子商务平台经营者采取的必要措施。

反通知应当包含下列内容：

（1）网络卖家的真实姓名（名称）、联系方式和地址；

（2）足以准确定位交易信息的具体信息；

（3）不构成侵权的证明材料；

（4）网络卖家对反通知真实性负责的承诺。

网络卖家发送的反通知不符合上述条件的，视为未发出反通知。

15. 电子商务平台经营者应当如何处理反通知？

电子商务平台经营者收到网络卖家发送的反通知后，应当将网络卖家的反通知转送给权利人，并告知权利人在合理期限内对侵权是否成立进行确认。

权利人在合理期限内撤回本次通知，或者未对侵权是否成立进行确认的，电子商务平台经营者应当及时取消必要措施，恢复被删除的内容或者恢复被屏蔽、被断开的链接。

权利人在合理期限内确认侵权成立，且网络卖家提供的证据不能充分证明电子商务平台经营者采取的措施是错误的，电子商务平台经营者不必取消所采取的措施。

16. 如何确定错误通知或错误采取措施的法律责任？

权利人因错误发送通知，或者在接到反通知后错误确认侵权，损害网络卖家的合法权益的，应当依法承担赔偿责任。

电子商务平台经营者错误采取措施，或采取措施不合理，或错误取消必要措施，损害权利人或网络卖家的合法权益的，应当依法承担赔偿责任。

电子商务平台经营者因为权利人或网络卖家的错误行为而承担了赔偿责任后，有权依法向权利人或网络卖家追偿。

电子商务平台中知识产权
保护问题的纪要

（浙江省高级人民法院 2012 年 11 月 8 日发布
浙法民三〔2012〕2 号）

随着互联网的普及和信息技术的飞速发展，涉及电子商务的民事纠纷日益增多，其中涉电子商务平台的知识产权纠纷尤为突出。如何采取切实可行的措施加强电子商务平台中的知识产权保护、合理规制知识产权侵权行为、准确认定知识产权侵权责任、恰当平衡权利人和社会公众的利益等已经成为摆在我们面前亟待解决的现实问题。为统一法律适用尺度，切实提高电子商务平台中知识产权的司法保护水平，浙江省高级人民法院联合课题组对电子商务平台中知识产权保护出现的新情况、新问题进行了研讨，并形成共识。现纪要如下：

一、管辖连结点的确定

1. 涉电子商务平台知识产权案件由侵权行为地或者被告住所地人民法院管辖。侵权行为地包括被诉侵权商品的生产地、存储地、实施被诉侵权行为的网络服务器、计算机终端设备所在地等。侵权行为地和被告住所地均难以确定的，原告发现侵权内容的计算机终端等设备所在地可以视为侵权行为地。

2. 在以网店卖家和平台提供者作为共同被告的案件中，原告可以选择网店卖家所在地法院管辖，也可以选择平台提供者所在地法院管辖。

如平台提供者所在地法院与被诉侵权行为关联度低、管辖依据薄弱，而直接侵权被告身份、地址明确的，法院应当根据原告的具体诉讼内容特别是平台提供者在被诉侵权行为中的不同作用，遵循方便当事人进行诉讼和人民法院尽审判之责、方便对判决执行的原则，作出管辖裁定。

二、被告身份的确认

原告可以选择网店卖家、平台提供者或二者为被告。

1. 原告以网店卖家为被告或共同被告之一的，如网店卖家为个体工商户，应以营业执照上登记的经营者为被告，登记经营者与实际经营者不一致的，可以登记经营者和实际经营者为共同被告。登记经营者出借身份证、营业执照、账号给实际经营者，实际经营者以登记经营者的名义对外经营的，原告可以直接起诉登记经营者。登记经营者承担责任后，可以向实际经营者追偿。

2. 原告仅起诉登记经营者，登记经营者申请追加实际经营者为共同被告的，如原告同意追加，则应予以追加，登记经营者应提供实际经营者的准确身份信息；如原告不同意追加，则一般情况下不予追加。但不追加实际经营者为共同被告会导致案件事实难以认定的，法院应向原告释明，如原告仍不同意追加，法院可根据相关的举证责任分配原则驳回原告的诉讼请求。

3. 原告仅起诉实际经营者，实际经营者申请追加登记经营者为共同被告的，如原告同意追加，则应予以追加，实际经营者应提供登记经营者的准确身份信息；如原告不同意追加，则不予追加。

4. 原告仅以平台提供者为被告，如不追加网店卖家为共同被告不影响直接侵权行为事实认定的，法院可以直接作出认定，并根据平台提供者是否存在过错认定其责任；如不追加网店卖家为共同被告会导致直接侵权行为事实难以认定的，法院应向原告释明，如原告不同意追加，法院可根据相关的举证责任分配原则驳回原告的诉讼请求。

三、平台提供者的过错与判断标准

法院应当根据平台提供者的过错，确定其是否承担民事责任，平台提供者的过错包括对于网店卖家侵权行为的明知或者应知。

1. 明知指对侵权行为存在明确的、实际的认知状态。是否明知，由原告举证。平台提供者接到投诉人以书信、传真、电子邮件等方式提交的合格通知，未及时采取删除、屏蔽、断开链接等必要措施的，法院应认定其明知相关侵权行为。

2. 应知指通过相关的事实与标准可以推定其应当认识到侵权行为。判断是否应知应当以"合理注意义务"为标准。"合理注意义务"包括与技术发展水平相当的用户身份审查义务和商品信息审查义务,但不包括一般性的事先审查义务和较高的注意义务。平台提供者能够证明已采取合理、有效的技术措施,仍难以发现网店卖家侵权行为的,人民法院应当认定其不具有过错。

3. 认定平台提供者是否构成应知,可综合考虑以下因素:

(1)平台提供者提供服务的性质、方式及其引发侵权的可能性大小,以及应当具备的管理信息的能力:对于只提供工具性服务、基本保持技术中立地位的平台提供者,其注意义务应限于采取技术措施屏蔽违反国家规定的信息;对于以对商品或服务作出特殊承诺等方式介入的平台提供者,其注意义务为在准许进入平台时对站内经营者进行初步的资质和知识产权审查;对于招揽卖家销售某商品或服务的团购网站,其注意义务不得低于其对商品或服务进行推销时所作出的保证承诺;

(2)权利本身的明确性、公开性及知名度;

(3)平台提供者是否积极采取了预防侵权的合理措施;

(4)平台提供者是否设置便捷程序接收侵权通知并及时对侵权通知作出合理的反应;

(5)平台提供者是否针对同一网店卖家的重复侵权行为采取了相应的合理措施;

(6)其他相关因素。

四、投诉人通知有效性认定

合格的侵权投诉通知应包含以下内容:

1. 投诉人的身份证明。以能够准确确定投诉人的身份信息为限。如有效身份证明文件、联系地址、联系电话、真实的电子邮箱地址等。

2. 权利证明。以足以确定投诉人为实际权利人为限。如权利名称、内容以及占有方式及有效期限等。

3. 要求删除或者断开链接的被控侵权商品、信息的名称和网络地址。以足以准确定位被控侵权的商品或信息为限。对是否足以准确定位,应当考虑平台的具体经营模式、被诉侵权商品或信息的类型、名称是否具有特定性等具体情况认定。

4. 侵权成立的初步证明材料。以能够初步判断侵权成立为限。如公证购买侵权商品的证据、网页上明显的侵权信息、卖家在网络聊天中对侵权行为的自认等。

五、网店卖家反通知有效性认定

反通知是指平台提供者根据投诉通知采取了必要措施后，网店卖家认为其并未侵权，向平台提供者提出要求恢复的通知。合格的反通知应包含以下内容：

1. 网店卖家的姓名或名称、联系地址、联系电话等。

2. 要求恢复链接的被控侵权商品、信息的名称和网络地址。

3. 不构成侵权的初步证明材料。应当足以和通知中构成侵权的初步证明材料相当。

六、平台提供者采取措施的有效性审查

平台提供者对通知或者反通知采取措施的有效性，应从以下几个方面审查：

1. 进行了形式审查。平台提供者接到通知或反通知后，需要依据第（四）条或第（五）条所列内容进行合格性审查，而无需审查被控侵权行为是否成立。

2. 履行了合理的帮助义务。平台提供者在依据通知书采取删除链接等措施或者依据反通知书采取恢复链接等措施的同时，应将通知书或者反通知书转送网店卖家或者投诉方，因地址不明无法转送的，应在信息网络上公告。

3. 采取措施的必要性。平台提供者依据通知书采取了删除、屏蔽、断开链接等阻止侵权行为继续或者进一步扩大的必要措施，或者依据反通知书采取了恢复链接等防止网店卖家损失进一步扩大的必要措施。

4. 采取措施的及时性。平台提供者在现有的技术水平下的合理时间内采取了必要措施，合理时间可以综合考虑通知或者反通知的形式、准确程度、采取措施的难易程度、网络服务的性质、所涉权利的知名度、现有技术水平等因素予以认定。

七、恶意投诉的认定及责任

投诉人恶意投诉，应当承担赔偿责任。

是否构成恶意投诉，应当审查投诉人的具体行为。投诉具备以下三个构成要件时，应认定为恶意投诉：

1. 投诉人不正当地实施了投诉行为；

2. 投诉人的投诉具有恶意损害他人利益的非法目的；

3. 投诉人的投诉具有故意或重大过失。具有故意或重大过失可以通过行为人没有合法权利、没有事实或法律依据仍发出投诉通知来推定。

投诉人恶意投诉时，平台提供者是否应承担民事责任，仍应遵循过错责任原则。如在被投诉人提出合格反通知后，平台提供者没有接受反通知，也未及时采取恢复措施的，则应当采取恢复措施，并对因其行为造成损害的扩大部分承担赔偿损失等民事责任。

八、责任的承担方式

1. 停止侵害。主要是删除或屏蔽侵权产品信息、断开侵权产品链接、关闭店铺等。

2. 赔偿损失。网店卖家在店铺信息描述中对商品的销售数量、实际交易价格等对损害赔偿数额确定有实际参考价值的，可以作为确定法定赔偿数额的依据。

3. 信息披露。平台提供者应向原告披露网店卖家的有关信息，主要是其网络注册资料等。